W0223893

Georg Northoff

Das disziplinlose Gehirn – Was nun, Herr Kant?

Georg Northoff

DAS DISZIPLINLOSE GEHIRN

WAS NUN, HERR KANT?

Auf den Spuren unseres Bewusstseins
mit der Neurophilosophie

IRISIANA

FSC
www.fsc.org
MIX
Papier aus verantwortungsvollen Quellen
FSC® C014496

Verlagsgruppe Random House FSC-DEU-0100
Das für dieses Buch verwendete
FSC®-zertifizierte Papier *Munken Premium*
liefert Arctic Paper Munkedals AB, Schweden.

Alle Rechte vorbehalten.
© 2012 by Irisiana Verlag, in der Verlagsgruppe Random House GmbH,
81673 München
Umschlaggestaltung:
Geviert – Büro für Kommunikationsdesign, München,
unter Verwendung eines Motivs von Corbis/Bettmann
Satz: Uhl + Massopust, Aalen
Druck und Bindung: GGP Media GmbH, Pößneck
Printed in Germany
ISBN 978-3-424-15123-7

817 2635 4453 6271

Inhalt

Prolog

Das disziplinlose Gehirn. So lesen Sie auf dem Buchumschlag. Disziplinlos? Warum das denn?, könnten Sie fragen. Normalerweise funktioniert sie doch sehr gut, die graue Masse da oben in meinem Schädel. Ganz diszipliniert eben. Aber: Sind Sie sich da wirklich sicher? Denken Sie einmal an die vielen kleinen Täuschungen im Alltag. Zum Beispiel in unserer Wahrnehmung der Umwelt. Eine Stimme klingt ganz nah, fast so, als ob der Sprechende neben Ihnen steht. Dabei ist er doch weit von Ihnen entfernt. Oder denken Sie daran, wie sehr wir uns oft in der Zeit täuschen. Das langweilige Meeting zieht sich hin wie Kaugummi. Dabei waren es doch aber letztendlich nur 15 Minuten, die Sie durchhalten mussten. Das sind die kleinen Täuschungen, die uns unser Gehirn im Alltag beschert.

Schlimm aber wird es bei den großen Täuschungen. Die führen einige aus dem Alltag der Normalität in den Alltag der Psychiatrie. Wenn sie Stimmen hören, ohne dass jemand anwesend ist. Halluzinationen nennt der Psychiater das. Oder wenn sie sich von einer bösen Macht verfolgt fühlen. Oder das Gefühl haben und ganz sicher sind, eine andere Person zu sein. Jesus zum Beispiel. Oder Nofretete. Die sind zwar schon längst tot, aber das Gehirn verneint das kurz und bündig und sagt: Du bist es. Die Betroffenen haben dann wirklich das Gefühl, Jesus zu sein. Oder eben Nofretete. Sie kleiden und verhalten sich entsprechend. Das Gehirn scheint in solchen Fällen völlig außer Rand und Band zu geraten. Ganz disziplinlos eben.

Viele denken, dass in unserem Zeitalter längst Schluss ist mit der Disziplinlosigkeit des Gehirns. Denn heutzutage kennen wir die Disziplin des Gehirns: die Neurowissenschaft. Sie untersucht die Zellen und Gene des Gehirns. Seine biochemischen Substanzen. Seine Regionen und ihre verschiedenen

Funktionen. Sensorische, emotionale und kognitive. Und natürlich das Bewusstsein, den König aller Funktionen.
Doch halt: Bewusstsein als der König der Funktionen des Gehirns? Ist unser Bewusstsein nichts als graue Masse? Dabei ist es doch bunt und schillernd. Es kann doch nicht allein aus der grauen Masse des Gehirns stammen. Woher aber dann? Aus der Seele. Aus dem Geist. So hören wir die Stimmen der Philosophen aus den vergangenen zweitausend Jahren. Doch die Neurowissenschaftler sagen uns, dass es keinen Geist gibt. Nur Gehirn. Was nun? Dann müsste das Bewusstsein ja doch im Gehirn zu finden sein. Neurowissenschaft und Philosophie stehen sich gegenüber. Unversöhnlich, wie es scheint. Zwei Disziplinen, dazu das Bewusstsein und das Gehirn. Und wir begeben uns hier in diesem Buch auf die Suche nach Antworten. Ganz disziplinlos in beiden Feldern forschend.
Eine These: Die Annahme eines Geistes ist eine Illusion. Das sagen nicht nur die Neurowissenschaftler. Das hat auch schon einer der berühmtesten Philosophen aller Zeiten, Immanuel Kant, gesagt, dessen kritischer Geist gefürchtet war. Wo aber steckt dann das Bewusstsein? Kant verlagert es in den menschlichen Verstand. Der menschliche Verstand selbst produziert es. Heute denken wir schnell, was Kant sagt, seien »olle Kamellen«. Heute ist Gehirnzeit. Gehirn ist in. In der Zeitung lesen wir die neusten Forschungen zum Gehirn. Im Fernsehen verfolgen wir Untersuchungen mit bunt eingefärbten Gehirnen. Im Buchladen kommen uns die Bücher zur Hirnforschung nur so entgegengeflogen. Selbst am Arbeitsplatz heißt es: Train your brain. Freier Wille, Selbst, Verstand, Vernunft, Bewusstsein? Alles Illusion. Illusionen und Täuschungen des Gehirns.
Doch stimmt das wirklich? Ist das alles auf eine Funktion des Gehirns zu reduzieren? Gehen wir diesen Fragen und damit auch dem Bewusstsein nach. Und bringen wir Licht ins Dun-

kel, indem wir unseren heutigen Wissensstand mit der Geistesgröße von eben jenem Immanuel Kant, dem großen Philosophen des 18. Jahrhunderts, verbinden. Was würde er uns sagen? Körperlich ist er natürlich längst tot. Nicht aber seine Gedanken und Ideen. Die sind noch immer lebendig. Auch über zweihundert Jahre später. Stellen wir uns also vor, wie Kant sich zu den Befunden der heutigen Neurowissenschaften äußert: wie er deren Schlussfolgerungen betrachtet und – es ist schließlich Kant – kritisiert. Ich erlaube mir also in den folgenden Kapiteln, Kant wieder aufleben zu lassen. Und ihn um Unterstützung zu bitten bei unserer Suche nach dem Bewusstsein und seinem Zusammenhang mit dem Gehirn. Kant und Gehirn? Das scheint zunächst nicht zusammenzupassen und daher ganz disziplinlos zu sein. Aber manchmal, wie wir alle wissen, muss man eben ein zweites und drittes Mal hinschauen. Was eben noch disziplinlos war, erscheint dann mit einem Mal ganz logisch und sehr diszipliniert. Lassen wir uns überraschen.

Teil 1: Kritik der Bewusstseinskunst

Am 22. April im Jahre 1724 wird einer der größten Philosophen aller Zeiten geboren: Immanuel Kant. Er kommt in Preußen zur Welt, genauer gesagt in der Stadt Königsberg. Seine Vorfahren stammen aus dem Baltikum. Nicht aus Schottland, wie Kant selbst fälschlicherweise annimmt. Die Töchter seines Urgroßvaters sind offenbar mit Schotten verheiratet. Möglicherweise führt dies zu Kants Annahme von schottischen Vorfahren. Die Eltern taufen den Jungen auf den Namen »Emanuel«. Er selbst aber ändert diesen später in »Immanuel«: So wird die originale hebräische Bedeutung »Gott ist mit ihm« besser widergespiegelt. Viel stärker als Gott ist jedoch ein blitzgescheiter Verstand mit ihm. Und der führt Kant vom göttlich inspirierten Geist zur menschlichen Vernunft und einer Revolution der Philosophie.

Doch zuerst Biografie, dann Revolution: 1724 regiert Friedrich Wilhelm I., der das Alltagsleben seiner preußischen Untertanen streng reglementiert. Obwohl nicht mehr das Zentrum von Preußen, ist Königsberg dennoch eine bedeutende Stadt – es ist der Handelshafen und somit vergleichbar mit Hamburg im heutigen Deutschland. Es ist multikulturell geprägt, denn es finden sich hier nicht nur Preußen, sondern auch Polen, Litauer, Engländer, Niederländer, Russen und andere Nationalitäten. Ein idealer Platz also, um sowohl »Menschenkenntnis als auch Welterkenntnis« zu erwerben, »auch ohne zu reisen«, wie Kant später sagen wird.[1] »Warum Königsberg verlassen?«, fragt Kant sich offenbar – und hält sich stets innerhalb der Stadtgrenzen auf.

Für uns heute ist das kaum vorstellbar: jemand, der nie und niemals seine Stadt verlässt. Heute, im Zeitalter der Globalisierung, wo Flugzeuge verfügbar sind und einen binnen 24 Stunden einmal rund um den Globus kutschieren. Das Kutschieren damals ist hingegen wörtlich zu nehmen. Die Kutsche ist das einzige Transportmittel und macht das Reisen sehr viel beschwerlicher, als es das heute ist. Das erklärt, warum es damals nicht so unüblich ist, die Geburtsstadt nie zu verlassen.

Auch heute gibt es das noch. Es gibt Leute, die ihr Dorf nie verlassen haben. Auch eine Stadt wie New York, die globale Weltstadt, wird zum Dorf für jemanden, der sie nie verlassen hat. Warum auch New York verlassen? Wenn Sie es in New York schaffen, schaffen Sie es überall. So singt Frank Sinatra. Und heute kommt deswegen alle Welt in diese Stadt. Warum also in die Welt gehen, wenn sie zu einem nach New York kommt? Kant empfindet ähnlich in Bezug auf Königsberg. Es ist zu seiner Zeit eine sehr lebendige Hafenstadt und längst nicht so abgeschieden wie heute. Hafen bedeuten Schiffe. Und Schiffe bedeuten Besucher aus aller Welt, Internationalität. Das hat sich auch Kant zunutze gemacht, der unentwegt die Besucher nach ihren Erlebnissen und Eindrücken befragt. So wie man heute New York nicht verlassen muss, um die Welt zu erkunden, so bekommt Kant damals in Königsberg auch sehr viel von der Welt mit.

Er ist aber nicht nur an den Besuchern aus anderen Weltteilen interessiert. Nein, auch die Welt in Königsberg selbst ist sein Elixier. Aus einem einfachen Elternhaus kommend, wie wir heute sagen würden, dringt er in die höheren Schichten vor. Zu den Großbürgerlichen und Adligen. Er verkehrt in der High Society von Königsberg, parliert elegant und flaniert charmant mit den Damen und Herren der Gesellschaft. Ein Philosoph gilt damals noch was. Er wird geschätzt als einer, der die Tiefe des Menschseins erkundet. Vor allem, wenn er sich so gewandt ausdrücken kann wie Kant. Der junge Mann ist darüber hinaus stets sehr gut und ästhetisch gekleidet. Ohne Fehl und Tadel. Wie auch heute dreht sich damals alles um Erfolg. Oder eben potenziellen Erfolg. Und den verspricht Kant auf sehr vornehme Weise. Darum nennt man ihn auch den »eleganten Magister«.

Versetzen wir uns doch einmal in Kants Zeit vor 230 Jahren. In das damalige Königsberg und die Phase, als er noch nicht Professor ist, aber doch schon als Privatdozent Vorlesungen für Studenten hält. Der junge Herr Privatdozent Kant ist bekannt für lebendige und scharf formulierte Gedanken. Das kann auch für uns und unsere Frage nach dem Bewusstsein interessant sein. Folgen wir ihm also in eine imaginäre Vorlesung in Königsberg zu seiner Zeit.

Raum und Zeit

Morgens um 7 Uhr in Königsberg, in der Zeit um 1755. Es ist dunkel, der Tag ist noch nicht angebrochen. Der junge Privatdozent der Philosophie, Immanuel Kant, ist jedoch längst in den Tiefen der Philosophie unterwegs. Er hält eine Vorlesung zum Thema »Raum und Zeit im Bewusstsein«. Wie damals üblich findet die Veranstaltung in einem privat angemieteten Hörsaal statt. Die Studenten müssen dafür zahlen und garantieren so das Salär des Dozierenden. Trotz der frühen Stunde besuchen die jungen Leute Kants Vorlesungen in Scharen, da er mit viel Humor und literarischem Flair die Tiefen des Bewusstseins zu explorieren vermag. Kant, um es in heutigen Begriffen zu sagen, ist populär bei den Studenten. Lauschen wir doch einmal in eine dieser (imaginären) Vorlesungen hinein.

Mixtum compositum

»Guten Morgen, meine Herren«, mag Kant in einer solchen Veranstaltung gesagt haben, »Sie haben trotz der frühen Stunde den Weg zum Hörsaal gefunden. Was ging dem voraus? Als Sie heute Morgen geweckt wurden, haben Sie, so vermute ich, als Erstes Ihre Augen geöffnet. Sie haben die verschiedenen Gegenstände in Ihrem Zimmer gesehen. Ihr Bett, den Tisch, die bereits brennende Kerze, das Fenster und die Vorhänge. Ihr visueller Sinn wurde aktiv und hat Ihnen Gegenstände und Ereignisse vergegenwärtigt.

Das Zimmerfenster war vielleicht offen, eine Kutsche fuhr vorbei. Da Sie noch im Bett lagen, sahen Sie die Kutsche nicht. Sie hörten sie aber und konnten sie am Getrappel der Hufe auf dem Pflasterstein identifizieren. Ihr akustischer Sinn wurde aktiv. Mit einem Mal rochen Sie etwas Unangenehmes: Das

Pferd hatte die Ergebnisse seiner Verdauung fallen lassen. Ihr Geruchssinn wurde aktiviert. Das löste einen unangenehmen Geschmack in Ihrem Mund aus. Sie griffen zum Wasserkrug – Ihr Geschmackssinn meldete sich zu Wort. Beim Griff zum Wasser stießen Sie mit Ihrem Arm an den Nachtschrank. Das tat weh, Sie hatten Schmerzen und spürten Ihren Unterarm. Ihr taktiler Sinn klopfte an die Tür Ihres Bewusstseins.

Fragen wir uns: Wie kommt es, dass Sie die Gegenstände in Ihrem Zimmer wahrnehmen können? Man könnte annehmen, dass das, was Sie sehen, vollständig auf Ihren visuellen Sinn selbst zurückführbar ist. Genauer gesagt auf die Inputs oder Stimuli, die Ihr visueller Sinn von der Umwelt, das heißt von den Gegenständen Ihres Zimmers, erhält. Genauso im Falle der anderen Sinne: Was Sie hören und riechen, ist dann ausschließlich auf die Pferdekutsche selbst und die entsprechenden akustischen und olfaktorischen Inputs zurückführbar. Ihre Sinne vermitteln oder, wie man auch sagt, repräsentieren die entsprechenden Objekte und Ereignisse.

Sofern Sie schon bei vollem Bewusstsein waren, könnten Sie sich die folgende Frage gestellt haben: ›Muss ich davon ausgehen, dass ich Objekte und Ereignisse in meinem Bewusstsein wahrnehme, nicht aber die Stimuli oder Inputs der Umwelt selbst? Wie kann das sein?‹ Sie fragen sich also, wie der Übergang von den bloßen Stimuli oder Inputs zu den Objekten oder Ereignissen erfolgt. Sie nehmen Letztere in Ihrem Bewusstsein wahr, wissen aber nicht, wie sie dahinkommen.«

Gehen wir zur ersten Frage, der Umwandlung der Stimuli in Objekte und Ereignisse. Das ist die Frage, die sich auch Kant zu seiner Zeit stellt. Seine Antwort könnten wir jetzt rezipieren. Das aber wäre langweilig. Bloßes Zitieren fremder Gedanken. Das ist Lernen ohne Denken, das gefällt auch Kant selbst nicht, wie wir noch sehen werden. Machen wir es also interessanter. Betrachten wir seine damaligen Gedanken im Lichte unseres heutigen Wissens – und wenden wir uns damit direkt an Kant persönlich. Wagen wir es! Schleusen wir einen Studenten der Philosophie aus der Gegenwart unserer Zeit in die Vorlesung von Kant zu seiner Zeit. Mittendrin, zwischen all den Studenten in der Mitte des 18. Jahrhunderts, sitzt dann ein junger Mann vom Beginn des 21. Jahrhunderts. Zu jener Zeit tragen Studenten Perücke und Rock. Unseren Studenten sollten wir anders ausstatten. Und warum nicht gleich mit Rastalocken, rosa T-Shirt und kurzer Hose? Auffallen wird er ohnehin. Die Haare offen und zerzaust. Die Beine nicht nur sichtbar, sondern nackt. Normalität und Alltag heute, skandalös damals. Auf seinem T-Shirt steht die provokante Frage »Am I conscious?« (»Bin ich bei Bewusstsein?«).

Unser Student, der den Ausführungen des Dozenten interessiert gefolgt ist, steht auf und richtet eine Frage an Kant: »Hat man nicht lange angenommen, dass Gott uns das Bewusstsein gibt? Und dass nur durch unsere direkte Verbindung zu Gott die Objekte und Ereignisse in unser Bewusstsein kommen?«

Kant bejaht dies, bezeichnet es aber als »olle Kamelle«. Philosophen des Mittelalters wie Thomas von Aquin behaupten tatsächlich, dass letztendlich Gott uns die Objekte und Ereignisse in unser Bewusstsein legt. Die Philosophen der Neuzeit im 17. und 18. Jahrhundert wie Gottfried Wilhelm Leibniz oder George Berkeley betrachten dann jedoch schon nicht mehr Gott als Ursache. Stattdessen behaupteten sie, dass es der menschliche Geist selbst ist, sein Verstand oder seine Vernunft, der die Objekte und Ereignisse in das Bewusstsein überführt. In anderen Worten: Das Huhn, das das Ei legt, heißt nun nicht mehr Gott, sondern menschlicher Geist. Fachsprachlich gehört eine solche Position zum Idealismus oder Rationalismus.

Wo aber kommt das Huhn her? Aus der Natur, unserer Welt. Und genau daher, so der schottische Philosoph David Hume im 17. Jahrhundert, stammen auch die Objekte und Ereignisse in unserem Bewusstsein. Unsere Sinne bündeln und assoziieren die verschiedenen Stimuli, die Inputs der Umwelt. Daraus resultiert dann unser Bewusstsein mitsamt seinen Objekten und Ereignissen. Das Huhn, das Eier namens Objekte und Ereignisse legt, wird hier nicht mehr als Gott oder menschlicher Verstand bezeichnet. Stattdessen steht es für die Welt selbst und das, was wir in ihr beobachten können – daher wird diese Position als Empirismus bezeichnet.

Diese Lösungen zur Benennung des Huhns, so könnte Kant ausführen, zeichnen sich durch ein Zuviel aus. Die erste Lösung, die mittelalterliche, weist ein »Zuviel an Gott« auf. Um Objekte und Ereignisse in der Umwelt wahrnehmen und erleben zu können, brauchen wir keinen Gott. Kant würde daher zu seinen Studenten sagen: »Um mich und meine Stimme hier vorn sehen und hören zu können, benötigen Sie lediglich Bewusstsein, nicht aber die Hilfe eines Gottes. Ihr Bewusstsein kommt sehr wohl ohne die Hilfe eines Gottes aus.« Dies entspricht der Auffassung der Vertreter der zweiten Lösung, die das Huhn als menschlichen Geist bezeichnen.

Stammen aber die Objekte und Ereignisse in unserem Bewusstsein wirklich aus unserem Geist? Das kommt Kant komisch vor. Er sagt: Nein, die Objekte und Ereignisse unseres Bewusstseins stammen nicht vom Geist selbst. Sie kommen ursprünglich aus der Umwelt und ihren verschiedenen Stimuli, die uns täglich überfluten. Folgt man dieser Lösung, würde unser Bewusstsein leer bleiben. Die zweite Lösung, die der Idealisten und Rationalisten wie Berkeley und Leibniz, weist also ein »Zuviel an Geist« auf. Und ein »Zuwenig an Welt«. Das hat fatale Folgen: Wir hätten nur Bewusstsein, aber keinerlei Objekte und Ereignisse in unserem Bewusstsein. Unser Bewusstsein wäre leer. So leer wie ein Ei ohne Eiweiß und Eigelb.

Also doch zur dritten Lösung des schottischen Philosophen David Hume? Zurück zur Welt, zurück zur Natur? Das kommt uns in heutigen Zeiten bekannt vor. Im Zeitalter der Grünen. Und der Umweltkatastrophen. Was aber heißt ein Zurück zur Natur in Hinsicht auf das Bewusstsein? Ohne Umwelt kein Bewusstsein. Okay. Aber das heißt noch lange nicht, dass das Bewusstsein nichts als Umwelt ist, wie es die dritte Lösung, die von Hume, postuliert. Kant fragt sich, wie die bloßen Stimuli, die Inputs der Umwelt, in Objekte und Ereignisse umgewandelt werden. Durch bloße Assoziation, antwortet Hume. Das aber ist nicht genügend für Kant. Im besten Falle würden dadurch Stimuli in Objekte und Ereignisse verwandelt. Das aber heißt noch nicht, dass sie mit Bewusstsein verknüpft werden. Bewusstsein kann nicht durch die Stimuli selbst und somit die Welt erklärt werden. Hier liegen also ein »Zuwenig an Bewusstsein« und ein »Zuviel an Welt« vor. Auch das hat fatale Folgen: Wir hätten nur Objekte und Ereignisse, aber kein Bewusstsein. Die Objekte und Ereignisse würden im leeren Raum der Welt verschwinden. Genauso wie Eigelb und Eiweiß ohne Eierschale Ihnen aus der Hand rinnen.

Kant ist zufrieden. Er hat die verschiedenen Positionen kritisch zerlegt und ihre Schwächen aufgezeigt. Das ist ein guter Startpunkt für einen Neuanfang in der Philosophie.

Unser Student sieht das aber nicht so. Er ist unzufrieden. Verständlich, ist er doch ein Anhänger der Naturwissenschaften. Er erhebt sich und wendet sich erneut an den Herrn Privatdozenten Kant: »Sie sehen das menschliche Bewusstsein also als *mixtum compositum* an. Eine Mischung aus den Sinnen und dem Verstand. Könnte man es dann mit einer Pferdekutsche vergleichen? Eine Pferdekutsche mit acht Pferden ohne Kutsche würde nicht funktionieren – das wäre ein ›Zuviel an Pferd‹ und ein ›Zuwenig an Kutsche‹. Umgekehrt würden aber auch ein ›Zuviel an Kutsche‹ und ein ›Zuwenig an Pferd‹ – also acht Kutschen und kein Pferd – keinerlei Sinn ergeben. Genauso wie Pferde und Kutsche sinnvoll miteinander kombiniert werden, müssen auch Verstand und Sinne in der rechten Weise zusammenwirken, um Bewusstsein zu erzeugen. Ist Bewusstsein also ein *mixtum compositum*?«

»Ein wunderschöner Vergleich«, freut sich Kant. »Bewusstsein ist in der Tat eine Zusammenarbeit von Verstand und Sinnen und somit ein *mixtum compositum* aus Geist und Umwelt.« Und er führt weitere Gedanken dazu aus. Gedanken, die er später in seinem Hauptwerk, der *Kritik der reinen Vernunft*, in folgender Weise niederschreiben wird: »Unsere Natur bringt es so mit sich, dass die Anschauung niemals anders als sinnlich werden kann, d. i., nur die Art enthält, wie wir von Gegenständen affiziert werden. Dagegen ist das Vermögen, den Gegenstand sinnlicher Anschauung zu denken, der Verstand. Keine dieser Eigenschaften ist der anderen vorzuziehen. Ohne Sinnlichkeit würde uns kein Gegenstand gegeben, und ohne Verstand keiner gedacht werden. Gedanken ohne Inhalt sind leer, Anschauungen ohne Begriffe sind blind.«[2]

Gold und Diamanten

Bewusstsein als *mixtum compositum*. Schön und gut. Doch das sollte noch etwas konkreter werden. Kein Problem für Kant: »Schauen Sie sich Ihr Bewusstsein von Raum und Zeit an. Sie sind heute Morgen aufgestanden, haben einen Schluck Wasser zu sich genommen und dann Rock und Perücke angelegt.« Kant schaut plötzlich irritiert ins Auditorium auf den Studenten und seine wilde Mähne.

Stille.

»Entschuldigung, das T-Shirt habe ich speziell für diese Vorlesung ausgesucht«, ruft der junge Mann.

Wieder Stille.

Was nun, Herr Kant?

Nehmen wir an, er fährt einfach fort: »Das ist nicht wichtig,

wichtig ist Ihr Bewusstsein von Raum und Zeit. Sie sind aus dem Haus gegangen, haben den Weg zum Vorlesungssaal eingeschlagen und lauschen jetzt kritisch meinen Worten. Verschiedene Handlungen zu verschiedenen Zeitpunkten in unterschiedlichen räumlichen Kontexten. Sie sind zum Zeitpunkt A aufgewacht, haben zum Zeitpunkt B den Schluck Wasser zu sich genommen und zum Zeitpunkt C – wie auch immer geartete – Kleidung angelegt. Aus dem Haus sind Sie dann zum Zeitpunkt D gegangen und zum Zeitpunkt E sitzen Sie jetzt hier in der Vorlesung. All diese verschiedenen Zeitpunkte waren mit unterschiedlichen räumlichen Kontexten verknüpft. So wie ich es jetzt geschildert habe, haben die verschiedenen Punkte in Zeit und Raum nichts miteinander zu tun, sie sind komplett getrennt und unabhängig voneinander. Denn sie sind so unterschiedlich wie Apfel und Blumenkohl ...«

Doch halt, was Kant sagt, betrifft nur die Punkte in Zeit und Raum im physikalischen Sinne. Im Bewusstsein, in einem phänomenalen Sinne, wie die Fachleute heutzutage sagen, trifft das nicht zu. Hier erleben wir die unterschiedlichen Punkte in Raum und Zeit nicht als getrennt und voneinander unabhängig. Stattdessen sind sie irgendwie miteinander verknüpft und abhängig voneinander. Für die Studenten war der Schluck Wasser zum Zeitpunkt B eine Folge beziehungsweise das Kontinuum vom Aufwachen zum Zeitpunkt A. Genauso erleben sie ihre momentane Präsenz (oder doch eher mentale Absenz?) in dieser Vorlesung als Folge oder Kontinuum der vorherigen Handlungen mitsamt ihren verschiedenen Zeitpunkten. Es scheint so, als ob ein unsichtbarer Faden die verschiedenen Punkte in Raum und Zeit miteinander verknüpft, zumindest in ihrem Bewusstsein.

Lassen Sie uns das am Beispiel einer Schmuckkette vertiefen. Nehmen wir an, Sie sind in der glücklichen Lage, eine Goldkette und Diamanten vor sich liegen zu haben. Die Diamanten sind, für sich betrachtet, getrennt und unabhängig voneinander. Das ändert sich aber, sobald sie durch die Goldkette miteinander verknüpft werden. Dann entsteht ein Kontinuum zwischen den Diamanten. So gehen dann nicht nur Gold und Diamanten eine Verbindung ein, sondern auch die mit ihnen assoziierten unterschiedlichen Punkte in Raum und Zeit.

So wie Diamantenperlen auf die Goldkette angewiesen sind – wie leicht würden sie sonst auch verloren gehen! –, wirken Bewusstsein und Zeit- und Raumpunkte zusammen. Die Goldkette schafft ein Kontinuum für die einzelnen Diamanten. Analog konstituiert unser Bewusstsein ein Kontinuum für die verschiedenen Punkte in Raum und Zeit. Die Studenten haben die Raum- und Zeitpunkte A bis E durchlaufen, um pünktlich zur Vorlesung zu gelangen. Diese verschiedenen Punkte in Raum und Zeit wurden zu einem Kontinuum verknüpft. Wodurch und durch wen? Durch ihr Bewusstsein. Durch ihr Bewusstsein erlebten sie ein Kontinuum von Zeit- und Raumpunkten. Dabei hängen die verschiedenen Punkte in Raum und Zeit alle an der gleichen Kette, der Kette des Kontinuums des Bewusstseins, wie bei der Diamantenkette. Wir wussten es schon immer: Unser Bewusstsein ist Gold wert.

»Sie unterscheiden also zwischen Raum und Zeit in physikalischer und phänomenaler beziehungsweise bewusstseinsmäßiger Hinsicht«, könnte der bewusstseinsunsichere Student an dieser Stelle einwenden, um das Ganze noch einmal auf den Punkt zu bringen. »Herr Kant, in Ihrem Werk *Allgemeine Naturgeschichte* von 1755 behandeln Sie Raum und Zeit der Welt. Wie können Raum und Zeit der Welt ausschließlich durch die Materie und Kräfte erklärt werden? Sie verzichten auf eine theologische Erklärung. Gott ist also nicht notwendig, um die Welt (inklusive Raum und Zeit) zu erklären. Jetzt aber sprechen Sie nicht von Zeit und Raum im physikalischen Sinne, sondern von Raum und Zeit, wie wir sie in unserem Bewusstsein erleben, also eher phänomenal denn physikalisch. Ist das in dieser Weise korrekt?«

»Meine *Naturgeschichte*«, hören wir Kant darauf vielleicht antworten, »das war mein Versuch, ein Werk für das breitere Publikum zu schreiben, ein Populärwerk sozusagen. Populär ist es aber nie geworden, denn der Verlag ist bankrott gegangen und hat fast alle Exemplare eingestampft. Aber Sie können beruhigt sein, es wurden nur der physikalische Raum und die physikalische Zeit eingestampft, wenn man so sagen darf. Zeit und Raum in phänomenaler Hinsicht habe ich später in meiner Inauguraldissertation und der *Kritik der reinen Vernunft* behandelt. Ihre Unterscheidung zwischen Raum und Zeit in physikalischer und phänomenaler Hinsicht ist also treffend. Mich aber interessiert vor allem die folgende Frage: Wie werden physikalische Zeit und physikalischer Raum durch unser Bewusstsein und somit durch unseren Verstand in phänomenale Zeit und phänomenalen Raum umgewandelt?«

Kants erstes Populärwerk erschüttert weder die Fachwelt noch das breitere Publikum. Dafür erschüttert aber 1755 ein Erdbeben Lissabon. Die damals blühende Stadt wird in Sekunden dem Erdboden gleichgemacht. Kirchen und andere Gebäude fallen um wie Kartenhäuser, das Wasser des Hafens überspült die Straßen. Ähnlich wie wohl der Tsunami in Japan 2011 ergießt sich das Wasser in die Stadt. Damals fallen ihm Kirchen als Kathedralen des Gebets zum Opfer. Heute sind es Kernkraftwerke als Kathedralen der Energie. Die bebende Erde macht da keinen Unterschied. Und auch die Fragen, die wir uns stellen, sind die gleichen: Wie ist das möglich? Wie kann es sein, dass wir bei vollem Bewusstsein erleben, wie Raum und Zeit erschüttert werden, uns vorab aber nicht retten können – einfach, weil wir das Vorher nicht bemerken? Ein Erdbeben ist eine Erschütterung der Erde. Es verändern sich also die räumlichen und zeitlichen Koordinaten, und das schon im Vorfeld des eigentlichen Bebens – zum Beispiel verschieben sich bereits die tektonischen Platten. Diese kleineren tektonischen Veränderungen im Vorfeld aber können wir nicht wahrnehmen. Unser Bewusstsein hat keinen Zugang zu diesen räumlich-zeitlichen Veränderungen. Nur wenn Letztere extrem groß sind, wie im Falle des akuten Erdbebens, können wir sie wahrnehmen und in unserem Bewusstsein erleben. Dann schwankt die Erde. Während sie vorher, im Vorfeld, nur physikalisch schwankt, nicht aber phänomenal in unserem Bewusstsein. Unser Bewusstsein von Raum und Zeit ist also selektiv. Die physikalischen Prozesse selbst können wir in unserem Bewusstsein nicht erleben. Denn dann hätten wir die Schwingungen der Erde schon sehr viel früher wahrnehmen müssen. Die in Lissabon ebenso wie die in Japan.

Container und Tunnel

Kommen wir von der Erschütterung der Erde zur räumlich-zeitlichen Kontinuität des Bewusstseins zurück. Es wäre spannend zu wissen, wo die eigentlich herkommt. Sie kann schließlich nicht aus dem Nichts stammen. Oder vom Himmel. Von Gott. Oder irgendeinem Geist. Oder aus der Welt der Gegenstände selbst.

Letzteres nimmt allerdings der Physiker und Mathematiker Isaac Newton an, dessen Lebenszeit von 1643 bis 1727 datiert. Er sieht Raum und Zeit als aktuelle Entitäten an, als Ausdruck einer physikalischen Substanz, die als absolut und rein mathematisch betrachtet werden muss. Raum und Zeit in diesem Sinne sind objektiv. Objektive Merkmale der Welt selbst. Dabei bleibt es völlig egal, ob sie als solche in unserem Bewusstsein erscheinen oder nicht. Raum und Zeit sind Raum und Zeit. Weder mehr noch weniger. Sie sind rein physikalisch und erscheinen derart in unserem Bewusstsein. Die Kontinuität von Raum und Zeit ist dann ein Merkmal der Welt selbst. So wie sie ist. Völlig unabhängig von unserem Bewusstsein. Und somit sowohl innerhalb als auch außerhalb unseres Bewusstseins gültig.

Raum und Zeit in diesem Sinne sind absolut. Sie sind der Maßstab für alles, was in der Welt passiert. Bewusstsein ist ein Teil der Welt und muss somit als ein Inhalt der Welt betrachtet werden. Raum und Zeit der Welt können damit quasi als Container des Bewusstseins angesehen werden. Newton vertritt damit das, was man als Containertheorie des Bewusstseins bezeichnen kann.

Raum und Zeit als bloßer Container für das Bewusstsein? Das kann nicht sein. So denkt sich zumindest Gottfried Wilhelm Leibniz. Er ist ein Universalgelehrter der verschiedensten Disziplinen, aus Leipzig stammend und später in Hannover lebend. Seine Lebensdaten gleichen relativ denen von Newton, 1646 bis 1716. Er debattiert gern und heftig mit seinem Kollegen. Newton nimmt wie gesagt an, dass Raum und Zeit von außen stammen, aus der Welt, und absolut sein müssen. Dies bestreitet Leibniz. Er sagt, dass Raum und Zeit von innen her kommen müssen, vom Geist, vom Verstand. Denn nur der Geist kann Verbindungen schaffen: Verbindungen zwischen den Dingen, den Objekten und Ereignissen. Und, ganz wesentlich, Verbindungen zwischen ihren verschiedenen Punkten in Raum und Zeit. Es ist also für Leibniz die innere Welt unseres Geistes, der Bewusstsein hervorbringt. Nicht die äußere Welt der Natur, wie Newton es behauptet.

Wir hatten Newtons Theorie als Containertheorie beschrieben. Wie können wir nun die Theorie des Herrn Leibniz charakterisieren? Leibniz bestreitet nicht die Existenz der äußeren Welt. Er nimmt in diesem Sinne also auch einen Container an. Aber dieser Container enthält nicht das Bewusstsein. Das ist der Unterschied zu Newton. Für das Bewusstsein nimmt

Leibniz gewissermaßen einen zweiten Container an: den Container des Geistes, in dem das Bewusstsein zu finden ist. Also kann man Leibniz als Vertreter einer Doppelcontainertheorie charakterisieren. Container der Welt und Container des Geistes. Bewusstsein ist nur im Letzteren zu finden.

Wie aber hängen die beiden Container, Welt und Geist und somit innere und äußere Welt, zusammen? Dazu Leibniz: Sie sind mit- und aufeinander abgestimmt. Es gibt eine Harmonie zwischen ihnen, die vorbestimmt ist. Oder »prästabilisiert«, wie Leibniz sagt. Also spricht er von einer prästabilisierten Harmonie. Welt und Verstand inklusive ihrer jeweiligen Container aus Raum und Zeit befinden sich in Harmonie miteinander. Prästabilisiert. Durch Gott. Das klingt nach einer wirklich schönen Welt. Ohne Beziehungsstress.

Auf dem philosophischen Parkett allerdings geht es nicht ohne Stress ab. Leibniz und Newton streiten heftig. Und wenn zwei sich streiten, freut sich oft ein Dritter. Der Dritte hier ist Kant. Er merkt, dass beide, Newton und Leibniz, irgendwie recht haben. Und auch irgendwie unrecht. Recht hat Newton, wenn er sagt, dass die Welt durch Raum und Zeit in einem absoluten Sinne charakterisiert werden kann. Und dass Raum und Zeit der Welt irgendwie mit dem Bewusstsein zusammenhängen. Unrecht hat er allerdings, wenn er sagt, dass Raum und Zeit der Welt dem Erleben von Raum und Zeit in unserem Bewusstsein der Welt entsprechen. Raum und Zeit in der Welt können durch unterschiedliche Punkte bestimmt werden. Das Bewusstsein weist hingegen eine Kontinuität zwischen diesen verschiedenen Punkten in Raum und Zeit auf. Newton hat also recht, wenn er einen Container annimmt. Den Container der Welt. Aber in dem Container selbst, so wie er von außen erscheint, lässt sich das Bewusstsein nicht finden. Ein »Zuwenig an Container« führt zu einem »Zuwenig an Bewusstsein«. Also doch Leibniz und seine Annahme von zwei Containern?

Nein, das ist auch nicht richtig – so der kritische Kant. Leibniz hat recht, wenn er Verbindungen zwischen den verschiedenen Punkten in Raum und Zeit im Bewusstsein annimmt. Er ist allerdings im Unrecht, wenn er hierfür einen zweiten Container postuliert. Ein »Zuviel an Container« für das richtige Maß an Bewusstsein.

Was Leibniz als Container des Bewusstseins bezeichnet, muss im Container der Welt eingenistet sein. Ohne allerdings mit dem Container gleichgesetzt zu werden, wie Newton es annimmt. Das Bewusstsein hat sich ein Nest im Container der Welt gebaut. Das Nest des Bewusstseins. Eine eigene innere Welt. Wie aber hängen Nest und Container, Bewusstsein und äußere Welt zusammen? Das ist nicht mehr die Frage nach dem Zusammenhang zwischen zwei Welten beziehungsweise Containern wie noch bei Leibniz, sondern die Frage nach der Verbindung eines Nestes innerhalb eines Containers zum Rest innerhalb desselben Containers. Wie kommen wir also vom Nest innerhalb des Containers zu dem Rest des Containers? Kant könnte sich sagen, dass wir einen Durchbruch, eine Art Tunnel brauchen. Er nimmt an, dass alle Ereignisse und Objekte der äußeren Welt durch diesen Tunnel hindurchmüssen, um in die innere Welt des Bewusstseins zu gelangen. Tunneltheorie könnte man das nennen.

Was passiert nun in diesem Tunnel? Am Anfang des Tunnels stehen die verschiedenen Stimuli, die Inputs der Umwelt, Schlange. Alle wollen hinein. Ganz so wie beim Gotthard-Tunnel in der Schweiz. Am anderen Ende, wenn sie wieder hinausfahren, ist alles anders. Nicht nur für die Fahrer, die den Süden förmlich riechen, auch für die Stimuli. Sie sind nun nicht mehr voneinander getrennt, sondern zu Objekten oder Ereignissen im Bewusstsein zusammengefügt. Ihre verschiedenen Punkte in Raum und Zeit sind zu einem Kontinuum geworden: dem räumlich-zeitlichen Kontinuum des Bewusstseins.

Endlich. Die Sonne strahlt. Nicht nur im Tessin. Sondern auch als Sonne des Bewusstseins.
Sie wissen vielleicht, wie der Gotthard-Tunnel gebaut wurde. Eine technische Meisterleistung. Die Alpen wurden durchbohrt, eine riesige Röhre lässt heute Tausende hindurchfahren. Wie aber durchbohrt das Bewusstsein die äußere Welt und baut seine Röhren? Die Röhren der räumlich-zeitlichen Kontinuität? Wer macht das? Wie geschieht es? Das möchte offenbar auch unser moderner Student wissen. Er wird gegen Ende der Vorlesung bei Kant noch einmal aktiv und meldet sich zu Wort: »In der Kontinuität von Raum und Zeit unseres Bewusstseins, Herr Kant, haben Sie fein säuberlich Tunnel und Container unterschieden. Das ist eindrucksvoll. Was aber sehr wenig Eindruck bei mir hinterlässt, ist, wie Sie beide verknüpfen. Das bleibt mir unklar. Denn schließlich wird doch der Tunnel des Bewusstseins im Container der Welt gebaut. Wer aber baut den Tunnel der räumlich-zeitlichen Kontinuität des Bewusstseins? Und wie? Das scheinen Sie offen zu lassen.«
»Gemach, Geduld und Disziplin, junger Mann«, antwortet Kant. »Dafür müssen Sie das Bewusstsein mit der richtigen Methode untersuchen. Die werde ich noch darlegen.«
Gut, wir bleiben dran.

Methode

Gedankenmeister

Immanuel Kant ist der Sohn des Königsberger Riemermeisters Johann Georg Kant. Seine Mutter, Anna Regina, ist ebenfalls die Tochter eines Riemers. Ein Riemer stellt Geschirre für Pferde, Schlitten und Kutschen her. Dazu jegliche Gerätschaften, die für den Transport notwendig sind, inklusive der Ausstattung der Kutschen. Er arbeitet vor allem mit Leder und seine Kunst ist daher eng mit der von Schuhmachern und Sattlern verwandt.

Kants Vater baut sich einen eigenen Handwerksbetrieb auf. Da aber die Zahl der privaten Meistereien durch die Zünfte stark reglementiert wird, muss er der Zunft beitreten, was keine bloße Formalität ist. Der einzige Weg, sich selbst einen Handwerksbetrieb zu schaffen, ist das, was man heutzutage »Einheiraten« nennt. Erst durch die Heirat mit der Tochter eines Meisters ist es dem Vater von Immanuel Kant möglich, seinen eigenen Betrieb zu führen.

Aus heutiger Sicht könnte man solche Regeln streng und ungerecht finden. Da dürfen die Leute noch nicht einmal einen unabhängigen Handwerksbetrieb eröffnen. Das erscheint uns unfrei und überreglementiert. Aber ist es heute wirklich anders? Wenn Sie zum Beispiel eine Arztpraxis eröffnen und Patienten der gesetzlichen Krankenkassen behandeln wollen, können Sie sich auch nicht überall niederlassen. Es gibt in jeder Region eine Maximalzahl von erlaubten Arztpraxen. Keine einzige zu viel, schreit die kassenärztliche Vereinigung, die Zunft der Ärzte. Was machen Sie also? Sie heiraten die hübsche Tochter eines Arztes, der bereits eine Praxis hat. Und übernehmen dann gemeinsam mit Ihrer ebenfalls als Ärztin tätigen Frau die Praxis Ihres Schwiegervaters. Nichts anderes hat der Vater von

Immanuel Kant zu seiner Zeit gemacht. Haben sich die Zeiten also wirklich so stark geändert, wie wir häufig annehmen? Aber kehren wir zurück nach Königsberg. Die Zünfte reglementieren in strenger Weise das Leben der Handwerker. Ebenso hat der Handwerksmeister sehr viel Kontrolle über das Leben seiner Gesellen. So muss der Geselle zum Beispiel eine Genehmigung von seinem Meister haben, um an einen anderen Ort ziehen zu dürfen. Das können wir uns in der Tat heutzutage nicht mehr vorstellen. Mittlerweile haben die Gesellen zum Glück sehr viel mehr Freiheit.

Während die Zunft das Leben der Handwerker reglementiert, diktieren die Sattler die Regeln des Geschäfts. Da Riemer und Sattler eng verwandt sind und beide mit Leder arbeiten, gibt es immer wieder Streit, Konkurrenz um ein ähnliches Angebot. Das Geschäft der Riemer geht zu Kants Zeiten stark zurück, die Sattler übernehmen zunehmend die Regie. Vom Abstieg der Zunft der Riemer ist daher auch Kants Vater betroffen. Er nimmt auch die Sattlerei mit in sein Gewerbe auf, dennoch ist es für ihn nicht immer einfach, die Familie zu ernähren. Es kommt noch härter, als seine Frau stirbt – Immanuel Kant ist gerade 13. Sie wird nur 40. Nach neun Schwangerschaften, heutzutage fast unvorstellbar, und der Versorgung der Familie ist sie mit ihren Kräften am Ende. Damit enden auch die Spaziergänge in die Natur, auf die ihn die Mutter häufig mitnimmt, während sie ihm Pflanzen und Kräuter erklärt.

Das Handwerk der Riemerei verstehen seine Eltern bestens. Offenbar auch das der Erziehung. Kant sagt zumindest später, dass er eine sehr gute Erziehung genossen habe. Sie war recht und moralisch. Und man muss annehmen, dass er seine späteren Moralvorstellungen stark an das anlehnt, was ihm Vater und Mutter vorlebten.

Als Sohn eines Handwerkers hätte Immanuel Kant auch Handwerker werden können. Das wäre sehr wahrscheinlich gewesen. Und in einem gewissen Maße trifft es ja auch zu. Nur arbeitet er nicht mit Leder, sondern mit Gedanken. Nicht Leder formt und bearbeitet er, sondern verbindet und synthetisiert Gedanken. Nicht Riemermeister, sondern Gedankenmeister ist er. Jedes Handwerk hat seine eigene Methode und seine eigenen Instrumente. Der Riemer geht mit Messer, Hammer und Nadeln an das Material, das Leder, heran. Welche Instrumente aber verwendet der Philosoph, der Gedankenmeister, um sein Material, die Gedanken, zu bearbeiten?

Eine interessante Frage, die wir unserem rastagelockten Studenten eingeben könnten. Er möchte nach wie vor wissen, wie und was wir erkennen können. Zweifel an seinem Bewusstsein – »Am I conscious?«, wie sein T-Shirt fragt – die sind inzwischen wie mit einem Wisch ausgeräumt. Die Frage nach der Erkenntnis des Bewusstseins hat sein eigenes Bewusstsein aufgeweckt. Jetzt ist es hellwach. Kein Platz mehr für Zweifel, weder am eigenen noch am Bewusstsein selbst. Dafür aber Zweifel am eigenen Wissen. Was können wir wissen? Und, vielleicht noch viel wichtiger: Was können wir nicht wissen? Das ist eine der zentralen Fragen der Philosophie, wie Kant selbst sagt.

Ohne Bewusstsein geht gar nichts. Schon diesen Gedanken könnten wir ohne Bewusstsein nicht denken. Oder doch? Denken ließe er sich ohne Bewusstsein wohl schon, aber er ließe sich nicht als Gedanke wahrnehmen. Er wäre nicht erlebbar. Nichts wäre erlebbar. Gar nichts. Wie langweilig! Wir wären dann bloße Zombies, wie die heutigen Philosophen sagen würden.

Ist Bewusstsein also vielleicht wirklich ein Tunnel, wie Kant es in seiner Vorlesung beschrieben hat? Ein Tunnel, durch den alle Gedanken und Wahrnehmungen hindurchmüssen, um zu uns zu gelangen. Ein Tunnel, ohne den wir bloße Zombies wären?

Rasende Gedanken im Bewusstsein des Studenten: Es geht darum, dem Tunnel auf die Spur kommen. Bevor wir ihn aber untersuchen können, müssen wir klären, ob wir prinzipiell in der Lage sind, ihn überhaupt zu erkennen. Wenn wir als Chirurg kein chirurgisches Besteck haben, können wir niemanden operieren. Die Bedingungen sind einfach nicht gegeben. Wie aber ist es mit den Bedingungen für die Erkenntnis des Bewusstseins? Wir brauchen ein chirurgisches Besteck für die Erkenntnis des Tunnels. Das Handwerkszeug, mit dem wir den Tunnel des Bewusstseins untersuchen können. Was sich im Kontext des Handwerkers Handwerkszeug nennt, heißt in der Philosophie Methode. Die Methode ist das chirurgische Besteck des Philosophen, mit dem er Gedanken seziert und Schlussfolgerungen zerschneidet.

Kant scheint über ein solches Werkzeug zu verfügen. Er ist seinerzeit von der Handwerkerzunft in die Akademikerzunft gewechselt. Ein massiver gesellschaftlicher Aufstieg. Aber nicht nur gesellschaftlich stieg Kant auf. Auch gedanklich kletterte er hoch hinauf, auf die Gipfel des Verstandesmöglichen. Einer dieser Gipfel war seine Einsicht, dass das Bewusstsein ein Tunnel ist. Ein Tunnel von räumlich-zeitlicher Kontinuität. Das wissen wir schon aus der ersten Vorlesung. Wie aber können wir mehr über den Tunnel des Bewusstseins erfahren? Wir brauchen eine Methode zur Erkenntnis des Bewusstseins. Und warum nicht auch dazu Herrn Kant selbst befragen?

Perspektiven

Es geht um die Erkenntnis des Bewusstseins. Unsere Frage: Wie können wir die Kontinuität von Raum und Zeit erfassen? Für Kant ist das ganz einfach, er würde zu uns sagen: Sie erleben sie täglich. Auch jetzt in diesem Moment. Und dem nächsten und übernächsten, da Sie sie alle miteinander verknüpft wie Diamanten auf einer Goldkette erleben. Sie bezweifeln die räumlich-zeitliche Kontinuität Ihres Bewusstseins? Schauen

Sie einfach in Ihr eigenes Bewusstsein. Dort sehen Sie, wie Sie die Objekte und Ereignisse erleben.
Ist das nachvollziehbar? Nicht so ganz. Lassen Sie uns in einen Tunnel hineinsteigen. Wenn Sie im Tunnel sind, sehen Sie nichts als dessen Wände. Die Wände des Tunnels, die Sie von innen sehen, entsprechen der räumlich-zeitlichen Kontinuität im Bewusstsein. Die Wände im Tunnel spiegeln also das wider, was Kant als räumlich-zeitliche Kontinuität bezeichnet. Das ist die Perspektive aus dem Inneren des Tunnels. Eine Tunnelperspektive auf unser Bewusstsein. Woher aber können wir wissen, dass die Wände die Wände eines Tunnels sind? Das lässt sich vom Inneren des Tunnels her nicht erkennen. Es könnten auch die Wände eines Hauses sein. Oder die Wände eines Containers, der Welt selbst, wie es in der Vorlesung beschrieben wurde. Tunnel- versus Containerperspektive – das ist hier die Frage. So banal das klingt, so tiefschürfend sind die Konsequenzen. Die Tunnelperspektive ist notwendigerweise immer eine Innen- oder Binnenperspektive. Die Perspektive des Bewusstseins, die Bewusstseinsperspektive. Wir können den Tunnel des Bewusstseins aber nur von innen sehen, nicht von außen. Daher können wir nie sicher sein, ob diese Wände wirklich die Wände eines Tunnels sind. Oder nicht doch die Wände eines Hauses.
Aber wäre das nicht das Gleiche im Falle des Containers? Nein, denn der Container selbst ist die Welt im Ganzen. Die Containerperspektive ist daher immer auch Außenperspektive. Eine solche erlaubt uns einen Blick auf alles, was in der Welt ist, und dazu gehören auch Tunnel, Bewusstsein und reale Gebäude. Sie ermöglicht es uns, den Tunnel des Bewusstseins von außen zu sehen. Nicht als räumlich-zeitlich kontinuierliche Wand, sondern als Tunnel. Die Außenperspektive ist somit das, was man als Weltperspektive bezeichnen könnte.
Philosophen wie David Hume setzen eine solche Außenperspektive voraus. Sie gehen davon aus, dass wir den Tunnel des

Bewusstseins von außen erkennen können. Durch diese Außenperspektive können wir alles das, was in der Welt vor sich geht, empirisch untersuchen. Daher auch der Name dieser Richtung: Empirismus. Im Gegensatz dazu führt das Gegenteil, die Tunnelperspektive als Innenperspektive, weg von der Beobachtung. Bei ihr hilft bloße Beobachtung schließlich auch nicht weiter. Statt nach außen beobachtend in die Welt zu gehen, müssen wir uns dabei ganz innen in unserem eigenen Bewusstsein bewegen.

Können Sie mir folgen? Oder sagen Sie: Das ist nicht Gedankenmeisterei, sondern Gedankenverwirrerei? Gehen wir einfach weiter, damit es klarer wird. Wir müssen also in unserem eigenen Bewusstsein nachschauen, um den Tunnel als Tunnel zu identifizieren. Das ist der Idealismus, wie er von den Herren Leibniz und Berkeley vertreten wird. Manchmal gehen die Idealisten sogar noch weiter und behaupten, dass das Bewusstsein und somit unser menschlicher Geist den Tunnel und die ganze Welt, also den Container, selbst konstruieren. Die Welt und das Bewusstsein der Welt sind dann eine Schöpfung des menschlichen Geistes und seines Bewusstseins.

Der Mensch als Schöpfer von Welt und Bewusstsein? Dann übernimmt der Mensch ja selbst genau die Rolle, die er vorher noch, in der mittelalterlichen Philosophie, Gott zugesprochen hat. Jetzt meint der Mensch Gott nicht mehr zu brauchen. Nur noch sich selbst. Damit aber nimmt er gewissermaßen eine göttliche Perspektive ein. Der Begriff »Perspektive« ist hier allerdings irreführend. Denn seinem Wesen nach muss Gott ja der Ursprung aller Perspektiven sein. Dann allerdings kann er selbst keine spezielle Perspektive einnehmen. Er muss über den Perspektiven stehen.

Ist das relevant? Oder nur ein nettes Spiel der Begriffe? Ist es letztendlich ein rein begriffliches Problem? Ja, würde Kant wohl sagen. Gott ist ein bloßer Begriff. Das aber bedeutet noch lange nicht, dass es ihn wirklich gibt, dass er existiert. Denn von einem bloßen Begriff kann man nicht auf eine wirkliche Existenz und somit Realität schließen.

Bei den Begriffen scheiden sich die Welten. Und eben Gott auch von der Welt. Die Welt und somit auch der Mensch inklusive seines Bewusstseins funktionieren ohne Gott. So sieht es Kant. Er lehnt die Annahme der Existenz eines Gottes ab. Damals ist das revolutionär. In ganz Europa. Im heutigen Europa aber ist es Alltag. Hingegen ist es auch heute noch immer sehr revolutionär, wenn man zum Beispiel in Teilen Nordamerikas oder der nahöstlichen Welt unterwegs ist. Wir sehen wieder einmal: Die Zeiten ändern sich, die Ansichten nicht unbedingt. Sie wandern höchstens geografisch.

Damals, 1755, ist ganz Europa durch das bereits erwähnte Erdbeben in Lissabon erschüttert. Interessanterweise verfallen selbst Geistesgrößen der damaligen Zeit wie Goethe und Voltaire der Verführungskraft eines Gottes. Warum hat Gott einen solchen Unglücksfall zugelassen? Warum hat er ihn gar nötig? Ist da ein böser Dämon des Schreckens am Werk? Wird ein Strafgericht abgehalten? Kant stellt ganz andere Fragen. Für ihn besteht keinerlei Evidenz für solche Annahmen, stattdessen stützt er sich auf natürliche, in diesem Fall geologische Ursachen.

Methodenkritik

Was also tun wir so ganz ohne Gott, der uns den Weg weist? Kant empfiehlt uns, auf den eigenen Verstand zu schauen und die richtige Methode zu entwickeln. In Kurzform: Nichts als Verstand und die richtige Methode.

Was aber meint Kant damit? Wir sollten uns alles ansehen, was so an Fug und Unfug getrieben und gedacht wird. In Philosophie und Metaphysik. Um den Unfug einzudämmen, müssen

wir ihn kritisieren. Kritisieren, kritisieren und nochmals kritisieren. Wir müssen die Perspektiven und ihre Methoden kritisch durchleuchten und ihre Voraussetzungen beleuchten. Da wäre zum Beispiel die Methode der Beobachtung. Die Container- oder Weltperspektive setzt bloße Beobachtung voraus. Nach Hume können wir alles, was in der Welt ist, beobachten. Immanuel Kant aber entgegnet, dass das zu kurz greift. Was beobachten Sie in der Welt? Verschiedene Objekte und Ereignisse, die alle mit unterschiedlichen Zeitpunkten in unterschiedlichen Segmenten des Raumes einhergehen. Was wir aber dort draußen in der Welt nicht beobachten können, ist die Kontinuität von Raum und Zeit. Das Goldkettchen also, auf das sich die beobachteten Objekte und Ereignisse wie die Diamanten ordnen. Die können wir dort nicht beobachten. Wir könnten noch so viel suchen. Wir werden die räumlich-zeitliche Kontinuität des Bewusstseins im Container der Welt nicht finden. Suche zwecklos. Fahndung abbrechen!
David Hume aber ist viel zu schlau, als dass er das nicht beachten würde. Wie also hat er die räumlich-zeitliche Kontinuität des Bewusstseins erklärt? Er spricht von Assoziation: Die verschiedenen Objekte und Ereignisse werden miteinander verbunden, eben assoziiert. Assoziation ist aber nicht Kontinuität. Genauso wie ein bloßes Zusammenlegen von Perlen noch keine Kette ergibt, kann die bloße Assoziation keine Kontinuität gebären. Beobachtung kann nur Assoziation erfassen, nicht aber die Kontinuität. Daher greift die empirische Methode von Hume schlichtweg zu kurz. Sie gelangt lediglich zum nächstliegenden Punkt und hält ihn fälschlicherweise für das Ziel. Dieses aber ist in weiter Ferne und kann durch bloße Beobachtung nicht gesehen werden.
Gewitzte Typen wie unser Student könnten sich fragen, ob ein Feldstecher ein wenig weiterhelfen würde. Doch auch der ermöglicht nichts als Beobachtung. Ob schärfer oder nicht, das

spielt keine Rolle. Die empirische Methode der Beobachtung der Welt versagt. Wir müssen also ein anderes Instrument erschaffen, um das Bewusstsein selbst mitsamt seiner räumlich-zeitlichen Kontinuität in den Blick zu bekommen. Herr Kant, was schlagen Sie vor?

Kant, das wissen wir bestens, sieht Methodenkritik als ersten Schritt zur Erkenntnis an. Also kritisieren wir fröhlich weiter. Nämlich die nächste Methode, das Gegenteil der Beobachtung von Objekten und Ereignissen. Welche Methode aber ist das? Die Annahme und Setzung von Objekten und Ereignissen in einer Welt, die außerhalb und somit jenseits der beobachtbaren Welt liegen. Diese sind dann nicht mehr empirisch, nicht mehr innerhalb der beobachtbaren Welt, sondern außerhalb der für uns beobachtbaren Welt. Sie sind das, was Kant transzendent nennt. Um das zu verstehen, brauchen wir es konkreter. Gott zum Beispiel muss außerhalb unserer beobachtbaren Welt »lokalisiert« sein. Denn sonst hätte er die Welt als Ganzes nicht erschaffen können. Also muss seine Existenz und Realität als transzendent bezeichnet werden.

Wie aber hängt all das mit dem Bewusstsein und der Erkenntnis desselben zusammen? Das Bewusstsein wird nach dieser Auffassung nicht mehr durch die beobachtbaren Objekte und Ereignisse der Welt erklärt. Sondern durch Eigenschaften, die jenseits der Welt unserer Beobachtung liegen. So hat zum Beispiel der französische Philosoph René Descartes eine Seele oder einen Geist angenommen: als nicht-physikalische Substanz, die unserem Bewusstsein zugrunde liegt. Ihm zufolge ist unser Bewusstsein also nicht von dieser unserer Welt. Es ist nicht Teil der physikalischen Welt, sondern stammt aus einer anderen Welt. Einer Welt jenseits der für uns beobachtbaren. Der Welt des Geistes, die nicht physikalisch ist. Geist und Bewusstsein sind somit transzendent.

Ist das plausibel? Geist und Bewusstsein sollen nicht beobachtbar sein. Stattdessen sind sie transzendent, liegen in einer anderen Welt. Haben wir Zugang zu dieser anderen Welt? Nein, sagt Kant. Wir kommen hier sofort in den Bereich der bloßen Spekulation. Wir können für einen transzendenten Geist votieren. Aber genauso gut können wir auch gegen eine solche Annahme optieren. Alles ist möglich, everything goes. Das bedeutet aber, dass wir nichts wirklich erkennen können. Alles ist pure Spekulation, würde Kant sagen. Die transzendente Methodik bringt daher keinerlei Licht in unsere Erkenntnis vom Bewusstsein. Stattdessen produziert sie nichts als die Dunkelheit der bloßen Spekulation.

Transzendentale Methode

Kritik, Kritik, nichts als Kritik. Schön und gut. Aber nun müssen wir langsam etwas finden, was unserem Verstand standhält. Welche Methode können wir verwenden, um etwas vom Bewusstsein zu erkennen? Genauer gesagt fahnden wir nach einer Methode, die es uns erlaubt, den Tunnel des Bewusstseins zu erkennen: Wie wurde er gebaut? Wer hat ihn gebaut? Aus welchem Material? Wir fahnden also nach einer Methode, die uns die räumlich-zeitliche Kontinuität des Bewusstseins besser verstehen lässt. Eine Methode, mit der wir die räumlich-zeitliche Kontinuität des Bewusstseins erkennen können.

Lassen Sie uns noch einmal kurz zusammenfassen. Klar ist bis hierhin, dass die direkte Beobachtung der Objekte und Ereignisse in der Welt zu kurz greift. Die empirische Methode der Beobachtung führt zu einem »Zuviel an Welt« und einem »Zuwenig an Bewusstsein«. Und auch das Gegenteil ist nicht gut. Genau umgekehrt verhält es sich nämlich bei der transzendenten Methode. An die Stelle der direkten Beobachtung von Objekten und Ereignissen tritt hier die direkte Setzung oder Annahme von Objekten und Ereignissen. Und zwar von solchen, die außerhalb und jenseits der beobachtbaren Welt liegen. Die beobachtbare Welt der Elemente wird durch die Setzung einer transzendenten Welt des Bewusstseins ergänzt und verdrängt. Die transzendente Methode führt also zu einem »Zuwenig an Welt« und einem »Zuviel an Bewusstsein« in Hinsicht auf das Bewusstsein selbst.

Damit haben wir verschiedene Methoden vom Tisch gefegt. Aber welche Methodik können wir denn nun verwenden, um das Bewusstsein zu untersuchen? Direkte Methoden zur Untersuchung des Bewusstseins führen immer zu einem Zuviel und einem Zuwenig. Sie beobachten die Welt und haben ein »Zuwenig an Bewusstsein«. Oder sie setzen transzendente Eigenschaften als gegeben und leiden unter einem »Zuviel an Bewusstsein«. Direkte Methoden sind also problematisch.

Was ist die Alternative? Indirekte Methoden? Wir können Objekte und Ereignisse in der Welt direkt beobachten. Aber wir erleben auch, dass unser Bewusstsein mehr ist als nur die Assoziation von Stimuli, den Inputs der Umwelt. Was also muss zusätzlich hinzukommen, um unser Bewusstsein von den Objekten und Ereignissen zu ermöglichen?

Sie erinnern sich an das erste Kapitel? Dort ließen wir Kant in seiner Vorlesung davon sprechen, dass das Bewusstsein nur aus dem Verstand selbst entstammen kann. Die räumlich-zeitliche Kontinuität des Bewusstseins stammt weder aus der empirisch beobachtbaren Welt noch vom Jenseits einer transzendenten Welt. Das aber lässt nur eine Möglichkeit offen. Nämlich die, dass das Bewusstsein aus dem Verstand selbst kommt.

Betrachten wir dasselbe noch einmal anders. Wir haben den folgenden Ausgangspunkt: Wir können Objekte und Ereignisse in unserem Bewusstsein der Welt erleben. Dagegen ist uns die direkte Beobachtung unseres Bewusstseins selbst, unabhängig von den Objekten und Ereignissen, unmöglich. Wo aber kommt nun das Bewusstsein her? Die Annahme eines

Geistes außerhalb der beobachtbaren Welt ist nicht plausibel. Sie wäre nichts also bloße Spekulation. Bewusstsein kann also weder in der Welt selbst lokalisiert sein noch in einer Welt des Geistes jenseits der für uns beobachtbaren Welt. Also muss dass Bewusstsein vom Menschen selbst, genauer gesagt seinem Verstand, herrühren. Das war zu Kants Zeit aufrührend. Heute scheint es Allgemeingut zu sein. Wirklich? Das werden wir später untersuchen.

Was haben wir nun genau gemacht, um zu unserer Schlussfolgerung zu kommen, dass Bewusstsein weder in der Welt noch außerhalb im Jenseitigen liegt, sondern im menschlichen Verstand selbst liegen muss? Welche Methode haben wir angewandt? Wir haben vom Endpunkt auf den Anfangspunkt geschlossen. Der Endpunkt war das Erleben von Objekten und Ereignissen im Bewusstsein. Wir sind so vorgegangen, dass wir die Frage nach dem stellten, was Kant als die notwendigen Bedingungen der Möglichkeit bezeichnet. Dieser Endpunkt war in der Form nur auf der Grundlage eines bestimmten Anfangspunktes möglich. Nämlich dem, dass Bewusstsein weder innerhalb noch außerhalb der Welt liegen kann. Der Endpunkt ist somit nur unter der Annahme möglich, dass Bewusstsein im Verstand selbst liegt. Ohne diesen Anfangspunkt wäre der Endpunkt in der oben genannten Form unmöglich. Der Anfangspunkt, Assoziation des Bewusstseins selbst mit dem Verstand, ist also eine notwendige Bedingung der Möglichkeit des Bewusstseins von Objekten und Ereignissen. Wir schließen somit von einem empirisch gut beobachtbaren Endpunkt auf einen empirisch nicht beobachtbaren Anfangspunkt. Das ist genau das, was Kant als transzendentale Methode bezeichnet und von empirischen transzendenten Methoden unterscheidet. Ganz schön strapaziös für das Bewusstsein, oder? Kann man diese transzendentale Methode nicht einfacher darstellen? Versuchen wir's. Stellen Sie sich einen Tisch vor, von dem Sie nur die Tischplatte sehen. Sie benutzen die Platte, die Sie sehen und beobachten können, ganz normal als eine Tischplatte. Sie sitzen auf einem Stuhl an dieser Platte, auf die Sie dieses Buch gelegt haben, um darin zu lesen. Wodurch aber ist es möglich, dass Sie eine bloße Platte wie einen Tisch benutzen? Sie haben sie gesehen und geschlussfolgert, dass sie so etwas wie Tischbeine aufweisen muss. Ihre Platte kann, das wissen Sie, nicht im luftleeren Raum schweben. Die Tischbeine sind die Voraussetzung beziehungsweise die notwendige Bedingung der Möglichkeit für Ihre Verwendung der Platte als Tisch. Obwohl Sie es selbst nicht beobachten können, können Sie dennoch erkennen, dass Ihre Platte Tischbeine aufweisen muss. Sie haben also eine Schlussfolgerung vom Endpunkt auf den Anfangspunkt gezogen. Damit haben Sie eine transzendentale Methode angewendet.

Mittelweg

Direkt versus indirekt. Aber ist da nicht noch mehr, was empirische und transzendentale Methodik voneinander scheidet? Messerscharf und ganz im transzendentalen Sinne geschlossen. Beobachtung zielt auf empirische Objekte und Ereignisse. Und daher auf die Welt. Das aber ist in der transzendentalen Methode anders. Hier scheint es vor allem um logische Zusammenhänge zu gehen. Und die werden in Begriffen oder Konzepten ausgedrückt. Statt um empirische Gegenstände geht es um logische Begriffe.

Begriffe sind unabhängig von Gegenständen. Selbst wenn ein Gegenstand nicht vorhanden ist, können wir dennoch einen Begriff von ihm haben. Es ist vielleicht kein Waschbecken in dem Raum, in dem Sie gerade sitzen. Und dennoch haben Sie einen Begriff vom Waschbecken. Die transzendentale Methodik verwendet Begriffe. Kann man dann sagen, dass sie unabhängig von den beobachtbaren Gegenständen ist? Ja und nein. Rein methodisch betrachtet sind die Begriffe in der Tat unabhängig von den Gegenständen, die sie beschreiben. Aber das, was die Begriffe beschreiben, beschreibt die Voraussetzung der beobachtbaren Gegenstände. Die transzendentale Methodik und ihre Begriffe sind also zugleich unabhängig und abhängig von den Gegenständen.

Für diese seltsame Gleichzeitigkeit von Unabhängigkeit und Abhängigkeit von transzendentalen Begriffen hat Kant den Begriff »a priori« eingeführt. Wohingegen die beobachtbaren Gegenstände als »a posteriori« beschrieben werden. Damit verstehen wir auch die Charakterisierung von transzendentaler Erkenntnis des Gedankenmeisters Kant: »Ich nenne alle Erkenntnis als transzendental, die sich nicht sowohl mit Gegenständen, sondern mit unseren Begriffen a priori von Gegenständen überhaupt beschäftigt. Ein System solcher Begriffe würde Transzendentalphilosophie heißen.«[3]

Nun kommen wir zum Kern unseres Problems. Die empirische Methodik der Beobachtung ist die Domäne der Naturwissenschaften, wie zum Beispiel der Physik und der Chemie. Die Philosophie ist davon zu unterscheiden. David Hume hat das Problem, dass er die Philosophie nicht sauber von der empirischen Methodik der Beobachtung trennt. Wenn aber die Philosophie zur empirischen Beobachtung der Welt degradiert wird, degeneriert sie und ist am Ende nicht mehr von den Naturwissenschaften zu unterscheiden. Die Philosophie wird dann zu einer Sklavin der Naturwissenschaften.

Die empirische Methodik der Beobachtung ist also nicht nur zu kurzsichtig, sondern auch gefährlich. Gefährlich, weil sie die transzendentale Methodik mit der empirischen verwechselt, sodass am Ende nichts als ein empirischer Einheitsbrei herauskommt. In dem alles und jedes zu finden ist, nur nicht die Voraussetzungen, die das Bewusstsein ermöglichen. Eine

Platte ohne Tischbeine, um beim obigen Beispiel zu bleiben. Und was ist eine Platte, die auf dem Boden liegt, wert? Nicht viel. Man kann sie nicht als Tisch verwenden.
Man stolpert über sie, könnte man Kant sagen hören. Und, noch viel schlimmer, man merkt zunächst einmal gar nicht, worüber man gestolpert ist. Genauso verhält es sich mit der empirischen Methodik der Beobachtung. Sie lässt uns über die Gegenstände des Bewusstseins stolpern. Der Stolperer aber bringt uns dem Bewusstsein in keiner Weise näher. Beobachtung hält uns unnötig auf, statt uns beim Aufbau der Erkenntnis unseres Bewusstseins zu helfen.
Bringt uns das aber nicht in gefährliche Nähe zur transzendenten Methodik? Zur Annahme von Eigenschaften außerhalb der beobachtbaren Welt? Vorsicht. Transzendent sollte nicht mit transzendental verwechselt werden. Manchmal machen zwei Buchstaben eine ganze Welt aus. Die transzendente Welt ist eine, die nicht beobachtbar ist und auch nicht transzendental erschlossen werden kann. Wofür es aber weder in der direkten Beobachtung noch in der indirekten Schlussfolgerung Hinweise gibt, das sollte verworfen werden. Da es pure Spekulation ist. Spekulation über außerhalb der beobachtbaren Welt liegende Existenzen und Realitäten. Wie eine Seele. Oder ein Gott. Metaphysik nennen die Gedankenmeister, die Philosophen, das.
Nach der Meinung des Gedankenmeisters Kant ist das ebenso gefährlich wie die Gleichsetzung der Philosophie mit der empirischen Methodik. In dem einen Fall löst sich die Philosophie in der Welt der Naturwissenschaften auf. In dem anderen löst sie sich nicht nur von den Naturwissenschaften, sondern auch von der Welt. Sie degeneriert zu Metaphysik und Spekulation. Ein »Zuwenig an Welt« ist also genauso gefährlich wie ein »Zuviel an Welt«. Daher gilt es, genau die Mitte zu treffen. Die transzendentale Methodik nun geht einen Mittelweg zwi-

schen den Extremen. Anders als die empirische Methodik löst die transzendentale Methodik die Philosophie von den Naturwissenschaften. Und verbleibt aber, anders als die transzendente Methode, in der Welt.

Trennung und Verknüpfung

Lassen Sie uns an diesem entscheidenden Punkt wieder unseren Studenten ins Spiel bringen, der ja ohnehin noch in Königsberg zu Zeiten Kants weilt. Nach der Vorlesung bittet er ihn um ein Gespräch.

»Eine elegante Trennung von Philosophie und Naturwissenschaften. Und genauso von transzendentaler und empirischer Methodik. Herr Kant, ich muss sagen, Sie haben Sinn für Ästhetik.«

»Entschuldigung«, wehrt der Meister die Schmeichelei gleich ab. »Hier greifen Sie zu kurz, werter Student. Mag die Trennung Ihnen noch so elegant erscheinen. Wichtig ist vor allem, dass sie notwendig ist. Notwendig zur Erkenntnis und Untersuchung des Bewusstseins. Wenn die Philosophie nicht sauber von den Naturwissenschaften getrennt wird, werden Sie niemals die Voraussetzungen für das Bewusstsein erfassen können. Die Bedingungen der Möglichkeit des Bewusstseins blieben unerforscht. Sie landen in der Sackgasse der Empirie. Wo alles überstrahlt wird von den Gegenständen selbst. Geblendet verlieren Sie Ihr Ziel aus dem Blick: das Bewusstsein.«

»Blendung hin oder her! Beide, transzendentale und empirische Methodik, betreffen doch die Welt. Ein und dieselbe Welt. Die Welt der beobachtbaren Objekte und Ereignisse, in der auch der Mensch zu Hause ist.«

»Richtig«, antwortet Kant. »Der Bezugspunkt beider Methoden ist ein und dieselbe Welt.«

»Wenn dem so ist, Herr Kant, dann müssten doch beide Methoden irgendwie miteinander zusammenhängen. Die Voraussetzung für das Bewusstsein hängt mit dem Bewusstsein von Objekten und Ereignissen zusammen. Also müssten auch empirische und transzendentale Methodik miteinander verknüpft sein. Das aber ist unmöglich, wenn Sie beide Methoden so strikt separieren.«

»Das verstehe ich nicht! Drücken Sie sich bitte deutlicher aus.«

»Folgendes Beispiel: Verschiedene Staaten werden durch Grenzen getrennt. Aber an fast jeder Grenze gibt es Grenzübergänge. Grenzübergänge zwischen empirischer und transzendentaler Methodik. Die aber sehe ich nicht bei Ihnen.«

Etwas verwirrt antwortet Kant: »Solche Grenzübergänge sind doch gar nicht notwendig! Zudem erscheinen Sie mir äußerst disziplinlos. Sie müssen sich an die Disziplin halten. Wenn schon nicht an die der Kleidungsgewohnheiten, so doch an die der Philosophie. Und die der Naturwissenschaften. Ohne Disziplin gibt es nur Chaos.«

Nun holt der Student ein letztes Mal aus: »Die empirische Beobachtung hat etwas zum Resultat, was Daten oder Fakten genannt wird. Wie aber beschreiben wir die beobachteten Daten? Durch Begriffe. Begriffe sind nach Ihrer Auffassung jedoch die Domäne der transzendentalen Methodik. Und Begriffe sollten nicht durch Beobachtungen verunreinigt werden. Das ist der Idealfall, so wie Sie ihn beschreiben. Die Praxis aber scheint anders auszusehen. Dort sind Daten und Begriffe heiter verknüpft und vermischt. Disziplinlos würden Sie wohl sagen. Statt getrennt zu sein, scheinen empirische und transzendentale Methodik Hand in Hand zu gehen. Das aber ist praxisnäher und real. Ihr Dualismus der Methoden hingegen erscheint mir theoretisch und ideal. Herr Kant, wir müssen zum Bewusstsein selbst zurück. Zu seinen Eigenschaften, wie die der Einheit. Der Einheit des Bewusstseins. Sie werden sehen, dass sich dann alles auf stimmige Weise verbindet, Empirisches und

Transzendentales. Verbindung statt Trennung, um dem Bewusstsein auf die Spur zu kommen. Was können Sie dann noch sagen, Herr Kant?

Einheit

Der junge Kant im Alter zwischen 30 und 40 Jahren untersucht das Bewusstsein und hält philosophische Vorlesungen. Als eleganter Magister würdigt er zudem in allem die Ästhetik und das Literarische, die Poesie. Er kleidet sich den Farben der Natur entsprechend und formuliert seine Sätze wohlschwingend und -klingend. All das vorzugsweise in der feinsten Gesellschaft von Königsberg. Er umgibt sich mit Baronen und Grafen, die High Society seiner Zeit.

Am Nachmittag und Abend eines fast jeden Tages charmiert und flaniert der Herr Privatdozent Kant in der feinen Gesellschaft umher. Erholung von den frühen Vorlesungen am Morgen inmitten der Adligen von Königsberg am Abend. Diesen gilt Kant nicht nur als viel sprechend, sondern auch als viel versprechend. Ein Philosoph, ein Intellektueller, ein Mann der Zukunft, von dem noch viel zu erwarten ist.

Zweifel allerdings gibt es auch. Denn Kant liebt nicht nur die Wahrheit und die Philosophie, sondern auch das Vergnügen und die gesellschaftliche Sophie. Disziplin ist ein zentrales Postulat seiner späteren Philosophie. Aber eben nicht seines früheren Lebensstils. Der ist eher disziplinlos. Der junge Kant zeigt nicht nur eine Gier in der Suche nach den Ursprüngen des Bewusstseins im Verstand. Er enthüllt auch eine Gier nach Gesellschaft und entpuppt sich als Gesellschaftstier.

Während er sich in den feinen Kreisen bewegt, bewegen sich die Russen im Preußischen. Von 1758 bis 1762 ist Königsberg nicht mehr preußisch, sondern russisch. Nicht nur die Sprache ändert sich, auch die Inhalte von Kants Vorlesungen. Er gibt jetzt Stunden zu Fortifikations- und Pyrotechnik vor russischen Offizieren. Dazu wird er in entsprechender Weise eskortiert.

Eine Eskortierung erfährt auch sein Lebensstil. Die preußische Zucht und Ordnung wird durch russischen Freigeist und Alkoholfreuden abgelöst. Losgelöst von Disziplin und Ordnung ist auch Kant in dieser Zeit so manches Mal. Er genießt die Freiheit nicht nur intellektuell, sondern auch persönlich. Er spielt Billard und trinkt ordentlich Wein. Das macht den Weg nach Hause am späten Abend manchmal sehr beschwerlich. Einmal, so wird berichtet, hat Kant dem Wein zu sehr zugesprochen. Nur schwerlich findet er sein Haus wieder: »... das Loch in der Magistergasse nicht habe finden können«[4]. Wie jeder bestens weiß, löst Alkohol die Gedanken und lässt sie zu ungeahnten Zielen wandern. Verfolgen wir also in unserer Vorstellung Kants Gedanken auf ihren Wanderungen und begleiten ihn auf seinem an jenem disziplinlosen Abend recht wirren Weg nach Haus.

Einheit der Objekte

Stellen Sie sich das folgende Szenario vor. Trotz all der gesellschaftlichen Zerstreuung am Nachmittag und Abend nach der Vorlesung geht der eigentümliche Student Kant nicht aus dem Sinn. Der Dualismus von empirischer und transzendentaler Methode – reine Theorie, ein Ideal bloß? Die Praxis und Realität sehe anders aus, hatte der junge Mann am Ende ihres Gesprächs behauptet. Philosophie und Naturwissenschaften seien in Wahrheit gar nicht getrennt. Stattdessen seien Brücken und Grenzposten zwischen beiden vorhanden. Kant kann das nur schwer verdauen. Denn nach seiner Meinung würde sich die Philosophie durch solche Grenzposten und Brücken nicht stärker behaupten, sondern eher enthaupten.

Kant befindet sich auf dem Nachhauseweg. Leicht angetrunken geht er seinen Gedanken nach. Transzendentale und empirische Methode müssen fein säuberlich getrennt werden. Je besser und klarer die Trennung, desto reiner und transzendentaler die Erkenntnis. Andernfalls könnten wir das Bewusstsein selbst, das reine Bewusstsein, niemals erkennen. Denn dann wäre es immer schon durch die Objekte und Ereignisse der Welt verunreinigt. Wie kann man den Fluss selbst, seinen Verlauf und sein Wasser, noch erkennen, wenn er voller Gegenstände oder gar Müll ist?

Die Verknüpfung der transzendentalen Methode mit der empirischen der Beobachtung führt also zu nichts als Verunreinigung. Zur Verunreinigung des Bewusstseins. Dann aber kann man nur noch Müll sehen und nicht mehr das Bewusstsein selbst. Um aber zu verstehen, was die Zutat des Verstandes zu unserem Bewusstsein der Objekte und Ereignisse der Welt ist, muss das Bewusstsein selbst rein sein, klar sichtbar und erkennbar.

Kant sinniert vor sich hin: Mach ich doch einfach mal Ernst mit der Aussage des Studenten. Ich begebe mich in die Praxis und Realität der transzendentalen Methode. Ich suche nach den Voraussetzungen des Bewusstseins von Objekten und Ereignissen. Was macht ein solches Bewusstsein möglich? Begebe ich mich auf die Suche nach den notwendigen Bedingungen seiner Möglichkeit. Dann kann ich sehen, wie transzendentale Schlussfolgerungen, ob mit oder ohne empirische Beobachtung, funktionieren.

Kant hält inne, als er zwei Katzen aufscheucht, die rasch den Schutz der nächsten Hauswand suchend ihres Weges ziehen. Er will nach Hause. Zur Magistergasse. Die aber findet er nicht mehr, der Weg ist ihm nicht klar. Gedankenverloren steht er da. Vor ihm ein Haus an einer Ecke. Er murmelt vor sich hin: Ich sehe das Haus. Was aber sehe ich? Ich sehe Fenster, Türen, ein Dach, Wände und einen rauchenden Schornstein. Alles weist unterschiedliche Farben, Formen und Positionen im Raum auf. Die Tür ist rechteckig und rot. Die Fenster quadratisch und blau. Der Schornstein schmal und schwarz.

Komisch, denkt sich Kant. Trotz all der Unterschiede der einzelnen Teile erlebe ich das Haus als Haus. Als Einheit und nicht als Vielfalt. Hume behauptet, dass die Assoziation die Teile zusammenfügt. Dann aber würden Fenster, Türen, Dach, Wände und Schornstein lediglich nebeneinander liegen. Wie Perlen, die man zusammenschiebt. Oder Steine auf einem Haufen. Das macht noch kein Haus.
Woher aber kommt dann das Haus? Das Haus selbst entsteht durch Architekten und Baumeister. Und das Haus in unserem Bewusstsein? Das Haus an der Straßenecke vereint die verschiedenen Teile, die Wände, die Türen, die Fenster, das Dach und den Schornstein zu einer Einheit. Diese Einheit nennen wir Haus. Unser Bewusstsein fügt offenbar diese verschiedenen Teile zusammen. Was wir dann wahrnehmen, sind nicht verschiedene Teile, sondern eine Einheit mit verschiedenen Teilen. Diese Einheit kann aber nicht aus den Teilen selbst stammen. Aber woher sonst? Von Gott? Nein, das ist bloße Spekulation. Und ein billiger Ausweichversuch. Sie muss vom Verstand selbst kommen. Der Verstand legt die Einheit quasi als Maske über die verschiedenen Teile und fügt sie zusammen. Die Einheit des Hauses liegt daher in den Händen des Verstandes. Kant ist erleichtert und sieht jetzt klarer. Die Einheit der Objekte und Ereignisse kann nicht von den Objekten stammen. Sie kann nur vom Verstand geliefert werden.
Was aber liefert ihm sein Verstand jetzt? Das Haus, das er eben noch gesehen hat, entpuppt sich plötzlich als Schiff. Als Schiff bei starkem Seegang. Es schwankt mindestens so stark wie seine Wahrnehmung. Was er eben noch als Eckhaus sah, nimmt Kant jetzt als Kiel eines Schiffes wahr. Alkohol ist dafür bekannt, dass er einen Dinge sehen lässt, die real nicht existieren. »Visuelle Halluzination« nennt man das. Kant aber ist sich sicher, dass er nicht halluziniert. Denn seine Wahrnehmung schwankt heiter zwischen Haus und Schiff hin und her.

Komisch, findet Kant. Alles bleibt gleich. Der Gegenstand selbst, meine Position zum Gegenstand, meine Wahrnehmungsfähigkeit und mein Verstand (so hoffe ich doch). Und trotzdem schwankt mein Bewusstsein zwischen Haus und Schiff. »Bistabile Wahrnehmung« kann man das nennen. Offenbar verfügt mein Verstand über mehrere Einheiten von verschiedenen Objekten. Die Einheit des Hauses und die Einheit des Schiffes. Er kann sich offenbar nicht entscheiden, welche der beiden Einheiten nun ins Bewusstsein gelangen und dort dominieren soll.

Die Schwankung und Instabilität der Wahrnehmung kann also nur vom Verstand selbst kommen. Genial, denkt sich Kant. Das unterstützt doch meine Annahme, dass der Verstand für die Einheit der Objekte im Bewusstsein zuständig ist. Während die Welt den Verstand mit Material für die Vereinheitlichung versorgt. Der Verstand scheint über zwei Einheiten für das gleiche Material zu verfügen. Einheit kann eben manchmal auch Vielheit sein.

Woher aber bezieht der Verstand die Einheit der Objekte? Nicht durch göttliche Inspiration. Nein, dafür müssen bestimmte Prozesse im Verstand verantwortlich sein. Konstruktion oder besser: Synthese. Wie allerdings die Synthese der Objekteinheit genau aussieht, bleibt Kant unklar. Er könnte vieles behaupten, ist sich aber unsicher. Außerdem ist es schon sehr spät, und so läuft er erst einmal weiter.

Einheit des Bewusstseins

Sein Gesicht wird zunehmend blass auf seiner Suche nach der Magistergasse. Kant ist sich unsicher, welchen der vielen möglichen Wege er wählen soll. Eine Vielheit von Straßen macht es ihm unmöglich, den richtigen Weg zu finden. Aber irgendwie müssen die vielen Wege doch einen gemeinsamen Ursprung haben, einen ihm bekannten Platz. Anders geht es gar nicht. Genauso mit unserem Bewusstsein. Wir nehmen zwar eine Vielheit von Objekten wahr. Sie alle aber erscheinen in einem Bewusstsein. Vielheit der Objekte und Einheit des Bewusstseins. Kant nimmt zwar viele Wege wahr, sie erscheinen ihm aber in nur einem Bewusstsein. Zum Glück, durchfährt es Kant, habe ich für die vielen Wege nur ein Bewusstsein. Denn, wie er später notieren wird: »Es ist nur eine Erfahrung, in welcher alle Wahrnehmungen als im durchgängigen und gesetzmäßigen Zusammenhange vorgestellt werden.«[5]

Stelle ich mir doch mal das Gegenteil vor, nämlich dass ich keine Einheit des Bewusstseins hätte. Stattdessen herrschte eine Vielheit von Bewusstseinen. Ich wäre komplett verwirrt. Denn dann müsste ich jetzt nicht nur zwischen verschiedenen Wegen, sondern auch zwischen mehreren Bewusstseinen entscheiden. Halt, es könnte noch viel schlimmer kommen: überhaupt kein Bewusstsein. Nur noch eine Vielfalt von Wegen ohne jegliches Bewusstsein. Ich wäre ein Zombie. Ein Zombie mit vielen Wegen, die alle unvereinbar erscheinen, da sie ohne eine ihnen zugrunde liegende Einheit sind. Welchen Weg würde ich dann wählen?

Das ist ein wichtiger Gedanke, den Kant da trotz der späten Stunde und seines bedenklichen Zustands hat. Denn er macht deutlich, wie zentral die Einheit des Bewusstseins ist. Sie ist immer schon und muss für jegliches Bewusstsein und somit für Erkenntnis vorausgesetzt werden. Daher ist sie nicht empirisch, sondern kann nur transzendental sein. Und auch das wird er später formulieren: »Einheit der Synthesis nach empirischen Begriffen würde ganz zufällig sein und, gründeten diese sich nicht auf einen transzendentalen Grund der Einheit, so würde es möglich sein, dass ein Gewühle von Erscheinungen unsere Seele anfüllte, ohne dass doch daraus jemals Erfahrung werden könnte. Alsdann fiele aber auch alle Beziehung der Erkenntnis auf Gegenstände weg, weil ihr die Verknüpfung nach allgemeinen und notwendigen Gesetzen (des Verstandes) mangelte, mithin würde sie zwar gedankenlose Anschauung, aber niemals Erkenntnis, also für uns soviel wie gar nichts sein.«[6]

Bewusstsein hin oder her. Er entscheidet sich einfach für eine der Straßen und schaut, wohin sie ihn führen wird. Spannendes Experiment. Noch spannender aber wäre das umgekehrte Gedankenexperiment. Nicht mehr Objekte ohne Einheit, sondern Einheit ohne Objekte. Ein Bewusstsein ganz ohne Objekte. Wie das geht? Ganz einfach. Man addiere alle Objekte und Ereignisse und subtrahiere sie vom Bewusstsein. Dann sollte nichts als Bewusstsein bleiben, ohne seine Gewänder, die es kleiden. Das reine Bewusstsein, pur und leer. Das kann nur vom Verstand kommen. Wo aber hat der es her? Dieses reine, pure und leere Bewusstsein mitsamt seiner Einheit?

Einheit des Ich

Die bohrende Frage nach dem Ursprung der Einheit des Bewusstseins dringt tief in Kants Gedanken. Und in sein Bewusstsein. Nehmen wir an, er bleibt wieder stehen. Mitten auf dem Weg. Regen setzt ein und peitscht auf die Straße. Pfützen bilden sich. Und die Gedanken peitschen sich ihre Wege durch seinen Kopf. Sie alle, die verschiedenen Gedanken, sind durch die Einheit seines Bewusstseins vereint. Zusammengehalten wie Wassertropfen in einer Vertiefung. Ein Glück, durchströmt es Kant, denn sonst könnte ich möglicherweise gar nicht denken. Ohne Denken aber wäre Philosophie unmöglich. Wer wäre ich dann?

Halt, stopp, sagt sich Kant. Ich spreche da von meinem Ich. Ich bin Immanuel Kant. Ich bin Philosoph. Das bezeichnet und charakterisiert mein Ich. Wenn ich nicht Philosoph wäre,

wäre mein Ich ein anderes. Wenn meine Eltern mein Ich nicht als Immanuel Kant bezeichnet hätten, würde ich jetzt einen anderen Namen tragen. Von alledem aber würde doch das Ich selbst unberührt bleiben. Ich muss also anderswo nach dem Ich fahnden.

Schon wieder Ich. Mein Ich fahndet nach dem Ich. Ich ist überall. Denn ohne Ich scheint nichts zu gehen. Selbst die Fahndung nach dem Ich scheint noch ein Ich vorauszusetzen. Aber scheinbar ist das Ich auch nirgendwo. Denn hier in der Welt, inmitten der Objekte und Ereignisse, kann ich keinerlei Ich beobachten. Oder finde ich es hier vielleicht am Straßenrand – in der Müllrinne dort, in dem sich der Abfall der Geschichte befindet? Kant schwankt ein wenig, führt seine Gedanken aber unbeirrt fort.

Wie kann ich dem Ich auf die Spur kommen? Empirische Beobachtung führt hier nicht weiter. Da werde ich nur Leere finden. Denn da ist nichts, jedenfalls kein Ich. Das Ich wäre dann nur eine Illusion. So sagt es David Hume, der schottische Philosoph. Recht hat er. Denn was er behauptet, stimmt jedenfalls für die empirische Beobachtung. Aber unrecht hat er auch. Die Tatsache, dass er kein Ich mittels der empirischen Beobachtung finden kann, schließt nicht aus, dass es sich auf anderen Wegen finden lässt. Zum Beispiel auf dem transzendentalen.

Kant trifft eine Entscheidung: Schlage ich doch diesen Weg hier mal ein. Vielleicht führt der mich zur Magistergasse und zu meinem Haus. Und überdies zum Haus des Ich. Dann aber muss es ein transzendentaler Weg sein. Das Ich ist nirgends in der Welt. Und doch scheint ohne das Ich für uns und unser Bewusstsein nichts zu gehen. Wir hätten keinerlei Bewusstsein von der Welt und ihren Objekten, wenn wir kein Ich hätten. Ohne Ich wäre nichts los.

Transzendental geschlossen: Die Voraussetzung für die Wahrnehmung von Objekten, Gegenständen und Ereignissen in der

Welt ist die Einheit der Objekte. Die wiederum setzt die Einheit des Bewusstseins voraus. Was aber wird nun von der Einheit des Bewusstseins vorausgesetzt? Die Frage, wodurch sie ermöglicht wird, ist die Frage nach den notwendigen Bedingungen ihrer Möglichkeit. Transzendentalphilosophie vom Feinsten, freut sich Kant. Ohne jegliche empirische Beimischung und Verunreinigung. Nicht empirisch, sondern rein und pur. Jetzt geht es endlich richtig zur Sache. Zur transzendentalen Sache.

Wo aber führt die reine Transzendentalphilosophie hin? Wir waren bei der Einheit des Bewusstseins gelandet. Es wurde klar, das ohne Ich nichts geht. Nichts los ohne Ich. Wenn das so ist, muss auch die Einheit des Bewusstseins ohne Ich unmöglich sein. Das Ich wäre dann eine Voraussetzung, die notwendige Bedingung für die Möglichkeit der Einheit des Ich. Die transzendentalen Schlussfolgerungen führen letztlich also zum Ich. Zum Ich als dem Grund und Boden, auf dem das Bewusstsein und seine Einheit stehen.

Das Ich als Grund und Boden für die Einheit des Bewusstseins. Das aber ist paradox, wie Kant seinen eigenen Gedanken entgegensetzen muss: Denn mein Ich zeichnet sich eher durch Vielheit denn durch Einheit aus. Mein Ich verändert sich ständig. Heute Abend, während ich hier durch die Straßen schwanke, ist mein Ich insbesondere ein recht spezielles. Ganz anders als das Ich, das die Königsberger Crème de la Crème mit literarischer Eleganz am Nachmittag unterhalten hat. Und wieder anders als mein Vormittags-Ich, das durch Vorlesung und Philosophie definiert wird. Vielfalt des Ich über den Tag hinweg. Und wie sieht das erst über die verschiedenen Jahre hinweg aus! Eine enorme Vielheit von Ichs. Nirgendwo kann ich da eine Einheit erkennen.

Manchmal bleiben wir in der Illusion der Vielheit hängen. Das ist der Fall, wenn wir den Wald vor lauter Bäumen nicht sehen. So scheint es auch beim Ich zu sein. Dort sehen und erleben wir nur die Vielheit unserer verschiedenen Ichs im Verlaufe der Zeit. Vielheit aber setzt Einheit voraus. Ohne Einheit wäre die Vielheit keine Vielheit. Also muss die Vielheit meiner Ichs auch mit einer Einheit meines Ichs einhergehen. Wo aber kann ich die finden?

Schau ich doch mal in meinem Bewusstsein nach. Dort ist momentan die Straße, auf der ich gerade gehe, sehr prominent. Noch stärker allerdings sind meine Gedanken, die ich jetzt und hier gerade denke, präsent. Die Vielheit meiner wandernden Gedanken. Trotz dieser Vielheit der Gedanken ist es aber nur einer, der sie denkt. Ich, Immanuel Kant, denke die Gedanken. Halt, schießt es durch Kants Kopf, das ist die Lösung! Ich werde mir bewusst, dass ich, dass mein Ich, die Vielheit der Gedanken in meinem Bewusstsein denkt. Nicht irgendwer denkt die Gedanken, sondern mein Ich. Es ist mein Ich, dass die Gedanken denkt: Ich denke.

Er geht weiter. Plötzlich stoppt er vor einer Pfütze. Aber was sieht er da? Sich selbst wie in einem Spiegel. Im Spiegel des Wassers der Pfütze. Das also ist mein Ich. Nicht ganz, es ist nur mein Körper. Aber genauso wie die Pfütze als Spiegel meines Körpers dient, spiegelt mein Bewusstsein mein denkendes Ich wider. Mein Bewusstsein ist ein Spiegel meines Ich, meines denkenden Ich. Diese Bewusstwerdung des Denkens der Gedanken durch das eigene Ich nenne ich Apperzeption. Nicht Perzeption, da das eigene Ich als denkend nicht wahrgenommen, sondern nur gedacht werden kann.

Der Spiegel aber erzählt Kant noch viel mehr: Es ist nur ein Ich, das die Gedanken dort in meinem Kopf denkt. Die Gedanken ändern sich unentwegt und kontinuierlich, sie wandern. Diese Vielheit der Gedanken wird aber immer von ein und demselben Ich gedacht. Das ist die Einheit des Ich. Die Vielheit der Gedanken setzt also die Einheit des Ich voraus. Ich

werde mir bewusst, dass es immer ein und dasselbe Ich, mein Ich, ist, das die in mir wandernden Gedanken denkt. Das ist pure Apperzeption.
Was das Haus für die Einzelteile des Hauses ist, ist das Ich für das Bewusstsein. Ohne Haus keine Einzelteile und ohne Bauherr kein Haus. Genauso im Falle des Ich: Ohne Bewusstsein keine Objekte und ohne Ich kein Bewusstsein. Das Ich ist also der Herr im Haus, das sich Bewusstsein nennt. Formuliere ich es doch noch mal anders, denkt sich Kant. Denn das lässt sich später einmal trefflich aufschreiben: »Das ›Ich denke‹ muss alle meine Vorstellungen begleiten können; denn sonst würde etwas in mir vorgestellt werden, was gar nicht gedacht werden könnte, welches ebensoviel heißt, als die Vorstellung würde entweder unmöglich, oder wenigstens für mich nichts sein.«[7]

Einheit der Philosophie

Nehmen wir an, dass Kant letztendlich doch nach vielen Irrwegen zu Hause in der Magistergasse angekommen ist. Angekommen ist er auch in seinen Gedanken: Das Ich ist das Haus des Bewusstseins. Ohne Haus geht nichts und ohne Ich ist nichts los. Wie hat er den Weg nach Hause gefunden? Es war offenbar die richtige Entscheidung, an der Ecke, wo er ein paar Katzen aufschreckte, nicht nach rechts, sondern nach links zu gehen.
Wie aber habe ich meinen Weg zum Ich gefunden? Kant geht wieder seinen Gedanken nach. Die Wege habe ich durch empirische Beobachtung der Ereignisse und Objekte in meinem Bewusstsein entdeckt. Den Weg zum Ich konnte ich allerdings nicht beobachten. Hier half nur scharfes Schließen von den Gegebenheiten auf ihre jeweiligen Voraussetzungen. Messerscharfe Transzendentalphilosophie.
Zuerst habe ich mir die Einheit der Objekte erschlossen. Ich habe mir die Einzelteile eines Eckhauses angeschaut und mich

gefragt, wodurch sie zu einem Ganzen zusammengefügt werden, zu einem Haus als Objekt. Dadurch bin auf die Einheit der Objekte gestoßen. Die aber konnte ich nicht beobachten und durch die empirische Methodik erfassen. Nur meine transzendentalen Schlussfolgerungen haben mir den Zugang zur Einheit der Objekte erlaubt.

Danach ging ich links und wieder links und war auf bestem Wege, nach Hause zu kommen. Der Weg zum Ich führte mich allerdings weder nach rechts noch nach links, sondern immer weiter geradeaus in die Tiefen der Transzendentalphilosophie. Es wurde mir bewusst, dass ich verschiedene Objekte in meinem Bewusstsein erlebe. Nicht nur Häuser, sondern Straßen, Katzen, Büsche und so weiter. Vielfalt der Objekte. Und dennoch erlebe ich sie alle in ein und demselben Bewusstsein. Einheit des Bewusstseins. Hätte ich viele Bewusstseine, könnte ich möglicherweise die Einheit der Objekte gar nicht erleben. Ohne Einheit des Bewusstseins keine Einheit der Objekte.

Und wie bin ich zu dieser Schlussfolgerung gekommen? Die empirische Beobachtung hätte mein Bewusstsein komplett für sich eingenommen. Da hätte ich nur die Vielheit der Objekte wahrgenommen. Nicht aber die Einheit des Bewusstseins. Zielführend ist hier nur die transzendentale Methode. Denn alles andere bringt die Rein- und Einheit des Bewusstseins förmlich um.

Rein und pur transzendental wurde es aber erst, als ich zum Ich gelangte. Ich fragte mich, warum die Einheit des Bewusstseins eine Einheit ist. Man kann sich auch eine Vielheit von Bewusstseinen vorstellen. Eine Einheit ist nicht selbstverständlich. So ist die Einheit Preußens durch die Präsenz der Russen hier in Königsberg gebrochen. Die Einheit des Bewusstseins ist aber ungebrochen. Das ist nur möglich, so wurde mir deutlich, durch das Ich. Das Ich, mein Ich, das alle meine wandernden Gedanken auf meiner Wanderung nach Hause begleitete. Ich

wurde mir bewusst, dass ich mir meines Ich als denkendem Ich bewusst werden muss. Nur durch das Bewusstsein meines Ich als denkendes Ich, »ich denke«, konnte ich eine Einheit meiner wandernden Gedanken in meinem Bewusstsein erreichen.
Kant ist immer noch mit sich selbst im nächtlichen Gespräch. Ein Dank an meine Gedanken. Und an mein Ich, das sich selbst als denkendes Ich denkt. Ich denke. Das ist der Gipfel des Bewusstseins. Des reinen und puren Bewusstseins, das von allen empirischen Objekten und Ereignissen gereinigt ist. Und somit transzendental, reine und pure Transzendentalität. Ist das nicht toll?
Einen felsigen Berggipfel kann ich nur mithilfe von Seilen und Haken erklimmen. Den Gipfel der Transzendentalität hingegen kann ich nur durch die transzendentale Methode in den Blick bekommen. Je weniger empirische Beobachtung, desto besser. Beobachtung wäre vergleichbar den lockeren Steinen, die den Aufstieg gefährden. Wie diese Steine steht auch die Beobachtung dem Gipfel der Transzendentalität nur im Weg und lässt uns auf Abwege geraten. Nur die transzendentale Methodik der indirekten Schlussfolgerung auf die Voraussetzungen des Gegebenen lässt uns den Weg zum Gipfel erkennen.
Kant ist sich klar darüber: Die Einheit des Ich und des Bewusstseins hätte er niemals durch empirische Beobachtung erkannt. Die Naturwissenschaften als Domäne der empirischen Beobachtung können also weder das Ich noch das Bewusstsein erfassen. Sie bleiben stumm. Und müssen stumm bleiben, denn sie verwenden schlichtweg die falsche Methode. Die Naturwissenschaften können also nichts über die Natur von Ich und Bewusstsein aussagen. Das ist klar, und daran wird er auch nicht mehr rütteln.
Ich und Bewusstsein sind die Domäne der transzendentalen Methode. Sie müssen daher in der Disziplin der Philosophie behandelt werden. Genauer gesprochen: der Transzendental-

philosophie. Nur die transzendentale Methode hilft hier weiter. Je transzendentaler, desto besser. Je mehr empirische Verunreinigung, desto schlechter.

Kant darf sich jetzt endlich sicher sein: Philosophie und Naturwissenschaften gehören nicht zusammen. Und sie dürfen auch nicht miteinander verknüpft werden, weder durch Brücken noch durch Grenzübergänge. Das ist gefährlich, weil es zur Verunreinigung der transzendentalen Methode durch empirische Beobachtung führt. Und somit vom Weg zur Einheit von Ich und Bewusstsein abführt. Diesem jungen Studenten und seinen Gedanken zur Verknüpfung von Philosophie und Naturwissenschaften kann er nicht recht geben. Die Trennung beider Disziplinen ist nicht nur elegant, sondern geradezu notwendig, wenn wir Ich und Bewusstsein in reiner und purer Form erkennen wollen. Die Einheit der Philosophie darf daher nicht durch die Vielheit der Beobachtungen der Naturwissenschaften bedroht werden. Ihr wäre ein grausames Los beschieden, würde man derart disziplinlos vorgehen.

Kant merkt in einer späteren Schrift, *Der Streit der Fakultäten*, an, dass die Philosophie nicht der Theologie untergeordnet werden sollte. Das würde zum Verlust der Philosophie führen und zu nichts als purem Dogmatismus. Heute tendieren wir eher dazu, die Philosophie den Naturwissenschaften unterzuordnen. Wie eine Magd, eine Sklavin des Herrn, der sich Natur- oder sogar Neurowissenschaften nennt. Kant würde das nicht verstehen. Denn er unterscheidet die Methode der Philosophie, die transzendentale, von der der Naturwissenschaften. Letztere zeichnen sich durch die Empirik aus, Beobachtung. Beobachtung aber steht der transzendentalen Methode nur im Weg. Wie rollende Steine der Erklimmung eines Berggipfels im Weg sind. Was machen Sie mit den Steinen? Sie gehen ihnen aus dem Weg oder räumen sie beiseite. Genauso hat es Kant mit der Beobachtung gemacht. Er hat sie aus dem Weg

geräumt, ist ihr aus dem Weg gegangen, um den Weg zum Gipfel frei zu halten und klare Sicht zu bewahren.
Die Naturwissenschaften sind in diesem Sinne nichts als Steine im Getriebe der Philosophie. Also: klare Trennung. Hier Philosophie und transzendentale Methode. Dort empirische Beobachtung und Naturwissenschaften. Jede Vermischung hält Kant für schlecht. Sie hält uns vom Gipfel fern, versperrt die Sicht und lenkt vom wahren Weg ab. Kant fordert daher die klare Trennung der Disziplinen. Alles andere wäre undiszipliniert, disziplinlos.
Endlich kann er an diesem langen Abend zu Bett gehen. Er wird sich dieses erfreulichen Gedankens als Gedanke seines Ich bewusst. Ganz transzendental. Und überhaupt nicht empirisch. Nicht so disziplinlos, wie der Student es gefordert hatte. Da sehen wir es doch mal wieder: Ohne Disziplin geht gar nichts. Schon gar nicht in der Disziplin der Transzendentalphilosophie.

Fesseln

Geistige Fesseln

So sehr Kant die Freiheiten als Dozent und Lehrer genießt, so sehr sind ihm die von den Lehrern der Schulen vermittelten Unfreiheiten verhasst. Kant klagt immer wieder über die beschwerlichen Jahre seiner Schülerzeit. Er hat das Collegium Fridericianum besucht, eine vollständig auf Theologie ausgelegte Schule. Die Kinder lernen die verschiedenen theologischen Texte kennen sowie Griechisch, Hebräisch und Latein. Die anderen Wissenschaften wie Philosophie und Mathematik kommen sehr kurz.

Alles ist auf die Religion ausgerichtet. Alles im Dienste der Theologie. Und das sechs Tage pro Woche, von sieben Uhr morgens bis drei Uhr nachmittags, ein voller Stundenplan. Geleitet wird die Anstalt von Pietisten, einem besonders strengen und im damaligen Preußen vorherrschenden Zweig der evangelischen Kirche. Für uns heute ist das schwer vorstellbar. In Zeiten der Diskussion um Ethik- versus Religionsunterricht, ein einziges und zudem winziges Fach neben den anderen, den großen Fächern. Bei Kant ist es anders. Da ist die Theologie groß und allein bedeutsam und alle anderen Fächer klitzeklein. Nichts als Sklaven der Theologie. Andere Zeiten? Nein, denn die Vergangenheit erscheint immer wieder in der Gegenwart. Was damals im streng protestantischen Königsberg gängig war, ist heutzutage an Schulen des Islam durchaus noch üblich. Nicht mehr Bibel, sondern Koran.

Der Schwerpunkt in Kants Schule liegt vor allem auf dem Auswendiglernen. Texte müssen Wort für Wort wiedergegeben werden können. Die Stunden dienen vor allem der Wiederholung der vorherigen Stunde. Je häufiger, desto besser. Echt preußischer Drill. Durch diese ewige Auswendiglernerei fällt jeglicher Spaß, jegliche Inspiration weg. Das bemängelt Kant: »In der Schule herrscht ein Zwang, Mechanismus und ein Gängelwagen der Regeln. Das benimmt den Menschen oft alle Kühnheit selbst zu denken und es verdirbt die Genies.«[8] Das vermittle nur Phrasen, aber keinen Geist, wie es bei Kühn weiter heißt.[9] Gedanken ohne Denken.

Kommt dabei Freude auf? Nein, denn die entsteht nur durch das lebendige Denken. Nicht durch das bloße Lernen. Wenn Gedanken unentwegt gelernt werden müssen, nicht aber gedacht werden dürfen, zerfällt das Denken. Lernen statt denken. Das ist nichts für Kant. Denn der will keine Gedanken, er will denken. Selbst, frei und vollkommen unabhängig von fertigen Gedanken. Kant merkt dies später einmal an, wenn er sagt: »Diese Herren konnten wohl keinen Funken, der in uns zum Studium der Philosophie oder Mathese lag, zur Flamme bringen.«[10] Offenbar lodert schon im jungen Kant eine Flamme. Die Flamme der Skepsis, die mit ihrem Feuer alle Annahmen kritisch durchleuchtet. Nichts als der Verstand bleibt im Lichte dieser Flamme bestehen. Und im Angesicht der Flamme der Skepsis Kants zerfällt insbesondere auch die Annahme der Existenz eines Gottes zur bloßen Asche. Das haben wir schon gesehen.

Kant blickt nicht allzu gern auf seine Schul- und Kinderjahre zurück. Er empfindet den Drill und die Ausrichtung auf Theologie als beengend. Bedrückend. Bedrückend für die Freiheit seines Verstandes. Kein Wunder, dass dem später so frei und kritisch denkenden Kant bereits als Schüler eine solch einseitige Ausrichtung missfällt. Ihm, der später sagt, er brauche die Annahme eines Gottes nicht für sein persönliches Wohl. Obwohl er ein sehr guter Schüler ist, spricht Kant später von einer »Jugendsklaverei« und den »beschwerlichsten Jahren«: »Viele Leute denken, ihre Jugendjahre seien die besten und angenehmsten ihres Lebens gewesen. Aber dem ist wohl nicht so.

Es sind die beschwerlichsten Jahre, weil man da sehr unter der Zucht ist, selten einen eigentlichen Freund und noch seltener Freiheit haben kann.«[11]

Kant empfindet also geistige Unfreiheit am Beginn seines intellektuellen Lebens. Die Fesseln der Religion, der Theologie, halten ihn wie einen Sklaven. Später im Erwachsenenalter macht er es sich zum Ziel, die Fesseln des menschlichen Verstandes zu enthüllen. Sein skeptischer und kritischer Geist lässt ihn Annahmen und Voraussetzungen entdecken, die einer näheren Prüfung nicht standhalten. Eine Prüfung der Logik. Wo ein Zuviel oder Zuwenig verborgen ist, Kant entdeckt es. Das haben wir schon im ersten Kapitel gemerkt, als es um Zeit und Raum ging und Kant ein Zuviel beziehungsweise Zuwenig an Welt oder Geist ausmachte.

Ganz stark am Werke ist Kants kritische Flamme auch bei der Königsdisziplin innerhalb der damaligen Philosophie, der Metaphysik. Die Metaphysik beschreibt die Existenz und Realität von Mensch und Welt jenseits der sichtbaren Welt, die wir täglich wahrnehmen. Was ist und was ist nicht? Das ist die Frage der Metaphysik. Sie macht Annahmen, wie zum Beispiel die, dass eine Seele jenseits des Körpers existiert. Zu Kants Zeiten nämlich wird der Körper nur als Beiwerk angesehen. Als Beiwerk des Geistes. Heute ist es genau umgekehrt. Da wird bestenfalls die Seele, als Stellvertreter des Geistes, als Beiwerk des Gehirns und somit des Körpers angenommen. Sie sehen: andere Zeiten, gleiche Annahmen, nur unterschiedliche Schwerpunkte.

Jetzt aber wollen wir näher beleuchten, was der so skeptische und kritische Kant mit der Metaphysik der Seele macht, als er das Erwachsenenalter erreicht hat. Losgelöst von den Fesseln der Religion und Theologie seiner Schuljahre durchschneidet er die Fesseln der Metaphysik. Die Fesseln der Metaphysik der Seele. Sein kritisches Feuer lässt die Seele selbst und mit ihr die gesamte Metaphysik zu Asche zerfallen.

Schuh des Ich

Wo laufen Sie denn? Das fragen Sie sich vielleicht, wenn Sie am Straßenrand stehen und auf die Läufer eines Stadtmarathons warten. Wir hier fragen uns, wohin uns denn der Marathon des Bewusstseins führt. Dafür warten wir nicht am Straßenrand, sondern wir laufen selbst. Zielort: Sitz des Bewusstseins. Sie erinnern sich: Im letzten Kapitel waren wir bereits bei drei Vierteln der Strecke im Marathon des Bewusstseins angekommen: beim Ich. Dem denkenden Ich. Ich denke. Das hatte Kant als notwendige Voraussetzung des Bewusstseins herauspräpariert. Ohne ein Ich, das denkt, kann es kein Bewusstsein geben. Jedes Bewusstsein muss von dem Ich, das denkt, dem »Ich denke«, begleitet sein. Sonst geht gar nichts. Ohne Ich kein Bewusstsein. Und ein Ich, das nicht denkt, ist für das Bewusstsein so wertvoll wie Laufschuhe ohne Sohle für den Marathonläufer. Ohne Sohle können Sie keinen Marathon laufen. Ohne zu denken kann das Ich kein Bewusstsein entwickeln. Oder eben nicht ins Laufen kommen.

Was aber nun ist der Sitz des Ich? Das Ich muss schließlich ein Zuhause haben. Jetzt könnten wir das Haus der Sohle benennen, das ist der Schuh. Die Sohle entspricht dem Denken, dem Denken des Ich. Suchen wir also nach dem Schuh für das Ich und sein Denken. Der französische Philosoph René Descartes, seine Lebensdaten sind 1596 bis 1650, hat den berühmten Satz »Ich denke, also bin ich« geprägt. Schon wieder denken, werden Sie sagen. Immer nur denken. Aber unterschätzen Sie das Denken nicht. Solange Sie denken, ob in Ruhe oder im Stress, solange passiert etwas in Ihrem Kopf. Und das sagt Ihnen, dass dort etwas beziehungsweise jemand existieren muss. Denn das ist eine notwendige Voraussetzung dafür, dass dort gedacht wird. Die Gedanken müssen von jemandem gedacht werden. Von einem Ich. Gedankenlose Gedanken sollen möglich sein. Ichlose Gedanken aber sind unmöglich. Das zumindest behauptet Descartes.

Wenn Sie sich also Ihrer Gedanken, Ihres Denkens, bewusst werden, bedeutet das auch, dass Sie ein Ich haben müssen. Ein tatsächlich existierendes Ich. Lassen Sie uns damit wieder zum Marathonlauf zurückkehren: Sie stehen am Straßenrand und werden von der Sonne geblendet. Sie sehen gar nichts. Sind also quasi blind. Daher können Sie auch nicht sehen, wann nun die Marathonläufer kommen und an Ihnen vorbeiziehen. Was machen Sie? Sie hören. Hören auf die Geräusche der Laufschritte. Auf die Atmung. Und achten vielleicht sogar auf den Geruch des Schweißes. Wenn Sie all das wahrnehmen, nehmen Sie an, dass die Läufer da sind. Anwesend und existierend.

Genau dasselbe macht auch Descartes. Und zwar bezüglich des Ich. Sie können am Straßenrand die Marathonläufer aufgrund der gleißenden Sonne nicht sehen. Geruch und Geräusche aber können Sie bemerken. Genauso können wir unser eigenes Ich nicht wahrnehmen. Auch nicht im Spiegel. Alles, was Sie dort sehen, ist ein Kopf, ein Körper, Beine und so weiter. Aber kein Ich. Das können Sie nicht wahrnehmen. Sie sind also auch hier gewissermaßen blind. Blind in Hinsicht auf das eigene Ich.

Wie aber nun das eigene Ich wahrnehmen und sich seiner Existenz versichern? Wie können wir wissen, dass es existiert? Im Falle der Marathonläufer sind Sie nach Geruch und Geräusch gegangen. Hat Descartes ebenfalls von Geruch und Geräusch auf die Anwesenheit, die Existenz des Ich geschlossen? Wie riecht das Ich und welche Geräusche macht es? Das Ich macht die »Geräusche« des Denkens. Und das Ich riecht in diesem Sinne auch. Es »riecht« nach Gedanken. Wenn ich also in meinem Bewusstsein die Geräusche des Denkens und den Geruch von Gedanken wahrnehme, muss mein Ich anwesend sein. Es muss existieren. Also kann ich vom Denken auf die Existenz

meines Ich schließen. »Ich denke, also bin ich«, um wieder auf Descartes' berühmtesten Satz zurückzukommen.
Alles schon wieder etwas verwirrend, zugegeben. Eben ging es noch um Schuhe. Und jetzt um die pure Existenz des Marathonläufers. Der Marathonläufer läuft, das Ich denkt. Sie schließen von Geruch und Geräusch auf die Anwesenheit des laufenden beziehungsweise denkenden Ich. Zumindest im übertragenen Sinne, der uns das Verständnis erleichtern soll. Nun wissen Sie, dass der Marathonläufer anwesend ist und das Ich existiert. Beim Marathonläufer nehmen Sie an, dass er Schuhe trägt, sein Ich also in einem Schuh steckt.
Was aber ist der Schuh, in dem das Ich steckt? Wir wissen bereits, dass das Ich denkt. Wie aber muss ein Schuh beschaffen sein, der das Denken ermöglicht, so wie der Schuh dem Marathonläufer das Laufen erlaubt? Es muss ein geistiger Schuh sein. Denn im Körper sehen wir weder das Denken noch Gedanken. Nichts als physiologische Prozesse. Der Körper als physiologische Substanz kann also nicht der Schuh des Ich sein. Es muss eine geistige Substanz sein, in der das Ich steckt und die es denken lässt. Also müssen wir neben der körperlichen Substanz noch eine zweite Substanz haben, eine geistige Substanz, die als Schuh des Ich das Ich denken lässt.
Das hat sich Descartes gesagt und somit zwei Substanzen angenommen, eine körperliche und eine geistige. Beide existieren parallel und nebeneinander. Dualismus nennen wir das heute: Geist-Körper-Dualismus. Oder eben Dualismus von Geist und Gehirn. Substanzdualismus. Ganz schön substanziell, könnte man sagen.

Substanzlose Substanz

Ganz schön substanziell? Das sagt sich wohl auch Kant, wenn er Descartes liest. Die Annahmen von Descartes sind voller Substanz. Aber eben nur seine Annahmen. Seine Schlussfolgerungen hingegen sind weniger substanziell. Die stehen eher auf wackligen Füßen als auf soliden Schuhen beziehungsweise einer Substanz. Dies die Ansicht des wie immer sehr kritischen Kant. Kant zufolge ist Descartes' Schlussfolgerung vom Denken auf eine Substanz nicht substanziell. Die Tatsache, dass unser Ich denkt, bedeutet noch lange nicht, dass das Ich eine Substanz ist, eine geistige Substanz. Denn die bloße Aktivität des Denkens beinhaltet nicht die Existenz einer Substanz. Genauso wie die bloße Aktivität des Laufens nicht die Existenz von Schuhen notwendig macht. Denn, das wissen wir nicht zuletzt von dem Ort Marathon im alten Griechenland, man kann auch ohne Schuhe laufen. Und genauso, so würde Kant wohl sagen, kann man auch ohne »Schuhe« denken. Wie das Laufen auch ohne Schuhe denkbar ist, kann man sich auch die Aktivität des Denkens sehr wohl ohne Schuhe und somit ohne geistige Substanz vorstellen. Wenn das aber möglich ist, so Kant, kann man nicht auf die Existenz einer geistigen Substanz schließen.

Substanz ohne Substanz also. Wenn aber die Schlussfolgerung auf eine geistige Substanz substanzlos ist, muss auch die geistige Substanz selbst in Zweifel gezogen werden. Substanzlosigkeit zieht Substanzlosigkeit nach sich. Das kennen wir heutzutage bestens. Kant wirft Descartes vor: Was er als Substanz verkauft, ist in Wahrheit ziemlich substanzlos. Die Annahme einer geistigen Substanz erweist sich als substanzlos, da sie nicht aus der Aktivität des Denkens folgt. Denn wir können uns das Denken sehr wohl auch ohne eine geistige Substanz vorstellen. Genauso wie wir uns einen Marathonläufer ohne

Schuhe vorstellen können, können wir uns eben auch Denken und »Ich denke« ohne geistige Substanz vorstellen.
Kant ist gegen Substanz. Warum? Weil die Schlussfolgerung auf Substanz substanzlos ist. Denn die Aktivität des »Ich denke« impliziert keinerlei Substanz. Es ist nach Kant eine rein formale Charakterisierung des Ich durch das Denken. Genauso wie der Marathonläufer durch die Aktivität des Laufens definiert wird, wird das Ich durch Denken bestimmt. Diese Bestimmung des Ich bedeutet aber noch lange nicht, dass auch eine geistige Substanz vorhanden sein muss. Genauso wie Geruch und Geräusch des Marathonläufers nicht bedeuten, dass er Schuhe tragen muss. Das können Sie annehmen. Sie können es aber aus dem, was Sie wahrnehmen, nicht schlussfolgern.
Kant sagt genau dasselbe. Wir können aus den Geräuschen des Denkens und dem Geruch der Gedanken nicht auf eine geistige Substanz schließen. Das schießt über das Ziel hinaus. Ist unlogisch. Und daher substanzlos. Kant nennt eine solche Schlussfolgerung, die über das Ziel hinausschießt, »Paralogismus«. *Para* heißt »neben«. Leider völlig daneben, Herr Descartes. Ihre geistige Substanz existiert nur in Ihrer Idee, in Ihrer Schlussfolgerung, in Ihren Gedanken. Nicht aber in der Realität. Denn Sie können sie in Ihren Gedanken weder riechen noch hören. Ihre geistige Substanz beruht daher auf der Substanzlosigkeit Ihrer Schlussfolgerungen. Ganz schön substanzlos. Das könnte Kant zu Descartes sagen.
Kant nennt die Disziplin, die sich mit der Annahme einer geistigen Substanz beschäftigt, »rationale Psychologie«. Warum Psychologie? Weil es hier um die Annahme einer Seele oder eben Psyche geht. Und das ist Psychologie. Warum aber ist eine solche Psychologie »rational«? Weil sie auf dem »Ich denke« beruht. Sie schließt aus der Aktivität des Denkens, des »Ich denke«, auf eine Seele als geistige Substanz. Denken aber

ist rational. Wenn nun aus dem rationalen Denken auf eine geistige Substanz als Seele oder Psyche geschlossen wird, muss die entsprechende Psychologie rational sein. Rationale Psychologie also. Interessant aber ist, wohin eine solche rationale Psychologie nach Kant führt: eindeutig zu ungerechtfertigten Schlussfolgerungen, zu Fehlschlüssen beziehungsweise Paralogismen. Ganz schön irrational also. Die rationale Psychologie führt uns damit von der Rationalität des Denkens zur Irrationalität der geistigen Substanz. Rational zur Irrationalität. Substanzlos zur Substanz. Wenn man das mal nicht als irrational und substanzlos bezeichnen kann.

Wenn aber die Erforschung des Bewusstseins auf substanzlosen und irrationalen Schlussfolgerungen beruht, kann sie nicht mehr Wissenschaft genannt werden. Es geht ihr nicht mehr um das Bewusstsein selbst, darum, wie es in Wahrheit und Wirklichkeit ist. Sondern um die Kunst der Schlussfolgerungen und des Schließens. Bewusstseinskunst, könnte man sagen. Nicht um Erkenntnis, sondern um Logik geht es in einer solchen. Wer macht den gewagtesten Schluss? Der muss ihn allerdings auch logisch begründen. Logisch, zumindest zum Schein. Diesen Schein enthüllt Kant gnadenlos. Und versetzt daher mit seiner Kritik der Bewusstseinskunst unverblümt den Todesstoß. Die Disziplin der rationalen Psychologie wird durch Kant begraben. Auf dem Friedhof der Disziplinen. Warum? Weil es die Seele als Substanz nicht gibt. Und somit die Annahme einer Seele disziplinlos ist. Im doppelten Sinne!

Geistige Substanz

Warum aber glaubt Descartes, eine Substanz annehmen zu müssen? Warum ist er dieser Verlockung erlegen? Wir haben gesehen, dass die Annahme einer geistigen Substanz substanzlos und irrational ist. Man könnte dies als ein Argument gegen die Annahme einer geistigen Substanz sehen. Nicht aber gegen die Annahme einer Substanz im Allgemeinen. Geistige Substanz nein, Substanz ja. Es stellt sich also die Frage, was die Annahme einer Substanz so verlockend macht. Dafür müssen wir die Gründe für die Annahme einer Substanz noch einmal beleuchten.

Zunächst werfen wir das Licht wieder auf den Marathonläufer. Wir nehmen an, dass der Marathonläufer Schuhe tragen muss, um laufen zu können. Er muss seine Füße schützen, gegen die ständigen Bewegungen, den Fluss des Laufens und vor allem das raue Pflaster. Dagegen muss ein kontinuierlicher Schutz vorhanden sein. Und genau dafür sind Schuhe da. Sie schützen die Füße. Sie ermöglichen es uns, ausdauernd und schnell zu laufen, ohne dass wir unsere Füße kaputt machen.

Genauso denkt offenbar auch Descartes. Unsere Gedanken ändern sich stetig. Sie sind immer im Fluss. Der Fluss der Gedanken. Das aber, so Descartes, kann doch nur möglich sein, wenn die Gedanken mit etwas verbunden sind, das immer da ist und sie gewissermaßen kontinuierlich schützt. Gegen die Reibung in ihrem eigenen Fluss und die raue Umgebung. Was aber ist immer da? Das Ich selbst. Es ändert sich im Fluss der Gedanken nicht. Wenn aber etwas immer da ist und sich nie ändert, dann muss es eine Substanz sein. Der Begriff Substanz kommt aus dem Lateinischen von *substantia*, »woraus etwas besteht«. Ganz entscheidend ist, dass dieses »woraus etwas besteht« scheinbar unveränderlich und unabhängig vom Fluss der Veränderungen ist. Eine Substanz bleibt immer gleich. In Bezug auf das Ich heißt das: Ihr Ich bleibt immer gleich, Ihr Ich ist immer da. Ob Sie jung oder älter sind. Ob Sie alt werden oder jung bleiben. Ihr Ich ist da. Und Sie nehmen es auch immer mit. Auf jede Reise. Ihr Ich ist immer schon da. Zumindest in Ihrem Bewusstsein. Das sieht auch Descartes so und charakterisiert das Ich daher als Substanz. Als geistige Substanz.

Wenn nun das Ich im Bewusstsein immer da ist, muss es wohl auch in der Realität kontinuierlich und unveränderlich vorhanden sein. Es muss also, so können wir sagen, nicht nur im Bewusstsein, sondern auch in der Realität existieren. Das denkt sich auch Descartes. Kontinuierlich und unveränderbar existieren kann es in der Realität aber nur als Substanz. Denn nur die ist überall und immer im Laufe der Zeit gleich. Also müssen wir vom Ich im Bewusstsein auf eine Substanz in der Realität schließen.

Was aber könnte diese Substanz sein? Der Körper könnte ein Kandidat sein. Er ist auch immer da. Aber, anders als das Ich, verändert er sich ständig. Sie entwickeln Falten, die Haare werden grau, der Bauch wölbt sich … Ihr Körper wird alt. Er verändert sich ständig. Und all das, selbst wenn Sie jung bleiben. Denn jung bleiben, das ist uns nur im Geiste möglich. Nicht im Körper. Der Körper kann daher kein Kandidat für die Substanz des Ich sein. Die Substanz des Ich kann keine körperliche sein. Was bleibt? Der Geist. Denn schließlich bleiben Sie ja auch im Geiste jung. Daher muss die Substanz des Ich eine geistige sein. Das ist doch klar, ganz rational und substanziell, sagt sich wohl Descartes und nimmt eine geistige Substanz an. Aber spricht nicht doch auch etwas für die körperliche Substanz? Wir haben die Qual der Wahl. Geistige Substanz versus körperliche Substanz. Wir bezweifeln nicht die Notwendigkeit einer Substanz. Genauso wie wir nicht bezweifeln, dass die Marathonläufer Schuhe tragen. Die Frage ist nur, welche. Adidas oder Puma? Geistige oder körperliche Substanz?

Wir haben aber noch eine weitere Qual der Wahl. Nämlich die, ob wir überhaupt eine Substanz annehmen wollen. Ob geistig oder körperlich, egal. Substanz versus Substanzlosigkeit. Nicht Adidas oder Puma. Sondern Schuhe oder Nicht-Schuhe, das ist hier die Frage. 1960 ist der äthiopische Marathonläufer Abebe Bikila barfuß Olympiasieger geworden. Warum barfuß?

Darüber gibt es viele Gerüchte. Vielleicht hatte der Schuhsponsor der Olympischen Spiele damals, Adidas, nicht genügend Schuhe dabei? Für jemanden, der es gewohnt war, barfuß zu laufen, kein Problem. 1964 dann wiederholte Bikila seinen Olympiasieg. Diesmal mit Schuhen – von Puma.

Gefährliche Substanz

Abebe Bikila war es gewohnt, barfuß zu laufen. Er stellte sich also die Frage: barfuß oder Schuh? 1960 entschied er sich für das Barfußlaufen. 1964 hingegen für Schuhe. Für Kant stellt sich die analoge Frage: Substanz oder Substanzlosigkeit? Anders als Bikila stellt er sich die Frage allerdings nur einmal. Und entscheidet dann klar: Substanzlosigkeit. Warum? Weil er sonst von der Kontinuität des Ich im Bewusstsein auf die Kontinuität einer Substanz in der Realität schließen würde. Das aber ist substanzlos und irrational. Denn Bewusstsein ist Bewusstsein. Und Realität ist Realität. Was für das Bewusstsein notwendig ist, ein denkendes Ich, muss nicht notwendig auch in der Realität als Substanz existieren. Das wiederum kennen Sie bestens: Was in Gedanken existiert, muss nicht in der Realität als Substanz existieren. Man kann also nicht vom Bewusstsein eines Ich auf seine Realität als Substanz schließen. Es ist nur Bewusstsein. Nicht aber Substanz. Ganz schön substanziell, das Argument von Kant. Liegt er damit nicht falsch? Bewusstsein ist doch Realität. Die Realität, die wir täglich erleben. Wie kann da also ein Herr Kant kommen und sagen, dass unser Bewusstsein keine Realität ist?

Ja, entgegnet der Gedankenmeister, da haben Sie recht. Ihr Bewusstsein ist Realität. Aber eben nur Ihre subjektive Realität. Die Realität, die Ihnen von Ihren Sinnen und Ihrem Verstand und letztendlich von Ihrem Bewusstsein gegeben wird. Ihre subjektive Realität ist aber von der Realität außerhalb Ihres

Bewusstseins zu unterscheiden. Der Realität, die unabhängig von Ihren Sinnen und Ihrem Verstand existiert. Das ist die objektive Realität.

Da Ihr Bewusstsein durch Ihre Sinne und Ihren Verstand konstituiert wird, können Sie die objektive Realität nicht erfassen. Zugang versperrt. Tür verschlossen. Schlüssel nicht erhältlich. Sie sind an die Fesseln Ihres Bewusstseins gekettet, im Gefängnis Ihrer subjektiven Realität eingesperrt. Sie sehen nur die Gefängniswände. Die Wände Ihrer Sinne und Ihres Verstandes. Die Wände Ihres Bewusstseins also. Das Gefängnis ist Ihre subjektive Realität, außerhalb derer Sie nichts erkennen können. Die Welt draußen, jenseits Ihres Gefängnisses, bleibt Ihnen verschlossen. Die objektive Realität bleibt versperrt. Zu ihr haben Sie keinen Zugang. Das sagt uns der Gefängniswärter des Bewusstseins, Immanuel Kant.

Sie können also nur das Gefängnis erkennen und wissen, wie es drinnen aussieht. Das ist die phänomenale Realität Ihres Bewusstseins. Die phänomenale Erkenntnis. Die empirische Realität. Die wir nur in und vermittels unseres Bewusstseins erkennen können. In den Erscheinungen beziehungsweise Phänomenen unseres Bewusstseins. Von draußen, außerhalb von Sinnen, Verstand und Bewusstsein, können wir gar nichts erkennen. Zur objektiven Realität, die außerhalb des eigenen Bewusstseins liegt, haben wir keinen Zugang. Die Realität außerhalb des Bewusstseins, sofern es sie gibt, bezeichnet Kant als noumenal, als unabhängig von der Wahrnehmung Seiendes. Er unterscheidet sie somit von der phänomenalen Realität innerhalb des Bewusstseins selbst.

Was können wir nun erkennen? Die noumenale Realität, die außerhalb des Bewusstseins liegt, auf jeden Fall nicht, da wir an unser Bewusstsein gekettet sind. Ohne Bewusstsein geht gar nichts. Das aber heißt, dass wir außerhalb des Bewusstseins nichts erkennen können. Stellen Sie sich einen Gefangenen im

Gefängnis vor. Der kann auch nichts außerhalb des Gefängnisses erkennen. Nur dass bei uns das Gefängnis nicht Strafanstalt, sondern Bewusstsein heißt. Die Erkenntnis der noumenalen Realität außerhalb des Gefängnisses unseres Bewusstseins ist somit ein Ideal. Ein transzendentales Ideal. Eines, das aber als solches unerreichbar für uns bleibt. So Kant. Diesmal allerdings nicht als Gefängniswärter, sondern als Bewusstseins- und Philosophenwärter.

Bewusstseinswärter? Das können wir noch verstehen. Aber Philosophenwärter? Nun, Kant passt auf, dass Philosophen keine noumenale Erkenntnis voraussetzen. Er hält die Türen zwischen phänomenaler und noumenaler Erkenntnis geschlossen. Das mag alles recht abstrakt wirken. Kants Trennung zwischen phänomenaler und noumenaler Erkenntnis lässt sich überdies als maßlos charakterisieren. Doch nein, wird Kant antworten. Nicht maßlos, sondern wichtig, weil Gefahren bannend. Und das sehen Sie bei Philosophen wie Descartes.

Descartes soll gefährlich sein? Ja, so Kant. Denn er schließt von der phänomenalen Realität des Bewusstseins einfach auf die noumenale Realität der Welt außerhalb des Bewusstseins, indem er eine geistige Substanz annimmt. Denn jede Substanz, egal ob geistig oder körperlich, liegt außerhalb des Bewusstseins. Sie können keine Substanz in Ihrem Bewusstsein erkennen. Sie ist in Ihrem Bewusstsein und seiner phänomenalen Realität nicht vorhanden. Dort können Sie nur Erscheinungen und ihre phänomenale Realität erkennen. Nicht aber, wie die Dinge außerhalb der Welt Ihres Bewusstseins wirklich sind. In der noumenalen Realität der Welt, dort können die Dinge selbst, so wie sie wirklich sind, unabhängig von Ihrer Erkenntnis, existieren. Es sind nicht mehr bloße Erscheinungen, sondern die »Dinge an sich«.

Zur noumenalen Realität der Welt aber haben Sie keinen Zugang. Denn Sie sitzen im Gefängnis Ihres Bewusstseins.

Descartes aber bricht mit seiner Ansicht aus dem Gefängnis der phänomenalen Realität seines Bewusstseins aus. Er nimmt eine Substanz in der noumenalen Welt, außerhalb seines Gefängnisses des Bewusstseins, an. Ausbrecher sind gefährlich, da sie Verbrechen begehen könnten. Nach Kant hat Descartes ein solches Verbrechen begangen, als er eine Substanz angenommen hat. Sein Ausbruch ist völlig ungerechtfertigt. Und wie kann man solche Ausbrüche verhindern? Indem man die Philosophen strengstens bewacht. Deswegen gibt Kant nicht nur den Gefängniswärter, sondern eben auch den Philosophenwärter.

Neuronale Substanz

Wir haben einen langen Weg hinter uns. Wir haben mit Kant die Metaphysik auf den Scheiterhaufen der Geschichte geschickt. Dort wurde auch die Annahme einer geistigen Substanz entsorgt. Ebenso die Annahme einer Seele? Kommen wir doch noch einmal zurück zu Descartes und seiner Annahme einer Seele. Denn so einfach ist es mit der Seele nicht. Sie ist keine geistige Substanz. Ist die Seele also nichts als Körper und Gehirn? Unser Student nimmt genau das an, wenn er sagt: »Descartes? Den nehme ich doch nicht mehr ernst! Seine geistige Substanz ist doch nichts als die Substanz des Gehirns. Neuronale Substanz statt geistiger Substanz. Das ist die wahre Substanz.«

Der junge Mann von heute hat ja auch leicht reden. Er weiß, wie die Dinge sich weiterentwickelt haben. Das erlaubt es ihm, seine Perspektive der Gegenwart auf die Vergangenheit anzulegen.

Aber Vorsicht. Da hat sich doch durch die Hintertür der Begriff der Substanz wieder eingeschlichen. Die Seele ist nichts als die graue Substanz des Gehirns. Neuronale Substanz! Was würde Kant zu der Annahme einer solchen sagen? Man könnte sich lebhaft vorstellen, dass er jetzt sogar zornig wird. Biografisch ist bekannt, dass unter der Oberfläche des stets höflichen Gelehrten ein Vulkan schlummert. Ein Vulkan zeigt seine wahre Natur, wenn er Feuer und Lava speit. So enthüllt sich auch Kant einige Male, als er Impulsivität und Zorn walten lässt. Die könnten jetzt, nach der laxen Bemerkung des Studenten zur Substanz des Gehirns, wieder zum Ausbruch kommen.

»Merken Sie denn nicht«, hört man Kant zum Studenten sagen, »dass es hier nicht um die Frage der Charakterisierung der Substanz geht? Ob geistig, körperlich oder wie auch immer. Es geht darum, ob man überhaupt eine Substanz annimmt. Substanz versus Substanzlosigkeit!«

Wir sind also wieder bei der alten Frage. Wollen Sie den Marathon barfuß laufen oder doch lieber Schuhe verwenden? Kant entscheidet sich gegen die Schuhe. Gegen jegliche Schuhe. Auch gegen die neuronalen Schuhe. Gegen das Gehirn.

Warum aber nicht einfach, wie der Student es vorschlägt, Descartes' geistige Substanz gegen die neuronale Substanz des Gehirns austauschen? Nein, genau das tut Kant nicht. Wie wir wissen, wendet er sich gegen jegliche Substanz. Adidas oder Puma, das ist ihm völlig egal. Nicht gegen die Art der Substanz wettert er, sondern gegen die Annahme jeglicher Substanz. Wie gesagt: Er hält die Annahme jeglicher Substanz für substanzlos und irrational. Genauso substanzlos und irrational wäre es für ihn nun auch, das Ich und seine Gedanken, das »Ich denke«, im Gehirn zu verorten und das Gehirn als neuronale Substanz des Ich anzunehmen. Dann wäre Descartes' geistige Substanz nur durch eine andere Substanz, die neuronale Substanz, ersetzt.

Dies aber, so Kant, ist nur möglich, wenn ein Ausbruch von der phänomenalen Realität des Bewusstseins in die noumenale Realität der Welt erfolgt. Das aber, so haben wir schon bei Descartes gesehen, erscheint Kant gefährlich. Gefährlich ist ihm daher auch ein Neuroanatom mit dem Namen Sömmerring, der zu Kants Zeit lebt. Samuel Thomas Sömmerring (1755–1830) ist ein bedeutender Neuroanatom, der unter anderem die zwölf Hirnnerven und den Gelben Fleck in der Netzhaut des Auges entdeckt. Wie üblich zu seiner Zeit interessiert er sich aber auch noch für viele andere Dinge, so beispielsweise für Urzeitkrokodile, Flugsaurier und Telegrafie. Sömmerring schlägt nun vor, dass das in den Gehirnhöhlen (Ventrikel) enthaltene Wasser alle Nervenbündel zusammenführt und auch trennt, da die Gehirnhöhlen zwischen den beiden Gehirnhälften liegen. Die Seele könnte also genau in diesen Gehirnhöhlen liegen. Das wäre dann keine geistige Substanz mehr, sondern eine ziemlich wässrige.

Der Meinung muss offenbar auch Kant gewesen sein. Denn sonst er hätte nicht in einem Brief an den Neuroanatom Sömmerring eine solche Sicht der Dinge zurückgewiesen. Schon der Gedanke eines Sitzes der Seele im Körper ärgert ihn. Geist existiert nur im Bewusstsein. Nicht aber in der Realität und somit zum Beispiel im Gehirn und seinen Höhlen. Als phänomenale Realität. Das aber heißt nicht, dass die Seele einen realen Sitz in der noumenalen Realität außerhalb des Bewusstseins hat. Das ist ein Schluss von einer phänomenalen auf eine noumenale Realität. Und damit ein Fehlschluss, so Kant. Den Fehler macht schon Descartes, wenn er eine geistige Substanz für die Seele postuliert. Und nun unterläuft Sömmerring der gleiche Fehler.

Die Annahme einer Seele liegt außerhalb unserer Erkenntnis. Wir können nur die phänomenale Realität des Bewusstseins erkennen. Nicht aber die noumenale Realität außerhalb des Bewusstseins. Da aber die Seele in Letzterer zu verorten wäre, können wir eine Seele nicht erkennen. Wo immer sie sich auch aufhalten mag. Kant dazu: »Nun stellt man sich vor, die Seele habe da im Gehirne ihren Sitz, damit sie alle Nerven bewegen könne, und durch die Nerven wieder afficiert werden. Allein wir fühlen doch den Sitz der Seele nicht im Gehirn, sondern nur, dass das Gehirn mit allen seinen Veränderungen der Seele harmoniere. Z.E. vom Nachsinnen thut der Kopf weh … Gesetzt, die Seele hätte ein kleines Plätzlichen im Gehirn eingenommen, wo sie auf unseren Nerven wie auf einer Orgel spielt; so könnten wir glauben, dass, wenn wir alle Theile des Körpers durchgegangen wären, wir zuletzt auf das Plätzlichen kommen müssten, wo die Seele sitzt. Wenn man nun dieses Plätzlichen wegnähme; möchte der ganze Mensch zwar noch seyn, aber es fehlte der Ort, wo der Organist gleichsam auf der Orgel spielen sollte; dieses ist aber sehr materialistisch gedacht.«[12]

Lassen wir unseren Studenten noch einmal aktiv werden: »Herr Kant, Sie bleiben etwas zurück. Die Seele ist heute nicht mehr wässrig, sondern neuronal. Und sie wird nicht mehr in den Hirnhöhlen des Gehirns gesucht, sondern in seinen Regionen und Netzwerken. Das Gehirn weist verschiedene Areale auf, diese werden Regionen genannt und sind durch Bahnen miteinander verknüpft. Hierdurch bilden sich Netzwerke. Neuronale Netzwerke, wie wir heute sagen. Verschiedene neuronale Netzwerke werden gegenwärtig als Kandidaten für die Seele und somit für das Bewusstsein gehandelt. Die Seele ist also im Gehirn. Und sie ist nicht nur im Gehirn, sondern sie ist das Gehirn.

Auch die heutigen Philosophen diskutieren zwar, ob ein solcher Materialismus, wie Sie selbst es nennen, Herr Kant, gültig ist. Oder ob doch eher ein Dualismus angebracht wäre. Oder eben Mittelwege. Die Erforschung des Gehirns, die Neurowissenschaft, aber weist hier den Weg. Und der führt klar und eindeutig zum Materialismus. Und weg vom Dualismus des

Herrn Descartes. Wir können die Seele erkennen. Denn wir können das Gehirn erforschen und Bewusstsein dort lokalisieren. Bewusstsein ist Seele. Gehirn ist Bewusstsein. Also ist auch Seele Gehirn. Wenn Sie aber das Gehirn haben, brauchen Sie keine Seele mehr. Die Seele ist also nichts als bloße Illusion. Das müsste Ihnen doch bestens munden, Herr Kant. Genau so sehen es viele Wissenschaftler der Hirnforschung.«

»Nein«, würde Kant wohl sagen. »Das mundet mir gar nicht. Es vergiftet mein Bewusstsein. Merken Sie denn nicht, Herr Student, dass Sie den gleichen Fehler wie Descartes machen? Nur in umgekehrter Richtung. Descartes hat vom Bewusstsein und vom ›Ich denke‹ auf eine geistige Substanz geschlossen. Sie schließen nun vom Bewusstsein und dem ›Ich denke‹ auf eine neuronale Substanz, das Gehirn. Sie tauschen lediglich Substanzen aus. Sie wechseln die Pferde oder die Turnschuhe. Ein solcher Tausch setzt aber immer noch Substanzen voraus. Das ist das Problem. Sie können keine Substanz voraussetzen. Ob geistig, körperlich oder sonst wie, das spielt keine Rolle. Die Annahme einer jeglichen Substanz ist substanzlos und irrational.«

»Dann aber, Herr Kant«, so der Student, »wäre doch die ganze Hirnforschung überflüssig. Dann könnte die Hirnforschung ja die Tür zum Bewusstsein und dem ›Ich denke‹ gar nicht aufschließen. Die Neurowissenschaft würde in der phänomenalen Realität des Gehirns verharren. Und Sie könnten darauf beharren, dass die Tür zur noumenalen Realität von Gehirn und Bewusstsein verschlossen bleibt.«

»Richtig, jetzt haben Sie es endlich begriffen«, ruft Kant erleichtert aus. »Eine Neurowissenschaft bleibt rein empirisch. Der empirischen Realität des Bewusstseins und des Gehirns verhaftet. Wohingegen sie nichts, aber auch gar nichts über die transzendentalen Bedingungen aussagen kann. Und ebenso wenig über die noumenale Realität von Bewusstsein und Gehirn. Die Philosophie hingegen kann über Ersteres, die transzendentalen Bedingungen des Bewusstseins, etwas sagen. Und muss schweigen über Letzteres, die noumenale Realität von Bewusstsein und Gehirn.«

»Das ist aber sehr starr und rigide«, meint unser Student frustriert. »Dann wären Neurowissenschaft und Philosophie starr und rigide getrennt. Als parallele Disziplinen. Wie zwei Nachbarn, die sich nichts zu sagen haben.«

»Richtig. Denn alles andere wäre substanzlos und irrational. Und gefährlich.«

»Ich aber«, gibt der Student nicht auf und zeigt sich angriffslustig, »werde es Ihnen zeigen. Die strikte und rigide Trennung zwischen Philosophie und Neurowissenschaften ist es, die irrational and substanzlos ist. Und gefährlich obendrein. Gefährlich für Bewusstsein und Gehirn. Weil ihnen dann ungerechtfertigterweise Fesseln angelegt werden, die die Untersuchung und die Erkenntnis behindern. Herr Kant, befreien Sie Gehirn und Bewusstsein von den Fesseln der strikten Trennung zwischen Philosophie und Neurowissenschaften. Verbinden und verknüpfen Sie, statt dass Sie trennen und fesseln. Die Verbindung und Verknüpfung ist nicht nur nicht gefährlich, sondern sogar notwendig. Ich werde Ihnen, wenn Sie mir ein wenig in meine Welt, die des 21. Jahrhunderts, folgen wollen, Ergebnisse aus den Neurowissenschaften zeigen, die genau das belegen. Der Grad Ihres Bewusstseins und seine Eigenschaften, wie zum Beispiel die von Ihnen so hervorgehobene Einheit. das sind nichts als bestimmte neuronale Prozesse in Ihrem Gehirn. Die neuesten Untersuchungen belegen zum Beispiel, dass verschiedene Grade des Bewusstseins mit verschiedenen Graden der Intensität der neuronalen Aktivität einhergehen. Und dass der Einheit Ihres Bewusstseins eine Einheit der neuronalen Aktivität über verschiedene Regionen und Netzwerke entspricht. Und nun sagen Sie mir, dass wir Philosophie und

Neurowissenschaften trennen müssen? Nein, Herr Kant, nicht die Trennung der Disziplinen ist notwendig. Sondern die Verknüpfung zwischen Philosophie und Neurowissenschaften. Lassen Sie es mich beweisen. Da kommen Sie gar nicht drum herum. Alles andere wäre nicht nur substanzlos, sondern auch disziplinlos! Das wollen Sie doch nicht, Herr Kant, oder?«

Teil 2: Kritik der Gehirnkunst

1764 wird Kant 40 Jahre alt. Ihm zufolge ist dies ein entscheidender Einschnitt. Er meint, dass wir mit 40 Jahren zur vollen Reifung unseres Charakters gelangen. Und nur durch einen guten Charakter können wir zu moralischem Verhalten kommen. Die richtige Moral, das wissen wir bestens, ist ein Hauptanliegen von Kant. Gleichzeitig, so der Philosoph, nimmt aber auch das Gedächtnis jenseits des 40. Lebensjahres ab. Wir müssen also vor dieser Zeit Wissen anhäufen und es dann mit dem Charakter, der sich um die 40 bildet, verknüpfen. Seltsame Ansichten aus heutiger Sicht. Aber man muss sich auch vorstellen, dass damals naturwissenschaftlich so gut wie gar nichts über Charakter und Gedächtnis bekannt ist. Psychologie und Neurowissenschaft in der heutigen Form gibt es noch nicht. Also ist letztendlich vieles, wenn nicht alles eine Sache der Philosophie (und der Theologie). Und somit offen zur Spekulation.

Das 40. Lebensjahr ist in der Tat ein Einschnitt für Kant. Nicht nur sein Charakter reift, sondern auch sein Lebensstil. Seine dandyhafte Lebensart zwischen 30 und 40 weicht jetzt einer strengeren und reglementierteren. Er zieht sich aus dem gesellschaftlichen Leben zurück und gibt sogar sein geliebtes Kartenspiel auf. Kant wird zum guten Freund des englischen Kaufmannes Joseph Green, der seinen Betrieb von Königsberg aus leitet. Sie sehen sich jeden Nachmittag. Sie reden und denken gemeinsam. Offenbar erprobt Kant viele seiner später niedergeschriebenen Gedanken in diesen Gesprächen. Wie bereits gesagt: Philosophieren ist lebendiges Denken von neuen Ge-

danken. Die können am besten im Gespräch zum Leben erweckt werden. Und eben nicht im bloßen gedankenlosen Lernen von alten und toten Gedanken.
Joseph Green spielt offenbar auch eine entscheidende Rolle bei Kants Wandel seinen Lebensstil betreffend. Green ist extrem diszipliniert und strikt. So ist Kant einmal nicht um Punkt acht Uhr da, als Green ihn mit der Kutsche abholen will. Als Kant dann mit den Händen wedelnd etwas später auf der Straße steht, fährt Green einfach an ihm vorbei. Preußischer als die Preußen. Katholischer als der Papst. Und das von einem Briten. Einem Briten in Preußen. Aber wie wir bestens wissen: Alles findet wieder zurück zur ursprünglichen Heimat. So scheint sich die preußische Disziplin in einem Briten, Green, zurück auf einen Preußen zu übertragen: Kant reglementiert und diszipliniert seinen Lebensstil und das von nun an dauerhaft.
Innerer und äußerer Wandel gehen häufig Hand in Hand. Zwischen 1762 und 1770 herrscht eine ökonomische Krise in Preußen und somit auch in Königsberg. Die Lebensmittel werden knapp. Kant verdient sein Salär jetzt nicht mehr ausschließlich durch Vorlesungen, sondern nimmt zusätzlich eine Stelle als Unterbibliothekar in der Schlossbibliothek an, wo er jeden Tag sechs Stunden verbringen muss. Auch im Winter in den ungeheizten Räumen. Trotzdem lehnt er immer wieder Angebote für Professorenstellen ab. Professor für Dichtkunst in Königsberg will er nicht werden, und auch nach Erlangen und später nach Jena will er nicht gehen. So hat er in Erlangen bereits eine vorläufige Zusage gegeben und eine Wohnung mit vier Zimmern und Brennholz verhandelt. Dann aber schließlich doch abgesagt. Kant kann und will sich von Königsberg einfach nicht lösen. Was er will? Die Professur für Metaphysik und Logik an der Universität Königsberg. 1770 schließlich bekommt er sie.

Danach schweigt er skeptisch. Die Jahre von 1770 bis 1780 werden in der Tat als seine schweigenden betrachtet. Warum? Da Kant in dieser Zeit nichts, aber auch gar nichts publiziert. Man stelle sich das mal heute vor: Zehn Jahre keine Publikation. Jeder Wissenschaftler wäre dann längst weg vom Fenster. Und von seiner Professorenstelle. Was denkt Kant in dieser Zeit? Offenbar entwickelt er die Grundzüge seiner berühmten *Kritik der reinen Vernunft*, die 1781 erscheint. Kant selbst sagt später, er sei der Vernunft gefolgt. Zunächst habe er sich vom Dogmatismus der Vernunft befreit, die Dogmata verkündet und despotisch durchgesetzt. Dann sei er in die Phase des Skeptizismus eingetreten und habe an den Dogmata der Vernunft gezweifelt. Kant zufolge – so finden wir es in seinen *Prolegomena* –, hat ihn der schottische Philosoph David Hume aus seinem »dogmatischen Schlummer« erweckt. Hume führt Verstand und Vernunft ganz auf die Sinne, unsere fünf Sinne, zurück. Wir können nichts als das erkennen, was uns die Sinne liefern – das hat uns der erste Teil dieses Buches bereits erläutert – alles andere ist pure Einbildung und Illusion. Der Hume'sche Empirismus hat Kant offenbar die zentrale Rolle der Sinne verdeutlicht. Und die Notwendigkeit ihrer Verknüpfung mit dem Verstand. Er enthüllt später die Regeln und Gesetze dieser Verknüpfung zwischen Sinnen und Verstand.

Skepsis überkommt uns heute sicher auch, wenn wir Kants Ansichten zum Bewusstsein hören. Auch das hatten wir im ersten Teil. Kant nimmt eine Einheit des Bewusstseins an, die nicht aus den Dingen herrührt, sondern vom menschlichen Geist, seinem Verstand und seiner Vernunft. Diese Einheit des Bewusstseins, so Kant, hat ihren Ursprung letztlich in der Einheit des Ich, dem »Ich denke«, das alle unsere Gedanken begleitet. Dies erfordert eine transzendentale Methode, eine indirekte Schlussfolgerung auf die Voraussetzungen des Bewusstseins.

Wissen wir es nicht besser, heute, gut zweihundert Jahre später? Bewusstsein stammt von Geist und Verstand? Nein, Geist ist nichts als Gehirn. So schallt es aus jeder Ecke und jedem Rohr. Einheit des Bewusstseins? Nein, wenn schon Einheit, dann lieber Einheit des Gehirns. (Oder die Einheit Deutschlands.) Alles andere ist bloße Spekulation. Wie auch Kants transzendentale Methode. Die führt zu nichts als einem Spiel der Begriffe über das Bewusstsein und ist somit bloße Spekulation. Statt nur über es zu sprechen und schöne Begriffe zu erfinden, sollten wir das Bewusstsein selbst untersuchen und schauen, wie es im Gehirn konstituiert wird. Also stützen wir uns doch lieber auf die empirische Beobachtung. Die empirische Beobachtung des Gehirns in den Neurowissenschaften, die es zu Kants Zeit noch nicht gibt.

Kant ist out, Gehirn ist in. Was würde Kant dazu sagen? Wie würde er die Ergebnisse der heutigen Neurowissenschaften kommentieren? Eine interessante Vorstellung. Offen zur Spekulation. Das macht es besonders spannend. Kant erscheint aus diesem Blickwinkel hoffnungslos veraltet. Hat er uns also nichts mehr zu sagen? Bewusstsein ist nicht in den luftigen Höhen eines Geistes anzusiedeln, sondern ganz banal in den grauen Windungen des Gehirns. Das hat schon einer der philosophischen Nachfolger von Kant im 19. Jahrhundert, Arthur Schopenhauer, behauptet. Er meint, dass Kants imposantes Gebäude der menschlichen Vernunft nichts als das neuronale Gerüst des Gehirns sei. Gehirn statt Geist, so Schopenhauer abgekürzt. Schopenhauer hat recht. Kant unrecht. Das wissen wir heute bestens.

Ist Kant also verblichen, veraltet und vergilbt? Nein, Kant wird von vielen immer noch als relevant betrachtet. Man muss seine Grundideen allerdings im heutigen Kontext betrachten. Nordamerikanische Philosophen wie Patricia Kitcher und Andrew Brooks verknüpfen Kants Ideen zu den Funktionen des

Verstandes direkt mit den kognitiven Prozessen des Gehirns. Und Neurowissenschaftler wie Samir Zeki, der sich mit den neuronalen Prozessen des visuellen Bewusstseins beschäftigt, sehen ebenfalls eine Verknüpfung von Kant mit den Neurowissenschaften.

Sind die Ideen und Gedanken von Kant also doch noch nicht verblichen und vergilbt? Können wir noch etwas von ihm lernen? Stellen wir uns vor, wie der schweigende und skeptische Kant der Jahre 1770 bis 1780 in unsere heutige Zeit versetzt wird. Eine Zeitreise also, zu der wir den alten Königsberger bewegen können. Kant reist aus der Mitte des 18. Jahrhunderts an den Beginn des 21. Jahrhunderts. Von der Vergangenheit in die Gegenwart. Vom Damals ins Jetzt. In das Jahr 2012. Begleitet von unserem rastalockigen Studenten, den diese Tour in seine eigentliche Zeit zurückführt. Jetzt weiß er, wie die Dinge laufen. Anders als Kant, dem die neuartige Gegenwart fremd erscheinen muss. Jetzt übernimmt der Student die Führung. Manchmal kehrt sich das Verhältnis zwischen Professor und Student eben um. Alles eine Frage der Zeit.

Wir haben beschrieben, wie Kant sich biografisch ganz real entwickelt. Gestehen wir dem Studenten doch auch eine Entwicklung zu: Er ist vom fragenden Zuhörer der Philosophie zum begeisterten Anhänger der Neurowissenschaften geworden. Und er hat seiner eigenen Meinung nach den dogmatischen Schleier des Geistes, wie ihn die Philosophie liebt, abgelegt. Ein solcher Weg hat sich ja im ersten Teil des Buches schon angekündigt. Jetzt ist nicht mehr Geist angesagt, sondern Gehirn. Ein neues Dogma? Das manifestiert sich auch auf seinem T-Shirt. Dort steht jetzt nicht mehr unsicher »Am I conscious?«, sondern ein sicheres »I am my brain« (»Ich bin mein Gehirn«). Gehirnsicher statt bewusstseinsunsicher. Der junge Mann besucht jetzt nicht mehr Vorlesungen der Philosophie, sondern Konferenzen der Neurowissenschaftler. Stellen wir uns also vor, er fährt mit Kant von Königsberg nach Berlin im Jahre 2012. Zu einem Colloquium voller Vorträge der heutigen führenden Neurowissenschaftler über Gehirn und Bewusstsein. Keine leichte Sache für den skeptischen Kant. Der wird sicher einiges zu klagen haben über die empirische Methode der Neurowissenschaftler in ihrer Erforschung des Bewusstseins. Aber so reißen wir ihn aus seinem Schweigen und dringen weiter voran in unseren wesentlichen Fragen.

Synchronisation

Berlin im Jahr 2012, eine imaginäre Konferenz zum Thema »Gehirn und Bewusstsein«. Die Eingänge zum Auditorium sind verstopft. Alle wollen einen der bekanntesten Neurowissenschaftler der heutigen Zeit, Wolf Singer, hören. Wolf Singer ist Direktor des Max-Planck-Instituts in Frankfurt am Main und lieferte wesentliche Beiträge zur Erforschung des Bewusstseins. Daher gilt er auch als Kandidat für den Nobelpreis. Schon früh hat er beobachtet, dass die Zellen, die Neurone, an unterschiedlichen Stellen im Gehirn im gleichen Rhythmus schwingen, dass sie ihre Aktivität also synchronisieren, wie der Fachmann sagt. Eine solche neuronale Synchronisation ist möglicherweise entscheidend für die Generierung von Bewusstsein. Ein Vortrag von diesem Mann, so denkt sich unser Student, kann uns belehren und Kant hoffentlich bekehren. Vom Verstand zum Gehirn. Wenn Kant Verstand hat. Oder eben Gehirn.

Bindung

Leisten wir ein wenig Vorarbeit und konzentrieren wir uns zunächst auf das Gehirnareal, in dem visuelle Stimuli verarbeitet werden, den visuellen Kortex. Der visuelle Kortex hat verschiedene Regionen, V1 bis V5 genannt. Die Zellen oder Neuronen in diesen Arealen sind hochspezialisiert. Sie reagieren isoliert auf spezifische Merkmale der visuellen Stimuli wie Farben, Formen und Bewegung. Eine solche isolierte und getrennte Verarbeitung der verschiedenen Merkmale visueller Stimuli kontrastiert aber mit unserer Wahrnehmung. Wir nehmen nicht die einzelnen Merkmale wie Form, Farbe oder Bewegung visueller Stimuli wahr. Sondern ganze Objekte, die

eine bestimmte Farbe aufweisen, eine Form zeigen und sich bewegen.
Dies bedeutet, dass die Eigenschaften der visuellen Stimuli, Farbe, Form und Bewegung, irgendwie und irgendwo zusammengefügt werden müssen. Sie werden zunächst getrennt in verschiedenen Zellen des visuellen Kortex verarbeitet. Wo und wie aber kommen sie im Gehirn zusammen? Man könnte eine Art Superregion im Gehirn annehmen, in der alles integriert und zusammengesetzt wird. Die aber scheint es nach neuesten Erkenntnissen nicht zu geben. Also muss das Gehirn andere Wege beschreiten, um Form, Farbe und Bewegung visueller Stimuli zu einem ganzen Objekt zusammenzubringen.
In seinen Studien hat Wolf Singer genau diese Frage untersucht. Er hat bei Katzen im visuellen Kortex eine neue Form der Kommunikation zwischen den verschiedenen Neuronen beobachtet. Man kann die elektrische Aktivität im visuellen Kortex messen, während visuelle Stimuli prozessiert werden. Dabei hat er festgestellt, dass die verschiedenen Neurone im visuellen Kortex der Katzen immer dann einen spezifischen Rhythmus zeigten, wenn bestimmte Objekte oder Gegenstände präsentiert wurden. Sie feuern in einer bestimmten Frequenz, im Bereich um die 30 bis 40 Hertz. Dieser wird auch Gammafrequenz genannt und so von niedrigeren Frequenzbereichen (1 bis 30 Hertz: Theta, Alpha, Beta) unterschieden.
Was aber bedeutet nun die Gammafrequenz? Rein neuronal betrachtet scheint sie zunächst einmal die Aktivität der verschiedenen Neurone zu koordinieren. Die Neurone synchronisieren ihre neuronale Aktivität: neuronale Synchronisation. Was aber bedeutet diese für die Wahrnehmung? Offenbar lässt die neuronale Synchronisation nicht nur die unterschiedlichen Neurone und ihre visuellen Areale miteinander kommunizieren. Sondern auch die verschiedenen Eigenschaften visuel-

ler Stimuli wie Form, Farbe und Bewegung. Durch die neuronale Synchronisation der ihnen jeweils zugrunde liegenden Neuronen werden auch die entsprechenden Eigenschaften der Stimuli verbunden. Form, Farbe und Bewegung werden so zusammengefügt. Dies wird in den Neurowissenschaften Bindung genannt, *binding by synchronization.*

Binding by synchronization und Gammaoszillationen haben sich in nachfolgenden Studien als zentral für die Funktion des Gehirns erwiesen. Sie wurden neben dem visuellen Kortex auch in den Geruchsarealen, dem olfaktorischen Kortex, von Katzen beobachtet. Und darüber hinaus auch bei anderen Funktionen jenseits der bloßen visuellen Wahrnehmung: visuell-motorische Koordination, Interaktionen von verschiedenen sensorischen Modalitäten wie zum Beispiel auditiv und visuell, zudem psychologische Funktionen wie Kurzzeitgedächtnis und Aufmerksamkeit.

In allen diesen Fällen findet Bindung statt. Bindung nicht zwischen Mann und Frau, Mann und Mann oder Frau und Frau. Sondern Bindung zwischen der neuronalen Aktivität verschiedener Neurone und ihren Hirnarealen. Eine solche Bindung kann entweder durch Synchronisation oder durch Konvergenz erfolgen. Beginnen wir mit der Synchronisation. Bindung durch Synchronisation, *binding by synchronization*, ist eine Bindung in einem rein zeitlichen Sinne. Die Aktivität räumlich entfernter und nicht direkt miteinander verknüpfter Neurone und Hirnareale wird zeitlich koordiniert. Die verschiedenen Neurone feuern immer zu demselben Zeitpunkt und werden somit im gleichen Rhythmus aktiv. Dadurch werden verschiedene Neurone zu einer Einheit verbunden, zu *cell assemblies – assembly coding* wird das genannt. Die Verbindung und Kommunikation zwischen den Neuronen ist hier also im Wesentlichen zeitlicher Natur. Diese nennt Singer »dynamische Bindung« oder *relational coding.*

Stellen Sie sich das übertragen auf Internetdating vor: Immer wenn er gerade am Computer sitzt und skypen will, sitzt auch sie am Computer und möchte sich verbinden. Ohne, und das ist wichtig, vorherige Verabredung. Reiner Zufall? Oder doch Gedankenübertragung eines unsichtbaren Geistes? Nein, auf ein Gehirn übertragen ist es bloße neuronale Schwingung. *Binding by synchronization*.

Das *binding by synchronization* muss von einer anderen Form der neuronalen Bindung unterschieden werden. Der Bindung durch Konvergenz, *binding by convergence*. Aufgrund seiner direkten räumlichen Bindung zu anderen Neuronen erhält ein Neuron immer einen bestimmten Input. Dieser kann nun die Aktivität des Neurons bestimmen, indem er die zeitliche Frequenz seiner Aktivität koordiniert. Durch die räumliche Konvergenz wird die Aktivität der beiden Neurone (und ihrer Hirnareale) dann koordiniert und im besten Falle synchronisiert. Hierbei wird die Bindung oder Synchronisation durch die Aktivitäts- oder Feuerrate des Neurons bestimmt. Daher spricht Singer hier auch von einem *rate coding* im Unterschied zu *relational coding* und *dynamic binding*.

Gehen wir zum Internetdating zurück, das sich in der Zwischenzeit zum persönlichen Dating entwickelt hat. Er, eher skeptisch, begegnet der sehr optimistischen Sie persönlich. Was passiert nun beim ersten Treffen? Sein anfänglicher Skeptizismus wird von ihrem Optimismus weggewischt. Und beide konvergieren in ihrem Wunsch nach Bindung. »Von Liebe infiziert« nennt sich das in der Partnerschaftspsychologie. Geschieht etwas Vergleichbares zwischen verschiedenen Regionen im Gehirn, wird es als *binding by convergence* bezeichnet.

Bindung und Bewusstsein

Damit können wir nach Berlin zurückkehren. In das Berlin des Jahres 2012. In unserem imaginären Konferenzsetting sitzen neben vielen Neurowissenschaftlern auch unser Student und der gut getarnte Kant. Kant getarnt? Er ist ja ein Kontinente und Zeiten übergreifender Superstar der Philosophie. Seine Anwesenheit im heutigen Berlin würde die gesamte Veranstaltung in Aufruhr versetzen. Außerdem bleibt er ohnehin lieber inkognito, das ist viel besser, wenn man das eigene Denken kritisch weiterentwickeln will. Singer referierte eben über die Bindungsformen im Gehirn, als Kant sich nicht mehr zurückhalten kann: »Was hat denn das mit dem Bewusstsein zu tun?«, zischt er dem Studenten zu. »Das ist pure Empirie, bloße Beobachtung des Gehirns, wie es die Aktivität seiner Neurone koordiniert. Das Bewusstsein hingegen bleibt auf der Strecke. Kein Wunder, dass es über all der empirischen Beobachtung vergessen wird und aus dem Blick gerät!«

»Gemach, gemach, Herr Kant. So schnell geht das nicht. Singers Vortrag ist noch nicht zu Ende. Und ich bin mir sicher, dass er einiges zu sagen hat zu Bindung und Bewusstsein.«

Verfolgen auch wir also weiter, worum es Singer geht. Die neuronale Synchronisation, das *binding by synchronization,* ist zentral für verschiedene psychologische Funktionen. Nicht nur für die Wahrnehmung, sondern offenbar auch für Bewusstsein im Allgemeinen. Einer der beiden Mitentdecker des genetischen Codes, Francis Crick, und sein in den USA arbeitender deutscher Kollege Christoph Koch haben die sogenannte 40-Hertz-Hypothese aufgestellt: Sie schließen, dass die rhythmischen Synchronisationen im visuellen Kortex die Grundlage des visuellen Bewusstseins darstellen. Genauer gesagt, sie nehmen an, dass durch das *binding by synchronization* die Inhalte der Stimuli, die in den Neuronen prozessiert werden, zum Bewusstsein gelangen. Durch die neuronale Synchronisation kommt es zu einer Kombination von verschiedenen Merkmalen und Eigenschaften der Stimuli. Dies wiederum führt dann zu einer globalen Einheit. Der globalen Einheit, die wir erleben, wenn wir einen Gegenstand oder ein Ereignis bewusst wahrnehmen.

Crick und Koch zufolge ist die neuronale Synchronisation von verschiedenen Neuronen das neuronale Korrelat des Bewusstseins. Also seine hinreichende und zugleich notwendige Bedingung. Ohne neuronale Synchronisation kann kein Bewusstsein auftreten – die neuronale Synchronisation ist notwendig. Und sie ist auch hinreichend, da immer dann, wenn sie auftritt, ebenfalls Bewusstsein erscheint. Bewusstsein ist also Ein- und Ausschluss zugleich. Es schließt bestimmte Inhalte und Objekte ein, wohingegen es andere dadurch ausschließt. Wie kann eine solche Gleichzeitigkeit von Ein- und Ausschluss neuronal realisiert werden? Neuronale Synchronisation ist das Resultat des Zusammenschlusses verschiedener Neurone, die zunächst miteinander im Wettbewerb stehen, sich aber später zusammenschließen und dabei andere Neurone ausschließen. Nur das siegreiche Ensemble von Neuronen, das sogenannte *cell assembly*, wird zu Bewusstsein führen. Alles andere, die Eigenschaften der Stimuli, die in den Verliererneuronen prozessiert werden, bleiben unbewusst. Wie heißt es so schön: The winner takes it all.

Wodurch aber wird ein bestimmtes Neuronenensemble zum Gewinner und ein anderes zum Verlierer? Crick und Koch sprechen hier der Aufmerksamkeit und dem Gedächtnis eine zentrale Rolle zu. Die Aufmerksamkeit erlaubt es, ein bestimmtes Neuronenensemble in den Fokus zu nehmen und dadurch seine Synchronisation zu verstärken. So lange und so stark, bis es alle anderen aus dem Feld schlägt und als Gewinner über die Ziellinie läuft. Statt mit einer Goldmedaille wird es mit Bewusstsein ausgezeichnet. Dazu aber ist auch eine bestimmte Form des Gedächtnisses notwendig, das sogenannte ikonische Gedächtnis. Dieses soll nach Crick und Koch schon im visuellen Kortex selbst aktiv werden und die prozessierten Signale für einige hundert Millisekunden speichern.

Kant, es ist nicht anders vorstellbar, wird langsam ungeduldig: »Was ist das bloß? Pure Spekulation. Schlimmer als die schlimmsten Metaphysiker zu meiner Zeit! Viel schlimmer auch als die empiristische Philosophie David Humes. Der geht in seinen Annahmen wenigstens nicht über die empirische Beobachtung hinaus. Wenn schon eine empirische Beobachtung des Gehirns im Kontext des Bewusstseins, dann wenigstens empirische Befunde. Und nicht noch mehr metaphysische Spekulation. Denn was ist der Unterschied, ob über den Geist und eine Seele, wie zu meiner Zeit, spekuliert wird. Oder über das Gehirn, wie in der heutigen Zeit? Seelen-Metaphysik oder Neuronen-Metaphysik – das ist mir egal. Metaphysik bleibt Metaphysik!«

Singer, der Kant von der Bühne aus zum Glück nicht hören kann, kommt derweil zu konkreten empirischen Befunden zur Rolle der neuronalen Synchronisation für das Bewusstsein. In einer Studie von Melloni und Kollegen[13] wurden gesunde Probanden mittels der Elektroenzephalografie (EEG) untersucht. Ihnen wurden aller 33 Millisekunden Wörter präsentiert (*sample words*). Jeweils 67 Millisekunden davor und danach gab es ebenfalls Wörter (*mask stimulus*), die den Stimulus aller 33 Millisekunden entweder sichtbar ließen oder unsichtbar machten. Später, nach 533 Millisekunden, wurde den Probanden wieder ein Wort präsentiert. Dabei wurde entweder das gleiche Wort wie das Musterwort oder ein anderes gezeigt. Die Probanden mussten beurteilen, ob das jetzt aktuell präsentierte Wort (*test word*) identisch oder nicht identisch mit dem ersten Wort, dem Musterwort, war.

Nur wenn das Musterwort bewusst wahrgenommen wurde, konnte eine nicht zufällige Antwort auf die Frage der Identität zwischen ihm und dem Testwort gegeben werden. Dies spiegelte sich im Antwortverhalten wider. Bei denjenigen Musterworten, die durch die nachfolgenden *mask stimuli* unsichtbar gemacht wurden, zeigten die Probanden ein rein zufälliges Antwortverhalten: Es blieb unabhängig davon, ob Muster- und Testwort identisch waren oder nicht. Das Musterwort war unsichtbar und konnte somit nicht bewusst wahrgenommen werden. Die Probanden waren daher auch nicht in der Lage, die nachfolgende Frage nach der Identität mit dem Testwort anders als durch pures Raten zu beantworten.

Dies war anders bei denjenigen Musterworten, die durch den nachfolgenden *mask stimulus* nicht affiziert wurden und somit sichtbar blieben. Hier zeigten die Probanden kein zufälliges Antwortverhalten mehr, sondern zu 94 Prozent richtige Antworten auf die Frage nach der Übereinstimmung zwischen Musterwort und Testwort. Dies ist nur möglich, wenn die Probanden das Musterwort in der Tat sichtbar und somit bewusst wahrgenommen hatten.

Was zeigte nun die elektrische Aktivität, wie sie mit dem EEG gemessen wurde? Schon früh, 80 bis 130 Millisekunden nach Beginn des Stimulus, des Musterwortes, zeigte sich eine Differenz zwischen sichtbaren und unsichtbaren Musterworten. Die sichtbaren und somit bewusst wahrgenommenen Wörter zeigten eine sehr viel stärkere Synchronisation beziehungsweise Oszillation im Gammafrequenzbereich. Die Gammaoszillation war nicht nur stärker, sondern auch ausgedehnter. Sie erstreckte sich über den visuellen Kortex hinweg auf andere Hirnareale wie den frontalen und den parietalen Kortex.

Im Gegensatz dazu war die neuronale Gammaoszillation schwächer und weniger ausgedehnt bei den unsichtbaren Musterworten, die nicht bewusst wahrgenommen werden konnten. Hier war nur eine geringe neuronale Oszillation im Gammabereich beobachtbar, weniger global und mehr lokal, auf den visuellen Kortex beschränkt. Interessanterweise zeigten sich die gleichen Unterschiede zwischen sichtbaren und unsichtbaren Musterworten nicht nur während das Wort selbst gezeigt wurde, sondern auch im Anschluss an das Testwort. Dort tauchte eine Gammaoszillation nur bei der Beurteilung von vorher tatsächlich gesehenen Worten auf. Also dann, wenn Musterwort und Testwort identisch waren. Wenn beide nicht identisch waren, konnten diese neuronalen Veränderungen nicht beobachtet werden.

Was zeigen uns diese Befunde? Sie belegen, dass die Gammaoszillation in einem Zusammenhang mit dem Bewusstsein steht. Eine solche Verknüpfung der neuronalen Synchronisation im Gammafrequenzbereich während einer bewussten Wahrnehmung wurde auch in anderen Untersuchungen bestätigt. Dabei muss darauf hingewiesen werden, dass die neuronale Synchronisation immer nur vorübergehend, also transient und temporär erfolgt. In der oben genannten Studie von Melloni et al. hielt sie nur für ungefähr 100 Millisekunden an. Sie kann aber auch länger andauern. Klar ist jedoch, dass sie auf jeden Fall verschwindet. Die Bindung im Gehirn ist also immer nur vorübergehend und somit transient. Lebenslange Bindungen mögen in der Ehe möglich sein. Nicht aber im Gehirn. Aufgrund des transienten Charakters der neuronalen Synchronisation sprechen der britische Neurowissenschaftler Karl Friston in London und der amerikanische Psychologe Walter Freeman auch von sogenannten neuronalen Momenten. Diese können durch vorübergehende neuronale Synchronisation entstehen, sie kommen und gehen. Friston bezeichnet die neuronalen Momente daher auch als *neuronal transients.* Diese erstrecken sich über verschiedene Neurone und Regionen im Gehirn und werden somit nicht nur in zeitlicher, sondern auch in räumlicher Hinsicht definiert. Inwieweit diese *neuronal transients* mit Bewusstsein zusammenhängen, lässt Friston allerdings offen.

Der Student und alle anderen Anwesenden geben Singer für seine Ausführungen auf unserer imaginären Konferenz ihren Beifall. Kant, immer noch skeptisch, glaubt hingegen nicht, dass diese Befunde irgendetwas über die Einheit des Bewusstseins aussagen. Doch er lässt sich nicht lange bitten, auch dem nächsten Vortrag, in dem es um Einheit gehen soll, zu lauschen. Neugierig ist er ja doch. Auf das, was die Handwerksmeister des Gehirns aus der Zunft der Neurowissenschaftler, die Neuronenmeister, zu sagen haben.

Bewusstsein und Einheit

Der nächste Redner ist ebenfalls Neurowissenschaftler: Andreas Kleinschmidt. Er arbeitet sowohl in Deutschland, in Frankfurt am Main, als auch in Frankreich, Paris. Er konzentriert sich wie Singer auf das Thema Wahrnehmung und untersucht Spezialfälle derselbigen. Wir erinnern uns: Auf dem imaginären Nachhauseweg, der Gedankenwanderung, erfährt Kant selbst die Instabilität seiner Wahrnehmung. Der angetrunkene Philosoph erlebt ein Schwanken seiner Wahrnehmung in seinem Bewusstsein und wird dadurch verwirrt.

In dieser sogenannten bistabilen Weise ist die Wahrnehmung nicht mehr einheitlich, sondern schwankt zwischen zwei verschiedenen Objekten oder Gegenständen. Wichtig ist, und das ist das Merkwürdige dabei, dass der objektive visuelle Input, der Stimulus, der gleiche bleibt. Nur die subjektive Wahrnehmung ändert sich. So kann zum Beispiel bei der Betrachtung des gleichen Bildes die Wahrnehmung zwischen dem Gesicht einer Frau und einer Vase schwanken. Sicher kennen Sie solche Darstellungen. Der Stimulus beziehungsweise Input ist gleich, das Objekt der Wahrnehmung wechselt. Wie ist das möglich und was passiert dabei in unserem Gehirn? Diese Fragen berührt Andreas Kleinschmidt in seiner Arbeit – und auch in seinem imaginären Vortrag, dem Kant und der Student derweil lauschen.

Kleinschmidt erläutert das Verfahren der binokularen Rivalität zur experimentellen Erzeugung einer bistabilen Wahrnehmung. Dabei wird simultan jedem Auge ein unterschiedlicher Stimulus präsentiert. Zum Beispiel dem linken Auge ein horizontales Muster, während das rechte mit einem vertikalen stimuliert wird. Interessanterweise verschmelzen beide Stimuli in der bewussten Wahrnehmung nicht. Stattdessen springt das Bewusstsein zwischen beiden hin und her, einmal taucht das vertikale und einmal das horizontale Muster im Bewusstsein auf. Hin- und Herspringen statt Verschmelzen. Vielheit statt Einheit im Bewusstsein.

Was aber macht das Gehirn – springt es in irgendeiner Weise auch hin und her? Nikos Logothetis, der Direktor des Max-Planck-Instituts in Tübingen, einer der führenden Neurowissenschaftler unserer Zeit, hat dies in frühen Arbeiten untersucht. Er schaute, was bei Affen, genauer gesagt Makaken, im Gehirn beim Hin- und Herspringen der Wahrnehmung passiert. Er stellte fest, dass sich die Aktivität von Neuronen in den frühen Arealen des visuellen Kortex, V1 und V2 genannt, unabhängig von der Wahrnehmung verändert. Das heißt, die Veränderung der Aktivität dieser Neurone ist zeitlich nicht an die Veränderung des Wahrnehmungsbewusstseins gebunden. Anders ist es aber bei späteren Arealen im visuellen Kortex wie zum Beispiel dem inferotemporalen Kortex (IT). Im Gegensatz zu V1 und V2 konnte hier ein direkter zeitlicher Zusammenhang zwischen der Veränderung der Aktivität der einzelnen Neurone und der Veränderung der Wahrnehmung beobachtet werden. Dies lässt den Schluss zu, dass die Aktivi-

tät der Neurone in V1 und V2 nichts mit Bewusstsein zu tun hat, die in IT hingegen sehr wohl. Das zumindest schließen Crick und Koch, von denen wir bereits gehört haben. Sie nehmen an, dass die Neurone in IT offenbar Mitglieder einer neuronalen Koalition, eines *cell assembly,* sind. Dieses zeichnet sich durch einen hohen Grad an Synchronisation aus, wodurch die entsprechenden Inhalte eine höhere Wahrscheinlichkeit haben, ins Bewusstsein zu gelangen. Daher muss, laut Crick und Koch, der IT, nicht aber V1 und V2 als neuronales Korrelat des Bewusstseins bezeichnet werden.
Die bistabile Wahrnehmung wird also durch die Beteiligung von bestimmten Regionen erklärt. Der IT scheint zentral für die Bistabilität zu sein, wohingegen V1 und V2 es offenbar nicht sind. Die Bistabilität scheint also rein auf die Aktivität in sensorischen Arealen des Gehirns beschränkt zu sein. Die in der Hierarchie eher niedrigen sensorischen Areale müssen von höheren Arealen wie dem präfrontalen Kortex unterschieden werden. Haben die höheren Areale auch einen Einfluss auf den Inhalt in der bistabilen Wahrnehmung? Die *lower order theories*, die den sensorischen Arealen das Primat geben, verneinen dies. Wohingegen die *higher order theories* einen Einfluss der höheren Areale postulieren. Die höheren Areale modulieren die niedrigeren, *top down modulation* nennt sich dies, und richten damit die Aufmerksamkeit auf bestimmte Inhalte in der Wahrnehmung.
Wer hat nun recht im Falle der bistabilen Wahrnehmung? *Lower order theories* und ihr Fokus auf den visuellen beziehungsweise sensorischen Kortex? Oder doch *higher order theories* und die Annahme der *top down modulation* des visuellen Kortex durch präfrontale und parietale Areale. Dies zu entscheiden ist umso wichtiger, als es hier die Frage nach den neuronalen Mechanismen des Bewusstseins zu beantworten gilt. Kann visuelles Bewusstsein schon im visuellen Kortex gene-

riert werden oder braucht es hierzu höhere Areale wie den präfrontalen Kortex?

Die Studien der Arbeitsgruppe um Kleinschmidt werfen ein neues Licht auf diese Debatte. Einer seiner Mitarbeiter, Guido Hesselmann, untersuchte die bistabile Wahrnehmung in der funktionellen Magnetresonanztomografie (fMRT) bei gesunden Probanden. Er präsentierte seinen Versuchsteilnehmern die Rubin-Illusion, bei der der gleiche Stimulus entweder als Vase oder als Gesicht wahrgenommen wird. Die Probanden mussten angeben, was sie gerade sehen. Vase oder Gesicht, das war die Frage. Währendessen wurde die neuronale Aktivität in ihrem Gehirn gemessen. Unter anderem auch in der sogenannten *Fusiform Face Area* (FFA), ein Gebiet im Hinterteil des Gehirns, das vor allem aktiv wird, wenn Gesichter gesehen werden.

Wie verhält sich nun die FFA bei der bistabilen Wahrnehmung? Jedes Mal, wenn der Rubin-Stimulus gezeigt wurde und die Probanden ein Gesicht wahrnahmen, zeigte sich ein hoher Aktivitätsgrad in der FFA. Wohingegen der Grad der Aktivität eher niedrig war, wenn die Probanden den gleichen Stimulus als Vase wahrnahmen. Nun schaute Hesselmann, was denn in der gleichen Region, der FFA, passierte, bevor der Rubin-Stimulus gezeigt wurde. Er überprüfte also, ob die Ruhezustandsaktivität vor dem Stimulus einen Einfluss auf die Wahrnehmung hat oder nicht.

Was macht die FFA nun, bevor sie stimuliert wird? Sie schwankt in dem Grad ihrer Ruhezustandsaktivität. Interessanterweise ist die Ruhezustandsaktivität in der FFA besonders erhöht, wenn die Probanden beim nachfolgenden Stimulus ein Gesicht wahrnahmen. Dahingegen war die Prästimulus-Ruhezustandsaktivität vor der Wahrnehmung desselben Stimulus als Vase nicht erhöht. Wie ist es mit anderen Regionen? Die Erhöhung der Prästimulus-Ruhezustandsaktivität war spezifisch für die FFA und konnte nicht in anderen Regionen des Gehirns (visueller und präfrontaler Kortex) beobachtet werden. Was bedeutet dies für das Bewusstsein? Der Grad der Ruhezustandsaktivität in der FFA übt einen direkten Einfluss auf den Inhalt des Bewusstseins aus. Man könnte also sagen, dass die FFA die Inhalte des Bewusstseins prädisponiert.

Kant wird an dieser Stelle erleichtert sein. Er tuschelt ins Ohr des Studenten: »Na endlich, endlich wird das Gehirn selbst mal betrachtet. Der Beitrag des Gehirns zu der Art und Weise, wie der visuelle Stimulus verarbeitet wird. Bisher ging es immer nur um den Stimulus und welche Prozesse ihn im Gehirn verarbeiten. Nie aber geht es um das Gehirn selbst.«

»Das verstehe ich nicht«, wispert der Student verwundert zurück, »warum ist das denn wichtig für Sie, Herr Kant?«

»Na, ganz einfach: Ich bin nicht an den visuellen Inputs der Wahrnehmung interessiert, sondern am Beitrag des Geistes, am Anteil von Vernunft und Verstand. Der ist nach meiner Meinung wesentlich dafür, dass der visuelle Input im Bewusstsein erscheint. Wenn ich mich schon mit dem Gehirn auseinandersetzen muss, dann wenigstens wirklich mit dem Gehirn selbst. Und damit, wie es Bewusstsein prädisponiert, unabhängig vom visuellen Input selbst.«

Kleinschmidt fährt derweil fort. Nun könnte man vermuten, dass der Gegenstand der Wahrnehmung, Vase oder Gesicht, ausschließlich durch die unmittelbar vorhergehende Ruhezustandsaktivität bestimmt wird. Was während des Stimulus beobachtet und wahrgenommen wird, wäre dann ein einfacher Übertragungseffekt. Ein sogenannter *carry over effect*, bei dem die Ruhezustandsaktivität einfach auf die Aktivität während des Stimulus übertragen wird.

In einem solchen Fall müsste die Aktivität in der FFA zu Beginn des Stimulus bei nachfolgender Wahrnehmung eines Gesichtes ebenfalls höher sein. Das allerdings war nicht der Fall.

Statt eines einfachen Übertragunsgeffektes muss hier also eine komplexe Interaktion zwischen der Ruhezustandsaktivität des Gehirns und dem visuellen Input, dem Stimulus, angenommen werden. Unsere Wahrnehmung kann dann weder auf die neuronale Aktivität während des jeweiligen Stimulus selbst zurückgeführt werden noch auf die vorhergehende Ruhezustandsaktivität des Gehirns selbst. Oder auf eine bloße Addition beider. Stattdessen nehmen Kleinschmidt und seine Mitarbeiter eine komplexe Wechselwirkung zwischen Gehirn und Stimulus an: Beide interagieren nicht linear, sondern non-linear miteinander. Wie heißt es so schön: Das Ganze ist mehr als die Summe seiner Teile. Unser visuelles Bewusstsein ist offenbar ein Beispiel hierfür. Denn seine grundlegende neuronale Aktivität ist mehr als die bloße Addition von Gehirn und Stimulus.

Gilt der Einfluss der Prästimulus-Ruhezustandsaktivität nur für die FFA oder auch für andere Regionen im Gehirn? Diese Frage hat sich Kleinschmidt gestellt. Seine Arbeitsgruppe hat daher ähnliche Experimente mit visueller Bewegung und auditiver Tondetektion durchgeführt. In beiden Fällen zeigten die jeweils spezialisierten Areale, die *motion-sensitive area* (hMT+) und der akustische Kortex, eine erhöhte Ruhezustandsaktivität vor dem Stimulus, wenn er als visuelle Bewegung beziehungsweise akustischer Reiz wahrgenommen wurde. Wenn aber die Probanden keine Bewegung oder keinen Ton wahrnahmen, war die Ruhezustandsaktivität in diesen Regionen deutlich niedriger. Ähnlich wie im Falle der FFA ließ sich der Gegenstand der Wahrnehmung weder auf die Ruhezustandsaktivität selbst noch die stimulus-induzierte Aktivität in hMT+ und dem akustischen Kortex zurückführen. Man muss also auch in diesen Regionen eine non-lineare Interaktion zwischen Gehirn und Stimulus annehmen.

Kant flüstert dem Studenten zu: »Das ist ja interessant. Ruhezustandsaktivität allein – Fehlanzeige. Stimulus allein – Fehlanzeige. Das kenne ich doch von der Diskussion um Geist und Welt zu meinen Zeiten. Leibniz postuliert einen Geist und Hume nimmt die Umwelt als entscheidend an. Dieser Gegensatz scheint jetzt wieder in der Gestalt von Ruhezustandsaktivität und Stimulus aufzutauchen. Und, wie damals, scheint die Interaktion zwischen beiden für die Entstehung von Bewusstsein entscheidend zu sein. Ganz so, wie ich es damals behauptet habe. Bewusstsein ist eben nicht in einem Geist oder der Ruhezustandsaktivität des Gehirns als seinem neuronalen Stellvertreter zu finden. Oder ausschließlich in der Umwelt und ihren Stimuli. Nein, es ist die Art und Weise der Interaktion zwischen Geist und Welt, zwischen Ruhezustandsaktivität und Stimulus, die den Unterschied macht. Den Unterschied, der Bewusstsein genannt wird.«

»Eine interessante Analogie«, wirft der Student ein. »Dann aber müssen Sie die Interaktion selbst näher definieren. Die ist noch unklar, Herr Kant.«

»Keine Sorge, dazu werden wir ganz sicher noch kommen.«

Gehirnkunst

Kochkunst

Auf der imaginären Konferenz der Neurowissenschaftler in Berlin ist es Zeit für die Mittagspause. Nach den Vorträgen am Vormittag ist es angebracht, sich erst einmal körperlich zu stärken, gleich in einem Restaurant nebenan. Es ist bekannt, dass Kant, wie zu seiner Zeit für Junggesellen (dazu kommen wir später) üblich, jeden Tag in einem Gasthaus in Gesellschaft zu Mittag speist. Er liebt gutes Essen, spart aber auch nicht mit Kritik am schlechten. So sagt ihm ein Kollege einmal, dass er nicht nur eine Kritik der Vernunft, sondern bestimmt auch noch eine »Kritik der Kochkunst« schreiben werde.

Kant ist nicht nur bekannt für seine kritische Haltung in Sachen Kochkunst, sondern, das haben wir bereits gesehen, vor allem auch für seine kritische Haltung in Sachen Philosophie und insbesondere Metaphysik. Sie erinnern sich: Die Metaphysik seiner Zeit nimmt die Existenz und Realität einer Seele an. Anders, so die Obermetaphysiker Descartes und Leibniz, die Vorgänger von Kant, könne man weder Bewusstsein noch Ich erklären. Das aber bestreitet Kant und kritisiert die Metaphysik der Seele: Vom Bewusstsein eines Ich könne man nicht auf die Existenz einer Seele schließen.

Sie schmunzeln? Ja, damals … Heute wissen wir das alles besser, werden Sie sich vielleicht sagen. Heute haben wir erkannt, dass das Gehirn Bewusstsein und Seele hervorbringt. Und damit brauchen wir auch keine Seele mehr. Seele ist out. Gehirn ist in. Heute brauchen wir auch keinen Kant mehr, könnte man anschließen. Keinen Philosophen, der Metaphysik und die Annahme einer Seele kritisiert. Stattdessen brauchen wir Neurowissenschaftler. Neurowissenschaftler, die das Gehirn untersuchen und das Bewusstsein genau dort finden.

Wir stoßen wieder auf diese Frage: Ist Kant überflüssig? Lassen Sie uns einfach unser kleines Gedankenexperiment fortführen: Kant in Berlin im Jahr 2012, auf einer Konferenz der Neurowissenschaftler. Unser junger, engagierter Student hat ihm mittlerweile das nötige Vokabular beigebracht, und der alte Philosoph freut sich am unerwarteten neuerlichen Ausflug in die Welt der Wissenschaften. Was aber sagt er wohl zur Neurowissenschaftlerei? Wie damals zu seiner Zeit alles Geist war, ist heute alles Gehirn. Gehirnerei hat Geisterei ersetzt. Kant ist bekanntermaßen extrem skeptisch. Er kritisiert, bis kein Stein auf dem anderen bleibt. Nicht aber um des Zerstörens willen. Nein, wir haben gesehen, dass er zerstört, um etwas Neues aufzubauen, wenn das Alte nicht passt. Das ist, wie wenn ein altes Haus abgerissen wird, damit man ein neues auf demselben Grundstück bauen kann. So macht Kant es mit der Metaphysik der Seele. Er reißt sie kurzerhand ab. Und baut ein neues Haus, das der Transzendentalphilosophie des Verstandes.

Was aber würde Kant heute abreißen? Es ist kaum vorstellbar, dass der so kritische Geist nun all seine Kritik zu Hause in Königsberg lässt und in Berlin fröhlich zum Neurowissenschaftler mutiert. Nicht auszudenken! Was also würde er heutzutage kritisieren? Statt einer »Kritik der Kochkunst« könnte man sich vorstellen, dass er eine »Kritik der Gehirnkunst« entwickelt. Hören wir also, was Kant uns zu sagen hätte, wenn er jetzt beim Mittagessen in Berlin genüsslich die Kochkunst kritisiert. Und die Gehirnkunst nebenbei mit zermalmt.

Füllbraten

»Welches Gericht wählen Sie, Herr Kant? Der Füllbraten scheint eine Spezialität des Hauses zu sein.«

Kant fragt nach, was genau ein Füllbraten denn sei. Eine Mischung aus Fleisch und Gemüse?

»Aus mariniertem Fleisch und gewürztem Gemüse«, erläutert der Student.
»Das muss dann aber sehr gut zubereitet sein, sonst schmeckt es nicht«, erwidert Kant, dessen Kritikfreude nie eine Pause macht.
»Wie die Bindung beim Bewusstsein«, sagt der Student. »Je besser sich die verschiedenen Neurone und Regionen synchronisieren, desto stärker ist das Bewusstsein. Ist das nicht spannend? Das beantwortet die Frage, woher das Bewusstsein stammt!«
Oje! Da verwechselt der Student doch Gegenstand und Bewusstsein, oder nicht? Die Vorträge betrafen nur die Gegenstände und Objekte des Bewusstseins, nicht aber das Bewusstsein selbst. *Binding by synchronization* zielt auf die Verbindung von Einzelteilen zu einem Ganzen. Und es erklärt, wie sich dabei verschiedene Neurone und Regionen synchronisieren und sich dadurch verbinden. Wo aber das Bewusstsein selbst herkommt und wie die Gegenstände in es hineinfinden, das hat keiner der Vorträge angesprochen.
Komisch, es ging doch aber irgendwie dennoch um Bewusstsein. Vergleichen wir die Situation mit dem Füllbraten. Zunächst muss das Fleisch mariniert und das Gemüse gewürzt werden. Dann werden beide auf eine spezielle Art und Weise zusammengetan und schließlich im Backofen geschmort. Heraus kommt der Füllbraten. Das Bewusstsein ist selbstverständlich kein Braten. Aber wir können von den Prozessen bei der Zubereitung des Bratens trotzdem etwas über das Bewusstsein lernen: Fleisch und Gemüse sind das Material für den Braten, Gewürze und Marinade die weiteren Zutaten. Gewürze und Gemüse sowie Fleisch und Marinade werden nun eng miteinander verbunden. Als *binding by synchronization* würden die heutigen Neurowissenschaftler wohl auch das – scherzhaft – beschreiben.

Die Zubereitung von Fleisch und Gemüse entspricht damit der Bindung durch Synchronisation bei der Aufbereitung der verschiedenen Inputs. Wie die Köche die Aufbereitung von Fleisch und Marinade zeitlich verknüpfen, so werden auch verschiedene Inputs durch Synchronisation verbunden. Einzelne Dinge werden zu einer Einheit. Man kann hier also bestenfalls von einer Einheit der Objekte sprechen. Allerdings berührt die *binding by synchronization* nicht die Einheit des Bewusstseins. Das erinnert an die Unterscheidung von verschiedenen Konzepten der Einheit von heutigen Philosophen, des britischen Tim Bayne und des australischen David Chalmers beispielsweise. Sie und andere Philosophen wie der amerikanische Michael Tye unterscheiden zwischen Objekteinheit und Bewusstseinseinheit. Das Objekt muss als Einheit generiert werden. Dann, und erst dann, kann es in das Bewusstsein eintreten. Erst dann lässt sich von Einheit des Bewusstseins sprechen.

Diese Unterscheidung zwischen Bewusstseinseinheit und Objekteinheit entspricht der Kant'schen Trennung zwischen der Einheit der Objekte und der Einheit des Bewusstseins. Aber, wie wir alle bestens wissen, der Teufel liegt im Detail, hier im begrifflichen beziehungsweise konzeptuellen Detail. Wolf Singer sagte in seinem imaginären Vortrag, dass verschiedene Zellen im visuellen Kortex unterschiedliche Eigenschaften wie Form, Farbe und Bewegung prozessieren. Diese werden dann durch *binding by synchronization* zu einem Ganzen zusammengefügt. Und dieses wiederum wird mit anderen Eigenschaften verknüpft. Letztendlich scheint dann in der Wahrnehmung das, was Kant Objekt oder Gegenstand nennt, dabei herauszukommen.

Interessant, schon wieder ein Schnittpunkt zwischen Begriff und Empirie. Die Vermutung, dass die Einheit des Objektes selbst nicht homogen, sondern ein vielfältiger heterogener Prozess ist, wird durch Neurowissenschaftler heute bestätigt. Die amerikanische Wissenschaftlerin Anne Treisman unterscheidet zum Beispiel zwischen verschiedenen Stufen in der Bindung eines Objektes. Es müssen zunächst einmal Eigenschaften und Merkmale zu einem Objekt gebündelt werden (*feature integration*). Dann müssen aus Teilen eventuell komplexe Objekte geformt werden (*part binding*). Und schließlich müssen dann noch verschiedene Objekte räumlich und zeitlich stimmig einander zugeordnet werden (*spatial grouping*). Der finnische Gehirn- und Bewusstseinsforscher Antti Revensuo führt dazu noch eine vierte Form der Bindung an, die Bindung der Objekte an bestimmte Bedeutungen und Begriffe (*semantic conceptual binding*).

Dies zeigt, dass die Einheit der Objekte selbst heterogen ist, ein komplexer Prozess in verschiedenen Schritten. Diesen beschreibt Kant mit dem Begriff der Synthese. Und entsprechend der verschiedenen Schritte müsste man wohl auch verschiedene Formen der Synthese unterscheiden.

Das Konzept der Einheit des Objektes muss möglicherweise empirisch aufgesplittet werden. Eine Vielheit von Prozessen und Synthesen auf dem Weg zur Einheit des Objektes. Dabei geht es aber nur um Objekte, die Objekte, die im Bewusstsein auftreten und erscheinen. Wohingegen es nicht um das Bewusstsein selbst geht, wie es unabhängig von den Objekten ist. Die Einheit der Objekte muss also von der Einheit des Bewusstseins unterschieden werden. *Binding by synchronization* ist relevant für die Einheit der Objekte, dafür, wie verschiedene Stimuli neuronal miteinander verknüpft werden. Es ist also neuronal relevant. Hingegen erklärt es uns nicht, wie das Bewusstsein selbst und somit die Einheit des Bewusstseins entstehen und mit den Objekten und ihrer Einheit assoziiert werden kann. *Binding by synchronization* ist also nur neuronal relevant, nicht aber phänomenal.

Relevanz

Neuronale versus phänomenale Relevanz? Das erinnert an empirische Befunde des finnischen Gehirn- und Bewusstseinsforschers Antti Revensuo. Er berichtet, dass er Testpersonen einen Stimulus präsentiert habe, der einmal als zufälliges Punktemuster und ein andermal als kohärente Figur wahrgenommen wurde. Gleichzeitig wurde ein EEG gemessen. Dies zeigte konstante Oszillationen bei 40 Hertz, die sich auch nicht veränderten, wenn sich die Wahrnehmung und somit das Bewusstsein änderte. Die neuronale Bindung bleibt hier also unverändert, während sich zur gleichen Zeit die phänomenalen Bindungen des Bewusstseins verändern. Das belege, so Revensuo, dass *binding by synchronization* nur für die neuronale Prozessierung des Stimulus (*stimulus-related binding*), nicht aber für die phänomenale Prozessierung im Bewusstsein (*consciousness-related binding*) relevant ist. Aufgrund dieser und ähnlicher Befunde verknüpft Revensuo *binding by synchronization* nicht mehr direkt mit dem Bewusstsein.
Interessant. Der konzeptuelle Unterschied zwischen Einheit der Objekte und Einheit des Bewusstseins scheint mit empirischen Befunden zu korrespondieren. Neuronale Bindung versus phänomenale Bindung. Die Befunde zeigen, dass die phänomenale Bindung sich verändern kann, während die neuronale Bindung gleich bleibt. Neuronale und phänomenale Bindung können also voneinander dissoziieren. Offenbar ist also die neuronale Bindung keine hinreichende Bedingung für phänomenale Bindung, für die Bindung des Bewusstseins an einen bestimmten Gegenstand. Die phänomenale Bindung kann offenbar, zu einem gewissen Grad, unabhängig von der neuronalen Bindung operieren.
Kann sich umgekehrt aber auch die neuronale Bindung unabhängig von der phänomenalen machen? Dazu müssten wir

das umgekehrte Szenario untersuchen: Kann die phänomenale Bindung im Bewusstsein gleich bleiben, während sich zur gleichen Zeit die neuronale Bindung und somit die Gammaoszillationen im Gehirn verändern? Wenn das der Fall wäre, wäre neuronale Bindung, *binding by synchronization*, keine notwendige Bedingung für phänomenale Bindung. Es ergeben sich hier also interessante Anregungen für neue experimentelle Studien. Und das aus einer zunächst rein konzeptuellen Unterscheidung heraus, der zwischen neuronaler und phänomenaler Relevanz.

Ganz so einfach ist das allerdings nicht. Erst recht nicht, wenn man mit Herrn Kant am Mittagstisch sitzt. Kant lehrt Skepsis und Kritik. Skepsis an Begriffen. Kritik an Schlussfolgerungen. Folgen wir also wiederum Kant und üben wir uns in Skeptik gegenüber der Unterscheidung zwischen neuronaler und phänomenaler Relevanz. Zeigen die Befunde des Vortrags von Andreas Kleinschmidt nicht, dass bestimmte Regionen entscheidend für das Bewusstsein sind? V1 und V2 im visuellen Kortex können offenbar kein Bewusstsein hervorbringen. Während dies in späteren Regionen wie FFA, IT und hMT+ offenbar sehr wohl möglich ist.

Muss man dann nicht von »Bewusstseinsregionen« sprechen, wie es einer der führenden Forscher, Christof Koch, nahelegt? Nun könnte man Kant klagen hören, dass schon wieder alles durcheinandergeht. Kant ist dafür bekannt, dass er Gedanken sortiert und in verschiedene Fächer ablegt. Er rät seinen Studenten, sich Hefte anzulegen und nach den verschiedenen Wissenschaften zu ordnen, um Unordnung und Chaos strikt zu vermeiden.

Unordnung und Durcheinander könnte Kant nun aber auch jetzt diagnostizieren. Die Hirnregionen betreffen nicht das Bewusstsein selbst, sondern lediglich die Selektion der Gegenstände für das Bewusstsein. Wie aber die Gegenstände in das

Bewusstsein geraten und wo Letzteres selbst herstammt, das verraten die Befunde nicht.

Lassen wir unseren Studenten noch die Untersuchungsergebnisse von Nancy Kanwisher anführen, während er mit Kant auf das Essen wartet. Diese amerikanische Neurowissenschaftlerin hat gezeigt, dass bestimmte Regionen aktiv sind, wenn der entsprechende Stimulus, wie zum Beispiel das Bild eines Gesichts, gezeigt wird: Die FFA reagiert. Dies geht aber ohne das Bewusstsein für die gezeigten Gesichter vonstatten. Und selbst wenn umgekehrt die FFA lädiert ist, kann man immer noch Gesichter, wenn auch nur unspezifisch, wahrnehmen. Dies aber hieße, dass die FFA weder eine notwendige noch eine hinreichende Bedingung für das Bewusstsein von Gesichtern ist.

Kommen wir damit zum Füllbraten zurück. Fleisch und Gemüse werden durch Marinade und Gewürze aufbereitet. Dieser kulinarischen Aufbereitung entspricht die neuronale Aufbereitung verschiedener inputs durch *binding by synchronization*. In der Küche müssen wir ein bestimmtes Fleisch und ein spezifisches Gemüse wählen – analog muss das Gehirn bestimmte Regionen selektieren. *Binding by synchronization* und Regionen tragen also zur Konstitution der Objekte und Ereignisse bei. So weit ist es klar.

Klar ist aber auch, dass die bloße Zubereitung von Fleisch und Gemüse nicht dem Füllbraten entspricht. Dazu müssen wir auf eine bestimmte Weise vorgehen: mariniertes Fleisch und gewürztes Gemüse auf eine festgelegte Art kombinieren und in den Backofen schieben. Und dann schmoren. Nur durch den Backofen und das Schmoren werden Fleisch und Gemüse zum Braten. Wo aber sind Backofen und Schmorvorgang im Gehirn? Das haben die Vorträge bislang nicht gezeigt. Also haben sie auch nicht das Bewusstsein berührt, sondern lediglich die Objekte und Ereignisse, die im Bewusstsein erscheinen. Neuronale Relevanz ja, phänomenale Relevanz nein!

Kant ist zufrieden, hat er doch kritisch widerlegt, dass es bereits um das Bewusstsein gegangen wäre. Gehirn ja, Bewusstsein nein. Nun aber ist es genug mit der neuronalen Relevanz. Derweil – das Essen wurde serviert – plädiert er für gustatorische Relevanz und greift genüsslich zu Messer und Gabel.

Backofen

Unser Student genießt den Braten und lobt, dass er schon lange nicht mehr so ein vorzügliches Mahl genießen durfte.
»Offenbar scheint ein und derselbe Braten ganz unterschiedlich zu schmecken. Denn mir schmeckt er nicht!«, entgegnet Kant enttäuscht. »Der Braten ist objektiv der gleiche, nur der Geschmack, die Wahrnehmung, scheint subjektiv zu sein.«
Wie ist es möglich, dass der gleiche Braten zwei Menschen so unterschiedlich schmecken kann? Mit dieser Frage sind wir nicht mehr nur beim Braten selbst, sondern endlich auch beim Bewusstsein angekommen. Es ist nicht der Braten allein, der den Geschmack verursacht. Denn der Braten ist derselbe für beide, Kant und Student, und sollte ihnen somit auch gleich schmecken. Tut er aber nicht. Dem Studenten schmeckt er gut, Kant mundet er schlecht.
»Geschmack ist also bistabil?«
»Aber nein! Da verwechseln Sie mal wieder Gegenstand und Bewusstsein«, meint Kant schlecht gelaunt. »Die bistabile Wahrnehmung, so wie Kleinschmidt es geschildert hat, betrifft die Selektion von Gegenständen, also die Frage, welche Gegenstände für das Bewusstsein ausgewählt werden. Sie sagt uns aber gar nichts darüber, woher das Bewusstsein selbst stammt und wie wir den Gegenstand im Bewusstsein wahrnehmen.«
Die Wahrnehmung des Gegenstands im Bewusstsein entspricht also dem individuellen Geschmack des Bratens. Wohingegen das, was Bewusstsein genannt wird, der Geschmack

an sich ist, unabhängig von einem bestimmten Gegenstand wie dem Braten. Interessant ist nun, woher die Subjektivität des Geschmacks selbst unabhängig vom Braten stammt. Der Student und Kant nehmen den gleichen Braten ganz unterschiedlich wahr. Eine solche Subjektivität, die uns als Menschen auszeichnet, ist es, was unser Bewusstsein ausmacht. Das Bewusstsein konstruiert Subjektivität, es ist pure, reine Subjektivität.

Wir wissen, woher der Braten kommt. Vom Schwein. Oder vom Rind. Aber woher kommt das Bewusstsein? Kant unterscheidet zwischen Gegenstand und Bewusstsein. Vorhin haben wir den Gegenstand mit dem marinierten Fleisch und dem gewürzten Gemüse beschrieben. Noch allerdings ist nicht klar, welcher Prozess bei der Aufbereitung des Bratens dem Bewusstsein entspricht. Eigentlich aber ist das ganz einfach: Mariniertes Fleisch und gewürztes Gemüse müssen richtig miteinander kombiniert werden. Dann muss ein Backofen vorhanden sein, der vorgeheizt werden muss. Schließlich muss die Kombination aus mariniertem Fleisch und gewürztem Gemüse in den Backofen geschoben werden und die richtige Zeitdauer schmoren. Ohne den Backofen (oder eine andere Art des Ofens oder Herdes) ist das Schmoren von Fleisch und Gemüse unmöglich. Und ohne das Bewusstsein selbst ist das Bewusstsein von Gegenständen unmöglich, dann hätte niemand irgendeinen Geschmack. Mit dieser Feststellung wären wir beim reinen oder puren Bewusstsein.

Bewusstsein ist also nichts als ein Backofen? Nein, das ist natürlich nur eine Analogie. Aber man kann das reine Bewusstsein gewissermaßen als Backofen der Subjektivität bezeichnen. Sie können nicht schmoren und backen, wenn Sie keinen Backofen haben. Genauso könnten Sie eben auch über keinerlei Bewusstsein von Gegenständen wie einem Braten verfügen, wenn Sie nicht ein reines Bewusstsein hätten. Das ist es, was Kant in seiner Vorlesung im ersten Teil dieses Buches als die Einheit des Bewusstseins beschrieben hat. Pures, reines Bewusstsein. Ohne es geht gar nichts.

Ohne Backofen keine Einheit des Bewusstseins? Nein, sagen einige der gegenwärtigen Philosophen wie Patricia Churchland, Daniel Dennett und David Rosenthal. Sie meinen, dass weder Backofen noch Einheit notwendig sind, um Bewusstsein zu konstituieren. Die Einheit sei eine Illusion und nicht notwendig für Bewusstsein. Nehmen diese Philosophen also an, dass der Braten ohne Backofen geschmort wird?

Offenbar müssen diese Damen und Herren zumindest philosophisch mit David Hume als ihrem geistigen Großvater verwandt sein. Der behauptet seinerzeit auch schon, dass ein Braten ohne Ofen geschmort werden kann. Oder besser: dass Bewusstsein von Gegenständen kein reines oder pures Bewusstsein und somit keine Einheit des Bewusstseins voraussetzt. Aber kann man wirklich annehmen, dass ein Braten nur durch bloßes Kombinieren, Hume hat es Assoziation genannt, von mariniertem Fleisch und gewürztem Gemüse entsteht? Wohl kaum. Wir könnten dann nicht von einem Braten sprechen. Hume spricht also nur von den Gegenständen selbst. Und er verwechselt sie mit dem Bewusstsein an sich und dem Bewusstsein der Gegenstände.

Hume setzt Bewusstsein ohne Bewusstsein und somit das Schmoren eines Bratens ohne Backofen voraus. Und seine heutigen Nachfolger schließen sich ihm an. Andere Philosophen der Gegenwart wie Tim Bayne, David Chalmers, Sidney Shoemaker und Barry Dainton sind allerdings nicht so radikal wie Hume und seine Nachfolger. Sie nehmen eine Einheit des Bewusstseins an, sagen aber, dass sich diese Einheit aus mehreren Teilen zusammensetzt. Unsere Erfahrung im Bewusstsein ist also nicht pure Einheit, sondern setzt sich aus Teilen zusammen. Daher sprechen sie auch von sogenannten *experiential parts*. Nicht mehr reine Vielheit wie bei Hume, sondern Vielheit in der Einheit.

Das ist nicht die reine oder pure Einheit des Bewusstseins, die Kant meint. Hume glaubt auf den Backofen ganz und vollständig verzichten zu können, wenn er den Braten schmort. Heraus kommt allerdings kein Braten, sondern lediglich mariniertes Fleisch und gewürztes Gemüse. Also ein »Zuwenig an Braten«. Nun wollen die oben genannten philosophischen Anhänger der *experiential parts* den Backofen wieder einführen, allerdings in modifizierter Form. Sie nehmen an, dass der Braten selbst keine Einheit ist, sondern aus mehreren Teilen besteht. Also fast ein »Zuviel an Braten«.

Wir sind also mal wieder beim Zuviel und Zuwenig, die beide, wie Kant uns schon gelehrt hat, äußerst gefährlich sind. Bei Hume ist ein »Zuwenig an Bewusstsein« gegeben, bei den neueren Philosophen hingegen ein »Zuviel an Bewusstsein«. Und wie immer sind beide Extreme schädlich. Die Einheit des Bewusstseins muss durch eine Einheit konstituiert werden und nicht durch eine Vielheit. Bewusstsein von verschiedenen Objekten und Ereignissen setzt eine Einheit des Bewusstseins voraus. Ohne eine solche Einheit ist ein einheitliches Bewusstsein von verschiedenen Gegenständen unmöglich.

Es gibt einige Philosophen der Gegenwart wie John Searle, Andrew Brooks oder Michael Tye, die eine Einheit des Bewusstseins ohne Vielheit und somit ohne *experiential parts* voraussetzen. Das könnte der Kant'schen Annahme einer Einheit des Bewusstseins schon näher kommen. Wie aber nun kommen die Objekte und Ereignisse ins Bewusstsein und werden mit ihm assoziiert? Wir haben die Objekte und ihre Einheit. Und die Einheit des reinen Bewusstseins. Wie gelangen beide zueinander? Das ist die Frage nach dem Prozess des Schmorens. Wie wird aus gewürztem Gemüse und mariniertem Fleisch ein Braten?

Transformation

Die im vorherigen Kapitel besprochenen Neurowissenschaftler haben die für uns hier interessanten Prozesse nicht wirklich berührt, denn bei ihnen ging es nur um die Konstitution der Einheit der Objekte. Nicht aber darum, wie diese Objekte und Gegenstände dann mit dem Bewusstsein verknüpft werden. Wir aber müssen die Prozesse beschreiben, die die Einheit der Objekte mit der Einheit des Bewusstseins zusammenführen beziehungsweise verbinden. Das wird nach Kant dem zugeschrieben, was er Synthese nennt. Eine Verbindungsleistung des Ich. So hat es uns Kant im ersten Teil dieses Buches gelehrt. Ist die Verbindungsleistung des Ich in Wahrheit eine Verbindungsleistung des Gehirns?

Schauen wir uns diese Leistung einmal genauer an, und zwar in Hinsicht auf das Bewusstsein. Sie erleben einen Braten als dreidimensional. Wohingegen der visuelle Input, die Stimuli, die Sie erhalten, nur zweidimensional ist. Wie also ist es möglich, dass der zweidimensionale visuelle Input in ein dreidimensionales Objekt in Ihrem Bewusstsein umgewandelt wird? Selbst wenn Sie nur ein Bild von einem Braten betrachten, passiert das. Dieser Umwandlungs- oder Transformationsprozess kann nur von Ihrem Bewusstsein, Ihrer Einheit des Bewusstseins, geleistet werden. Es scheint sich eine Matrix, Template, Maske oder ein Schema, wie Kant es nennt, über all die visuellen Inputs und die daraus entstehenden Objekte zu legen. Genauso wie der Ofen seine Maske der Hitze über Fleisch und Gemüse legt.

Noch mal im Ganzen: Wir sind an den Umwandlungs- und Transformationsprozessen des visuellen Inputs in das Objekt im Bewusstsein interessiert. Die rein physikalischen Inputs oder Stimuli werden nicht nur zu einem Gegenstand oder Ereignis verbunden, sondern auch in eine phänomenale Matrix, ein Template, eine Maske oder ein Schema eingebaut. Dadurch werden die Objekte phänomenale Objekte, Objekte des Bewusstseins. Wir haben daher zwei wesentliche Schritte: den ersten Schritt vom Stimulus oder Input zum Objekt, er geht mit einer Einheit des Objekts einher. Der zweite Schritt führt uns vom physikalischen zum phänomenalen Kontext, für den die Einheit des Bewusstseins notwendig ist.

Diese physikalisch-phänomenale Transformation, so nenne ich es einmal, ist es, was mich interessiert. Mich als Autor dieses Buches, als Philosoph und Hirnforscher. Ich will verstehen, wie aus »Gehirn« Bewusstsein wird. Und Sie als Leser interessiert es vielleicht auch. Brennend sogar. Denn nur durch diese physikalisch-phänomenale Transformation nehmen Sie etwas subjektiv wahr. In Bezug auf Ihr Selbst. Und nicht objektiv, sodass es total mit dem übereinstimmt, was Ihr Nachbar und sein Selbst wahrnehmen. Das ist wichtig, denn so ganz ohne Subjektivität wäre es langweilig auf unserer Welt. Gähnend langweilig. Allen würde der Braten gleich schmecken.

Die physikalisch-phänomenale Transformation kann nur auf dem Boden einer Einheit des Bewusstseins und seiner phänomenalen Maske erfolgen. Und letztendlich, das haben wir von Kant gehört, ist es die Einheit des Selbst mit seinem »Ich denke«, die alles zusammenhält. Ach je, könnte man jetzt meinen, schon wieder dieses lästige »Ich denke«. Wer will schon dauernd denken? Wie viel schöner wäre es, statt dem ewigen »Ich denke« zu sagen: »Ich schmecke«!

Metaphysik des Gehirns

Kant nimmt an, dass ein gutes Gespräch drei Teile aufweisen sollte. Es beginnt mit einer Erzählung oder Geschichte, fährt fort mit einer Erörterung und endet mit einem Scherz.[14] Übertragen auf unseren Kontext bedeutet das: Wir haben im vorhe-

rigen Kapitel die Geschichte der Synchronisation erzählt. In diesem Kapitel haben wir sie dann erörtert, kritisch diskutiert und die Befunde als Gehirnkunst entlarvt. Wir haben also eine »Kritik der Gehirnkunst« praktiziert. Wobei uns der Füllbraten half, die »Kritik der Kochkunst« war also ein hilfreiches Instrument für unsere »Kritik der Gehirnkunst«. Ist das schon der Scherz? Der dritte Teil eines guten Gespräches nach Kant?
Trotz aller Kritik, unser Student glaubt noch immer unbeirrt an die Neurowissenschaft und das Gehirn. Er behauptet: »Die Neurowissenschaften und somit das Gehirn können uns mit Sicherheit Aufschluss nicht nur über das ›Ich schmecke‹, sondern auch über das ›Ich denke‹ geben.«
Kant gefällt das natürlich gar nicht: »Das ist nicht nur ein Scherz, sondern ein schlechter Scherz!«
Kein guter Abschluss eines Gespräches.
»Machen wir doch ein Gedankenexperiment«, schlägt der Student vor. »Wie müssten die Neurowissenschaften denn vorgehen, um die Verbindung zwischen Gehirn und Bewusstsein herzustellen?«
»Empirisch kommen Sie hier nicht weiter. Nur die transzendentale Methode weist Ihnen den Weg zum Bewusstsein. Alles andere wäre eine unerlaubte Grenzüberschreitung. Die Neurowissenschaften würden ihre empirische Grenze überschreiten und das Gehirn als Ursache des Bewusstseins ansehen.«
Kant weiß, warum ihn das so ärgert. Es ist die gleiche Grenzüberschreitung, die seine Vorgänger Berkeley, Leibniz und vor allem Descartes begehen, wenn sie eine Seele annehmen. Damals sind es die Seele und ein Geist, auf die Bewusstsein zurückgeführt wird, heute ersetzt man offenbar die Seele durch das Gehirn. Man korreliert, wie in den ersten Vorträgen auf unserer imaginären Konferenz gezeigt, neuronale Eigenschaften des Gehirns mit den phänomenalen des Bewusstseins. Daraus schließt man dann, dass Bewusstsein nichts als Gehirn ist. Kor-

relation ist aber nicht Identität. Und Bewusstsein nicht Gehirn. Zumindest nicht das Gehirn, das wir beobachten können. Das Problem dabei ist, dass in beiden Fällen auf etwas geschlossen wird, das jenseits der empirischen Beobachtung liegt. Seien es eine Seele oder ein Gehirn, die Bewusstsein produzieren. Beide aber können wir nicht beobachten. Die Schlussfolgerung geht also über die Beobachtung hinaus, sie ist nicht mehr empirisch, sondern transzendent, wie Kant es nennt. Das führt zu einem »Dogmatismus der Seele«, wie bei seinen Vorgängern, oder einem »Dogmatismus des Gehirns«, wie bei vielen heutigen Neurowissenschaftlern und Philosophen. Und dem, wie Sie bereits wissen, steht Kant nicht nur skeptisch, sondern äußerst kritisch gegenüber.

Machen sich Neurowissenschaft und Philosophie also heute der gleichen Fehler schuldig wie die Philosophie vor Kant? Ja, es ist der alte Fehler der Transzendenz. Kants Vorgänger haben vom Bewusstsein auf eine Seele geschlossen. Wohingegen die heutigen Kollegen vom Bewusstsein auf das Gehirn schließen. Das wird daran deutlich, dass sie kontinuierlich Gegenstände und Bewusstsein miteinander verwechseln.

Was aber können wir aus den empirischen Daten überhaupt schließen? Nun, wir können auf das schließen, was diese Befunde voraussetzen müssen, damit sie in der gegebenen Form möglich sind. Zum Beispiel können wir uns überlegen, warum und wie es überhaupt zur Gammaoszillation kommen kann. Sie erinnern sich? Gammaoszillationen sind die Schwingungen der Aktivität der Neurone im gleichen Rhythmus. Und die Frage lautet: Wie müssen die Neurone und ihre Regionen selbst beschaffen sein, um solche Schwingungen zu ermöglichen? Bisher haben wir die Schwingungen selbst beobachtet. Nicht aber, warum und wie sie entstehen. Man könnte sich sehr wohl, zumindest logisch in der Vorstellung, auch ein Gehirn ohne Schwingungen vorstellen. Wir können uns fragen,

wie das Gehirn selbst, unabhängig vom Input oder Stimulus, beschaffen sein muss, um solche Gammaoszillationen hervorbringen zu können.
Das ist dieselbe Frage, die man sich stellt, wenn man sich überlegt, wie man das Fleisch marinieren und mit dem Gemüse verbinden muss, damit es im Backofen dann bestens zu einem Füllbraten werden kann. Wir fragen hier also nach den Voraussetzungen, die notwendig sind, um den Braten als Braten sowie die Gammaoszillation als Oszillation zu ermöglichen. Das ist es, wenn Sie sich an das Gespräch zwischen Kant und dem Studenten nach der Vorlesung in Königsberg erinnern, was Kant als transzendentale Methode bezeichnet hat. Da sie auf die Voraussetzungen der Beobachtungen, nicht aber auf Letztere selbst zielt, muss die transzendentale Methode von der empirischen unterschieden werden. Und, das ist wichtig, sie differiert auch von der transzendenten Methode, bei der über die beobachteten Objekte hinausgehende Gegenstände angenommen werden wie eine Seele oder ein Gehirn. Diese Art ist nichts als Metaphysik, sei es eine »Metaphysik der Seele« oder eine »Metaphysik des Gehirns«, die heutzutage Erstere ersetzen zu scheint. Ein schlechter Scherz, würde Kant wohl meinen.

Prädisposition

Was aber hat der Unterschied zwischen transzendentaler und empirischer Methodik für die Neurowissenschaften für eine Bedeutung? Ganz einfach: dass sie klar und fein säuberlich von der Philosophie getrennt sein müssen. Die Neurowissenschaften untersuchen das Gehirn und verwenden dafür die Methode der empirischen Beobachtung. Wohingegen die Philosophie auf das Bewusstsein, vor allem die Einheit des reinen und puren Bewusstseins, fokussiert ist und durch die transzendentale Methode dorthin gelangt. Sie erinnern sich? Kant hat seinen Studenten empfohlen, ihre Papiere und Mitschriften nach den verschiedenen Disziplinen zu ordnen, damit ja keine Unordnung entsteht. Disziplin statt Disziplinlosigkeit. Und so ist er auch für die strikte Trennung von Neurowissenschaften und Philosophie.

Seine Ansicht teilt aber heute nur noch eine Minderheit. Nur einzelne, wie der britische Philosoph Peter Hacker, vertreten noch solch eine Meinung. Die Mehrheit stimmt der strikten Trennung von Philosophie und Neurowissenschaften nicht zu. Die meisten Philosophen, wie beispielsweise Daniel Dennett, John Searle, Patricia Churchland und viele andere halten solch einen Dualismus von Neurowissenschaften und Philosophie für überholt und veraltet. Sorry, Herr Kant, tut uns leid. Ihre Ansicht ist out.

Was aber ist das? Ein Putsch der Neurowissenschaften? Wird der alte König aus Kants Zeiten, die Philosophie, vom Thron gestoßen? Das wird Kant schon nicht mal mehr für einen schlechten Scherz halten. Sondern für bitteren Ernst. Aufgabe transzendenter Annahmen? Ja, gern. Die alte Metaphysik muss weg. Aber transzendentale Schlussfolgerungen einfach durch bloße empirische Beobachtung wegputschen? Nein! Das hieße, dass wir uns nur auf die hinreichenden Bedingungen von Bewusstsein fokussieren, nicht aber auf die notwendigen.

Genau das passiert auch einem der führenden Bewusstseinforscher, Christof Koch. Er spricht von sogenannten neuronalen Korrelaten des Bewusstseins (NCC: *neural correlates of consciousness*). Die NCC beschreiben die neuronalen Mechanismen, die Bewusstsein hervorbringen. Er hält, wie in den imaginären Vorlesungen schon gesagt, zum Beispiel die *binding by synchronization* bestimmter Regionen für solche neuronalen Korrelate des Bewusstseins. Das aber lässt die notwendigen Bedingungen völlig außer Acht. Nicht alle hinreichenden Bedingungen müssen auch notwendige sein.

Was aber, wenn nun die hinreichenden Bedingungen im Falle des Bewusstseins andere als die notwendigen sind? Dann müssten wir uns auf die Suche nach den notwendigen Bedingungen begeben. Das aber wären dann nicht mehr neuronale Korrelate, sondern neuronale Voraussetzungen beziehungsweise Prädispositionen. Prädispositionen sind Voraussetzungen, die erfüllt sein müssen, um etwas möglich zu machen. Das sind die neuronalen Prädispositionen. Um es aber dann zu realisieren, müssen noch zusätzliche Bedingungen erfüllt sein. Das wären die neuronalen Korrelate. Es müsste also nicht mehr nur von *neural correlates of consciousness* gesprochen werden, sondern auch von *neural predispositions of consciousness* (NPC). NPC also statt NCC.
Und brauchen wir nicht beide, NCC und NPC? NCC ohne NPC ist wie Schmoren von Fleisch und Gemüse ohne Backofen und führt zu Bewusstsein von Gegenständen ohne Bewusstsein. Wohingegen NPC ohne NCC wie ein Schmoren von nichts im Backofen ist und zu einem Bewusstsein ohne Gegenstände führt. Aber gerade Letzteres ist zentral, wenn wir den Backofen selbst und somit das reine, pure Bewusstsein identifizieren wollen. Dann müssen wir NPC von NCC isolieren und die transzendentale Methode von der empirischen fein säuberlich trennen. Keine Chance also für die Neurowissenschaften in ihrem Versuch, zu putschen und die Philosophie als Herrscher über die transzendentale Methode abzulösen.
Wenn nun aber diese Prädispositionen im Gehirn selbst liegen und somit neuronal sind? Unser Student würde jetzt wohl sagen: »Dann müssen wir im Gehirn selbst schauen, und das können wir am besten durch Beobachtung.«
»Da werden Sie nicht viel sehen«, würde Kant erwidern. »Nichts als Neurone und Aktivität. Weder Einheit noch Bewusstsein.«
»Nein«, kontert der Student, »das lasse ich so nicht stehen. Der von Kleinschmidt erwähnte Ruhezustand des Gehirns

könnte hier nämlich einen Einblick geben. Sie erinnern sich an die Untersuchungen zur bistabilen Wahrnehmung von Herrn Kleinschmidt? Der Ruhezustand war vor der Wahrnehmung bestimmter Gegenstände bereits erhöht und hat sich auf bestimmte Gegenstände hin orientiert beziehungsweise prädisponiert, andere hingegen eher unwahrscheinlich gemacht. Wäre dann der Ruhezustand nicht eine neuronale Prädisposition? Na, und da sagen Sie, Herr Kant, noch, dass Bewusstsein nicht im Gehirn zu finden ist! Nach dem, was Kleinschmidt gezeigt hat, müssen Sie Philosophie und Neurowissenschaften miteinander verknüpfen. Und ich kann mein Heftchen für Philosophie mit dem für Neurowissenschaften zusammenlegen. So ist es doch. Oder nicht, Herr Kant?«

Integration

Sklaverei

Nach diesen luftigen intellektuellen Höhen und kulinarischen Tiefen geht es nun zurück zur Konferenz. Dort erwarten Kant und den Studenten weitere Vorträge von prominenten Neurowissenschaftlern.

Kant kann sich allerdings ein Statement nicht verkneifen: »Bisher kommt es mir vor wie meinerzeit in der Philosophie. Dort werden immer nur die Tatsachen aufgeführt, die die armen Studenten dann als Phrasen auswendig lernen müssen. Das vermittelt nichts als ›wissen, dass ...‹ und endet in nichts als purem Dogmatismus. Man sollte lieber selbst denken und seinen eigenen Verstand benutzen, statt auswendig zu lernen und den persönlichen Verstand ansonsten ruhen zu lassen. Dann sieht man auch, wie die gelernten Tatsachen zustande kommen, und vermag sie in Zweifel zu ziehen. Das stupende ›wissen, dass ...‹ würde dann durch ein ›wissen, wie ...‹ und ›den Geist‹ mitsamt seinen Prozessen ergänzt werden.«[15]

Kant ist der Meinung, dass man in seinen Vorlesungen nicht Philosophie lernt, sondern das Philosophieren. Nicht Gedanken, sondern Denken.[16] Man muss den Studenten Freiheiten geben. Wenn man sie mit vorgefertigten Gedanken bombardiert, nimmt man ihnen die Chance, den eigenen Geist und Verstand zu entwickeln. Er vergleicht Studenten mit Bäumen: »Bäume, wenn sie im Freien stehen, und im Wachstum begriffen sind, gedeihen besser, und tragen einst herrliche Früchte, als wenn sie durch Künstelein, Treibhäuser und konfiszierte Formen dazu gebracht werden sollen.«[17]

Sie erinnern sich an den ersten Teil? Da haben wir Kants Erinnerungen an seine eigene Schulzeit beschrieben, die er als »Jugendsklaverei« gespeichert hat. Vielen Studenten heutzutage geht es ähnlich, eingezwängt in die verschulten Bachelor- und Masterstudiengänge. Sie sehen also wieder einmal: Zeiten ändern sich, Gebräuche oftmals nicht. Notwendigkeiten auch nicht. Was würden sich die Studenten über einen Immanuel Kant in heutiger Zeit freuen.

Nun aber von der Sklaverei der Studenten zu einem »Sklaven des Bewusstseins«: dem Gehirn. Die Vorträge des Morgens unserer imaginären Konferenz behandelten das Bewusstsein als bereits fertige und vollendete Tatsache. Neuronale Synchronisation im Gehirn, die etwas mit Bewusstsein zu tun haben soll. Kant würde das als bloßes »wissen, dass …« bezeichnen. Warum und wie aber es möglich ist, dass Bewusstsein im Gehirn entsteht? Welches sind die Prozesse im Gehirn, die es notwendig machen, dass Bewusstsein entsteht, dass das Gehirn nicht anders kann als Bewusstsein hervorzubringen? Das wäre »wissen, wie …«, nämlich wie das Bewusstsein durch die Prozesse im Gehirn gebildet wird.

Vielleicht liefert uns Guilo Tononi die Antwort, unser nächster Vortragsredner. Als Italiener in den USA arbeitend gilt er als einer der führenden Neurowissenschaftler des Bewusstseins. Er wird uns sehr viel über neuronale Prozesse erzählen können und hoffentlich auch darüber, wie sie Bewusstsein hervorbringen.

Globalisierung

Tononi hat viel über Schlaf geforscht. Wenn wir schlafen, können verschiedene Phasen unterschieden werden. Phasen, in denen wir träumen und schnelle Augenbewegungen zeigen, und solche, in denen wir scheinbar nicht träumen und die Augenbewegungen auch nicht schnell sind. Da rasche Augenbewegungen im englischen *rapid eye movements* (REM) genannt werden, spricht man von REM- und Non-REM- oder NREM-

Schlaf. Warum das wichtig für das Bewusstsein ist? Weil uns, wie wir alle bestens wissen, Träume manchmal zu Bewusstsein kommen, der Rest des Schlafes aber offenbar unbewusst bleibt. Die Unterscheidung zwischen REM- und NREM-Schlaf geht also mit einer Differenz zwischen Bewusstsein und Unbewusstsein einher. Sie eignet sich daher bestens als experimentelles Paradigma für die Untersuchung der neuronalen Mechanismen des Bewusstseins.

Tononi und seine Mitarbeiter haben gesunde Probanden sowohl im Wachzustand als auch im Schlaf während REM- und NREM-Schlaf untersucht. Die beiden Schlafphasen waren anhand der Augenbewegungen zu unterscheiden, zudem auch anhand der sogenannten langsamen Wellen im Gehirn, die durch langsame Schwankungen ihrer Aktivität (kleiner als 1 Hertz) charakterisiert werden können (*slow wave activity*, SWA). Zur Messung dieser SWA im Speziellen und der Ausbreitung der elektrischen Aktivität im Gehirn im Allgemeinen wurde bei allen Probanden ein Elektroenzephalogramm (EEG) gemessen.

Während die Probanden schliefen und ihre elektrische Aktivität mittels EEG überprüft wurde, erhielten sie eine magnetische Stimulation in nicht hörbarer Form. Diese erfolgte vermittels der transkranialen Magnetstimulation (TMS). Die TMS verabreicht magnetische Stimuli von außen an die Schädelkalotte des Gehirns, die dann die darunter liegende Gehirnregion und ihre Aktivität beeinflussen. In diesem Fall wurden die magnetischen Stimuli nahe einer Region im Gehirn, die für Bewegung zentral ist, den prämotorischen Kortex, platziert. Die Effekte dieser lokalen magnetischen Stimuli konnten dann im EEG gemessen werden. Vor allem sah man, ob sie Aktivität im Gehirn auslösten und wie sich diese ausbreitete.

Tononi und seine Mitarbeiter konnten feststellen, dass der magnetische Impuls im wachen Zustand eine starke Aktivität hervorrief. Sowohl in der entsprechenden Region, dem prämotorischen Kortex, wo er appliziert wurde, als auch in anderen Regionen des Gehirns. Das heißt, der magnetische Impuls führte nicht nur lokal zu einer Aktivitätsänderung, sondern auch global. Die durch die Impulse ausgelöste Aktivität blieb nicht nur auf eine Region beschränkt, sondern verbreitete sich im ganzen Gehirn. Dies tat sie mit einer hohen Frequenz ihrer Aktivität im Bereich zwischen 25 und 30 Hertz.

Man kann hier von einer räumlichen Globalisierung sprechen. Der magnetische Impuls löst Aktivitäten in der stimulierten Region des Gehirns aus, die sich dann räumlich in andere Regionen im Gehirn ausbreiten. Dies verknüpft die verschiedenen Regionen miteinander, funktionelle Konnektivität heißt das in der Fachsprache. Eine solche funktionelle Kommunikation ermöglicht Kommunikation auch über Distanzen hinweg. Wie von Europa nach Asien zum Beispiel. Oder eben vom Großhirn zum Kleinhirn. Eine solche Kommunikation dehnt sich aber nicht nur räumlich, sondern auch zeitlich aus. So auch die Auswirkungen des magnetischen Impulses im Gehirn. Tononi konnte zeigen, dass sich die elektrische Aktivität im Gehirn 50 bis 250 Millisekunden nach der Applikation des Impulses immer noch verändert. Die räumliche Globalisierung scheint also mit einer zeitlichen Ausdehnung einherzugehen. Kurz gesagt: Räumliche und zeitliche Globalisierung scheinen im Gehirn Hand in Hand zu gehen.

Wie können wir eine solche Globalisierung besser verständlich machen? Wie lässt sich klarer verdeutlichen, was dort im Gehirn im wachen Zustand passiert? Vielleicht vermittels eines Eisenbahnnetzes. Es gibt Fernzüge und Nahverkehrszüge. Fernzüge operieren eher global, Nahverkehrszüge lokal. Schauen wir uns also die Fernzüge an. Sie verbinden weit voneinander entfernte Städte und Länder miteinander und zeigen somit funktionelle Konnektivität in einem übertragenen Sinne.

Dabei sind die Züge untereinander abhängig davon, welcher Zug wann, wie und wo fährt. Stellen Sie sich nun vor, dass es dabei Verspätungen gibt. Nichts leichter als das! Der Zug von Straßburg nach Köln ist verspätet. Das wiederum blockiert andere Züge, die ebenfalls diese Orte kreuzen. Züge sowohl in Frankreich als auch in Deutschland werden ausgebremst. Letztendlich auch die Züge in Italien? Gibt es dort deswegen so viele Zugverspätungen? (Tononi als Italiener wird bestens wissen, wovon hier die Rede ist.) Das bleibt unklar. Aber klar ist, dass sich die Verspätung eines Zuges auf andere auswirkt. Es besteht also eine funktionelle Konnektivität zwischen den Zügen. Und die gibt es auch im Gehirn. Die Veränderung der Aktivität einer Region, wie des prämotorischen Kortex, durch den magnetischen Impuls wirkt sich auf die Aktivität in den anderen Regionen des Gehirns aus. Und erstaunlicherweise scheint uns das Gehirn, anders als die Züge, dennoch immer pünktlich an unsere Zielorte zu bringen.

Was aber passiert nun im Schlaf? Wenn im Zugverkehr »geschlafen« wird, gibt es Stillstand. Anders im Gehirn. Dort herrscht niemals Stillstand. Es ist immer aktiv, auch im Schlaf, nur eben wechselt es dort in eine andere Form der Aktivität. Die Frage ist nun, wie diese andere Aktivität aussieht und warum sie mit dem Verlust des Bewusstseins, zumindest im NREM-Schlaf, einhergeht. Daher wurde das gleiche Experiment mit EEG und magnetischem Impuls 15 Minuten später bei den gleichen Probanden durchgeführt, als sie sich im NREM-Schlaf befanden. Nun löste der gleiche magnetische Impuls immer noch eine Aktivität in der stimulierten Region, dem prämotorischen Kortex, aus. Im Unterschied zum Wachzustand (und auch zum REM-Schlaf) verursachte diese lokale Veränderung jetzt allerdings keine Veränderung mehr in anderen Regionen des Gehirns.

Außerdem rief der magnetische Impuls eine andere Art Aktivität im stimulierten Areal hervor. Die durch den magnetischen

Impuls induzierte Aktivität war nicht mehr hochfrequent (25 bis 30 Hertz) wie im Wachzustand, sondern niedrigfrequent (1 Hertz), zeigte also die für den NREM-Schlaf typischen langsamen Wellen, die *slow wave activity*.

Das Gehirn im NREM-Schlaf reagierte damit auf den gleichen magnetischen Impuls ganz anders als im Wachzustand oder im REM-Schlaf. Die funktionelle Konnektivität zwischen stimulierten und nicht-stimulierten Regionen blieb blockiert. Sie schwieg und war nicht affiziert. Anders als im Wachzustand trat im NREM-Schlaf daher auch keine Veränderung in der Aktivität in anderen Regionen über die Zeit hinweg ein. Räumliche und zeitliche Globalisierung waren blockiert. Nur noch lokale Effekte, aber keine globalen mehr.

Stellen Sie sich die Eisenbahn im NREM-Schlaf vor. Dabei würde sich die Zugverspätung auf der Strecke von Straßburg nach Köln nicht auf andere Züge auswirken. Keine Zugverspätungen mehr durch die Langsamkeit eines anderen Zuges irgendwo ganz anders. Sollten wir also das gesamte europäische Zugnetz in NREM-Schlaf versetzen? Halt, werden Sie sagen. Der Vergleich stimmt nicht. Im NREM-Schlaf geht es nicht mehr um Fernzüge, sondern nur noch um Nahverkehrszüge, die bestenfalls regional bleiben. Kein EC, kein ICE, nur noch Regionalbahnen.

Wie steht es mit anderen Regionen? Gleiche Ergebnisse. Das gleiche Experiment wurde auch mit anderen Regionen des Gehirns wie zum Beispiel dem sensorischen Kortex durchgeführt.[18] Und es wurde auch bei Probanden unter Anästhesie probiert, mit Menschen, die momentan also ganz ohne Bewusstsein waren. Wieder das gleiche Muster: starke Ausbreitung der Aktivität im Wachzustand und im REM-Schlaf. Nicht aber im NREM-Schlaf und während der Anästhesie. Da wir nur im Wachzustand und REM-Schlaf Bewusstsein haben, es aber im NREM-Schlaf und der Anästhesie verlieren, ist die

Globalisierung der neuronalen Aktivität offenbar zentral für seine Generierung. Bewusstsein durch Globalisierung.
Kant ist hellwach. Globalisierung gibt es schon zu seiner Zeit in Königsberg. Sie erinnern sich an den ersten Teil? Königsberg ist zu Kants Zeiten eine blühende Kaufmanns- und Handelsstadt. Immer sind Kaufleute aus aller Welt anwesend. Der Hafen und die Schiffe machen es möglich. Daher kann Kant Informationen aus der ganzen Welt erhalten und den Berichten der Reisenden lauschen. Reisen ist da nicht notwendig. Kurzum, Königsberg ist schon damals globalisiert, wie wir heute sagen würden.
Woher aber kommt eine solche räumliche und zeitliche Globalisierung im Gehirn, fragt Tononi. Eine Region direkt unter der Hirnrinde, der Thalamus, scheint offenbar eine zentrale Funktion hierbei zu haben. Er ist ein Knotenpunkt. Alle unter ihm liegenden Regionen, die subkortikalen Regionen, senden ihre Informationen zum Thalamus. Der sie dann wiederum zu den über ihm liegenden Regionen, in den Kortex, weiterleitet. Und der Kortex sendet seine Daten nun wiederum zum Thalamus zurück. Dadurch entsteht eine Art Kreisbewegung zwischen Thalamus und Kortex, wodurch die gleiche Information zweimal oder mehrmals bearbeitet werden kann. Nobelpreisträger Gerald Edelman, Mentor von Tononi, hat diese Verbindungen daher *reentrant circuits* genannt, *reentrant* meint dabei »wiedereintretend«, im anglizierten Deutsch heißt es dann »Feedbackschlaufen«.[19] Diese *reentrant circuits* versorgen die kortikalen Regionen und treiben sie in ihrer Aktivität an. Irgendetwas wird also immer prozessiert in diesen Feedbackschlaufen. Wenn keine neue Information von außen kommt, wird eben die vorhandene, die eigene, noch einmal prozessiert. Das Gehirn beschäftigt sich dann mehr mit sich selbst und seiner Aktivität als mit den Stimuli von der Außenwelt. Das ist genau dann der Fall, wenn wir schlafen.

Im Wachzustand und im REM-Schlaf scheinen der Thalamus und seine Feedbackschlaufen hellwach zu sein. Kein Fernverkehr mehr, nur noch Nahverkehr. Die über ihm liegenden kortikalen Regionen verändern daher ständig ihre Aktivität. Lokale Aktivitätsveränderungen werden wie durch einen lokalen magnetischen Impuls hierdurch global weitergeleitet und somit räumlich und zeitlich ausgebreitet. Das ist im NREM-Schlaf und während der Anästhesie anders. Hier scheinen die *reentrant circuits* offenbar blockiert. Keine Zugverspätungen mehr. Der Preis dafür ist allerdings der Verlust des Bewusstseins. Welch ein Ärger! Jetzt sind die Züge pünktlich, und das Bewusstsein gibt nicht mehr Bescheid.

Anfang und Ende

Kant wispert dem Studenten zu: »Funktionelle Konnektivität und Globalisierung führen zu Bewusstsein? Das ist komisch. Denn die funktionelle Konnektivität ist ja nur das Resultat, das Ende einer langen Kette. Viel interessanter wäre es aber doch, sich den Anfang der Kette anzuschauen. Also warum das Gehirn in dem einen Fall mit räumlicher und zeitlicher Globalisierung reagiert und im anderen Fall nicht. Es muss doch irgendeine Eigenschaft im Gehirn selbst dafür verantwortlich sein, unabhängig vom magnetischen Impuls, dass es zur Globalisierung kommt. Oder eben nicht. Mich interessieren diese Eigenschaften im Gehirn selbst, denn sie sind die Voraussetzung für das Bewusstsein, die notwendigen Bedingungen der Möglichkeit.«
»Das wären dann die neuronalen Prädispositionen von Bewusstsein, die NPC«, weiß der Student.
»Ja«, erwidert Kant, »die interessieren mich viel mehr als die neuronalen Korrelate, die NCC, die Herr Tononi hier untersucht.«

Leise spinnt er seine Gedanken fort: Genau wie im Falle des *binding by synchronization* würde ich hier bei der funktionellen Konnektivität gern wissen, welche Eigenschaft im Gehirn selbst es ist, die eine solche Globalisierung ermöglicht. Tononi aber schaut nur auf den Impuls, den Stimulus selbst, und was er im Gehirn macht. Das ist rein empirisch. Um Bewusstsein zu verstehen, müssen wir auf die Voraussetzungen schauen: die Voraussetzungen, die es ermöglichen, dass sich der Stimulus, der magnetische Impuls in Tononis Fall, in einer bestimmten Art und Weise ausbreiten, also globalisieren kann. So und nicht anders. Das kann nun im Gehirn selbst, unabhängig vom Stimulus, zu finden sein. Diese Voraussetzungen scheinen zwischen Wachzustand/REM-Schlaf und NREM-Schlaf zu differieren, denn sonst würde der gleiche magnetische Impuls nicht unterschiedliche Aktivitäten auslösen.

Es lässt sich auf die Globalisierung von Königsberg übertragen. Tononi untersucht nur die verschiedenen Kaufleute in Königsberg und schaut, woher sie kommen. Dann stellt er fest, dass sie aus verschiedenen Ländern stammen, das heißt, es sind verschiedene Regionen aktiviert. Daraus schließt er auf Globalisierung, also funktionelle Konnektivität. Das ist rein empirisch und valide. Aber es ist eben nur valide für das Gehirn. Nicht für Bewusstsein. Denn dafür müssen wir auf die Voraussetzungen schauen. Was ist die Voraussetzung der Globalisierung in Königsberg? Die Lage von Königsberg an der Ostsee, dazu der Hafen und die Schiffe. Denn dies alles macht es möglich, dass Kaufleute aus verschiedenen Ländern in die Stadt kommen. Eine notwendige Bedingung der Möglichkeit für Globalisierung in Königsberg. Was aber ist die notwendige Bedingung der Möglichkeit von Bewusstsein? Die Suche hiernach ausschließlich auf die Stimuli selbst zu beschränken wäre so, als würde man die geografische Lage von Königsberg an der Ostsee und somit seinen Hafen außer Acht lassen. Und lediglich in den Straßen von Königsberg die unterschiedlichen Nationalitäten der Menschen zählen.

Globaler Arbeitsplatz

Tononi fährt derweil fort: Was bedeutet die Globalisierung der neuronalen Aktivität mittels der funktionellen Konnektivität für das Bewusstsein? Die funktionelle Konnektivität ermöglicht die Verknüpfung der Regionen und der verschiedenen Gegenstände und Objekte, die sie prozessieren. So können zum Beispiel visuelle Gegenstände, die im visuellen Kortex verarbeitet werden, mit auditiven und motorischen Objekten und Ereignissen der entsprechenden Hirnregionen (auditiver und motorischer Kortex) direkt verknüpft werden. Verschiedene Informationen werden also in ein Ganzes integriert. Das nennt Tononi *Informations Integration Theory* (IIT) des Bewusstseins.

Bewusstsein wird im Wesentlichen als Integration verstanden. Die räumliche und zeitliche Globalisierung macht die Integration von verschiedenen Informationen möglich, und das wiederum bringt Bewusstsein hervor. Im NREM-Schlaf und der Anästhesie sind aber Globalisierung und Integration unterbrochen und somit das Bewusstsein nicht vorhanden. Bewusstsein muss daher im Wesentlichen eine Globalisierungs- und Integrationsleistung des Gehirns sein, eine Integration von Information mittels Globalisierung: Je mehr Integration möglich ist, desto stärker ist das Bewusstsein. Verfügbarkeit von Informationen als Korrelat des Bewusstseins.

Kant schüttelt den Kopf und wendet sich zum Studenten: »Sehen Sie, das habe ich kommen sehen. Wie alle anderen auch fokussiert Herr Tononi sich ausschließlich auf die Gegenstände des Bewusstseins und nicht auf das Bewusstsein selbst. Wenn er Bewusstsein auf die Integration von Information zu-

rückführt, spricht er eigentlich nur von dem, was ich Einheit der Objekte nenne. Nicht aber vom Bewusstsein selbst und der Einheit des Bewusstseins.
Alles was Tononi bisher präsentiert hat, betrifft nur die Gegenstände des Bewusstseins und somit die Einheit der Objekte. Da ist bisher keinerlei Bewusstsein dabei. Alles bleibt bewusstlos, bis auf ihn selbst natürlich. Er und seine Kollegen scheinen den Fehler von Hume zu begehen. Das, was Tononi Integration von Information nennt, bezeichnet Hume als Assoziation. Hume betrachtet Bewusstsein als Resultat der Assoziation von Sinneseindrücken. Genauso sieht Tononi Bewusstsein als höchste Stufe der Assoziation an, bezeichnet es nur anders, nämlich als Informationsintegration von sensorischen, motorischen und kognitiven Informationen. Wo aber bitte ist der prinzipielle Unterschied zwischen Assoziation und Integration? Nur die Buchstaben unterscheiden sich, nicht die Bedeutung. Wo aber kein prinzipieller Unterschied, da auch die gleichen Fehler. Tononi vergisst wie Hume das Bewusstsein selbst. Der Fokus ist ganz auf die Gegenstände und ihre Einheit, die Einheit der Objekte, gerichtet. Bewusstsein selbst bleibt dabei auf der Strecke. Sowohl bei Hume als auch bei Tononi. Natürlich nur in ihren Theorien, nicht in Hinsicht auf ihre Personen, denn sonst könnten sie Erstere gar nicht entwickeln und uns mitteilen. Wie aber kann Tononi Bewusstsein in den Blick bekommen? Dazu müsste er die Eigenschaften im Gehirn selbst untersuchen, die das, was er Integration und Hume Assoziation nennt, überhaupt erst möglich machen. Davon aber lässt sich hier keine Spur erkennen …«
»Nun beruhigen Sie sich doch, Herr Kant«, flüstert der Student, dem es unangenehm ist, dass man schon mahnend zu ihnen rüberschaut. Außerdem will er weiter zuhören. »Der Kongress geht doch noch weiter, vielleicht kommt einer der Redner zu den von Ihnen genannten Eigenschaften.«

Lassen Sie uns zunächst mit der aktuellen Forschung fortfahren. Das Gehirn wird häufig als ein globaler Arbeitsplatz angesehen. Dies ist die Theorie des *global workspace* von Bernhard Baars. Er geht davon aus, dass Information global verfügbar sein muss, damit Bewusstsein entsteht (*global availability*). So muss zum Beispiel die Information des magnetischen Impulses im prämotorischen Kortex auch für den visuellen Kortex verfügbar sein. Hierzu muss funktionelle Konnektivität in dem oben genannten Sinne vorhanden sein, sodass visueller und prämotorischer Kortex direkt miteinander verknüpft werden können. Das Gehirn im bewussten Zustand ist dann ein globaler Arbeitsplatz, an dem alles jedem und jedes für alle verfügbar ist. Eine solche räumliche und zeitliche Globalisierung kann auf räumlichen und zeitlichen Wegen erreicht werden: Sie kann durch die oben beschriebene funktionelle Konnektivität vermittelt werden, die neuronale Aktivität ist dann räumlich global. Oder zeitlich durch zum Beispiel *binding by synchronization*. Hauptsache Globalisierung. Dann ist sichergestellt, dass Bewusstsein generiert wird.

Durch eine solche räumliche und zeitliche Globalisierung entsteht im Gehirn ein globaler Arbeitsplatz. Betrachten wir das einmal anders: Stellen Sie sich vor, Sie sind Aktienhändler und sitzen in einem Dorf mit fünf Einwohnern im Norden von Kanada. Der nächste Ort ist zweitausend Kilometer entfernt. Sind Sie bewusstlos? Nein, Sie fühlen Ihre Einsamkeit bei vollem Bewusstsein. Vor allem aber: Sie haben einen Internetanschluss und sind mit der ganzen Welt verknüpft. Alle Aktienmärkte dieser Welt stehen Ihnen offen. Sie bekommen die Informationen aus Tokio, Singapur, London, Frankfurt, Rio de Janeiro … Alles fließt bei Ihnen, in Ihrem kanadischen Fünf-Seelen-Dorf zusammen. Na, ist doch klar, das ist aufregend. Sie sind bei vollstem Bewusstsein. Hätten Sie aber kein Internet und wären nicht mit den Aktienmärkten der Welt verknüpft, dann wären

Sie in unserem Sinne bewusstlos. Sie könnten nichts machen, keinerlei Aktienhandel treiben. Sie wären im NREM-Schlaf oder unter Anästhesie.

Kehren wir zum Gehirn zurück. So wie sich durch Ihre Internetverbindung im hohen Norden Kanadas ganz neue Möglichkeiten ergeben, öffnen sich auch für das Gehirn neue Türen. Durch die Globalisierung kann es die sensorischen Informationen der Umwelt auf ganz neue Art und Weise verarbeiten und prozessieren. Und die eigene Motorik sehr viel komplexer gestalten. Diese neuen Möglichkeiten sind in Form von neuen Funktionen manifest. Neben sensorischen und motorischen Funktionen verfügt das Gehirn jetzt noch über kognitive: Je stärker es globalisiert ist, desto mehr und differenziertere kognitive Funktionen gibt es, zum Beispiel Aufmerksamkeit, Kurzzeitgedächtnis, Langzeitgedächtnis, kognitive Emotionsregulation und so weiter bis zum Bewusstsein selbst.

Der globale Arbeitsplatz, genannt Gehirn, ist also im Wesentlichen ein kognitiver Arbeitsplatz. Ein kognitiver Arbeitsplatz, der durch Globalisierung und Integration von Information gekennzeichnet ist. Dadurch sind wir in der Lage, unsere sensorischen und auch die kognitiven Funktionen bewusst wahrzunehmen. Bewusstsein ist somit eine Sache der Kognition und Integration.

Nun tuschelt der Student triumphierend in Kants Ohr: »Nun, was sagen Sie dazu, Herr Kant? Ein kognitiver Arbeitsplatz ist notwendig, um Bewusstsein zu erzeugen. Globaler und somit kognitiver Arbeitsplatz als notwendige Bedingung der Möglichkeit für Bewusstsein.«

»Nein«, entgegnet Kant, »da irren Sie mal wieder. Ganz wie die Neurowissenschaftler verwechseln Sie hier etwas. Der globale Arbeitsplatz ist nicht die Voraussetzung für Bewusstsein selbst, sondern er ist selbst die Voraussetzung für die Wahrnehmung und Erkenntnis eines Gegenstandes im Bewusstsein.

Sie verwechseln den Zugang zum Bewusstsein mit dem Bewusstsein selbst.«
»Interessant«, lenkt der Student nachdenklich ein, »das erinnert mich an eine Unterscheidung in der heutigen Philosophie. Die Philosophen Bayne und Chalmers unterscheiden konzeptuell zwischen einer ›phänomenalen Einheit‹ (*phänomenal unity*) und einer ›Zugangseinheit‹ (*access unity*) im Kontext des Bewusstseins. Die Bewusstseineinheit beschreibt die Einheit des Bewusstseins selbst und scheint auf das zu zielen, was Sie reines oder pures Bewusstsein nennen: das phänomenale Bewusstsein. Wohingegen sich die Zugangseinheit eher auf die Art und Weise fokussiert, wie wir merken und wahrnehmen, dass wir Bewusstsein haben. Sie zielt also mehr auf unser Wissen und die Erkenntnis von Bewusstsein als auf das Bewusstsein selbst. Das ist das Zugangsbewusstsein.«
»Eine weise und gute Unterscheidung«, erwidert Kant.
Lassen Sie uns das noch einmal anders ausdrücken. In Kants Gedanken bleibt kritische Klarheit: Die genannten kognitiven Funktionen des globalen Arbeitsplatzes ermöglichen den Zugang zu Informationen, die im Bewusstsein sind. Sie öffnen also die Tür zu dem, was Kant als Objekte und Ereignisse bezeichnet. Sie sorgen dafür, dass wir um diese wissen und sie erkennen können. Kognitive Funktionen scheinen also quasi der Schlüssel zur Tür der Erkenntnis der Objekte im Bewusstsein als Objekte zu sein.
Ein solcher Schlüssel ist aber nicht mit dem Schlüssel zur Tür des Bewusstseins zu verwechseln. Der Schlüssel zu den Objekten und Ereignissen im Bewusstsein wird hier mit dem Schlüssel zum Bewusstsein selbst verwechselt. Das hieße, dass man zuerst durch die zweite Tür geht, zu dem, was im Bewusstsein liegt, bevor man durch die erste tritt, die des Bewusstseins selbst. Ein Akrobat oder Künstler müsste der sein, der es schafft, zur zweiten Tür zu gelangen, ohne durch die erste

hindurchgegangen zu sein. Konkreter gesagt: Ohne vorherige phänomenale Einheit kein Zugangsbewusstsein. Die phänomenale Einheit ist also eine Voraussetzung für das Zugangsbewusstsein, genauso wie die Öffnung der ersten Tür eine Voraussetzung ist, um zur zweiten zu gelangen.
Die Neurowissenschaftler wie Tononi, Baars und Dehaene beschäftigen sich vor allem mit dem Zugangsbewusstsein und somit mit dem, was »nach« dem Bewusstsein von Gegenständen kommt. Viel notwendiger aber wäre zu schauen, was »vor« dem Bewusstsein von Gegenständen liegt. Da ist nämlich das reine oder pure Bewusstsein anzusiedeln, von dem Kant spricht.
Was ist mit »nach dem Bewusstsein von Gegenständen« gemeint? Dies bezeichnet Kant als post-phänomenal und trennt es vom Phänomenalen selbst. Integration und Kognition sind post-phänomenal. Von ihnen auszugehen, heißt nur auf das »post«, nicht aber auf das »phänomenal« zu schauen. Das »post« ist manifest im Fokus der Neurowissenschaften, die auf Perzeption und Kognition blicken und sich somit immer auf Gegenstände im Bewusstsein, nicht aber das Bewusstsein selbst beziehen. Und, viel schlimmer noch, sie setzen es immer schon als notwendig voraus.
Stattdessen sollte man – das ist wohl Kants Ansicht, übertragen auf unsere heutige Terminologie – auf das schauen, was das Bewusstsein selbst voraussetzt. Die notwendigen Bedingungen der Möglichkeit. Das wäre dann weder post-phänomenal noch phänomenal, sondern prä-phänomenal. Solche prä-phänomenalen Eigenschaften stellen eine Art Bias oder Prädisposition dar, sie machen möglich: Sie ermöglichen Bewusstsein. Sie prädisponieren unser Gehirn zum Beispiel für funktionelle Konnektivität und *binding by synchronization*. Sie ermöglichen es dem Gehirn, die Stimuli mittels der funktionellen Konnektivität und des *binding by synchronization* zu prozessieren. Wenn diese prä-phänomenalen Eigenschaften nicht vorhanden sind,

können wir noch so viel Integration und Kognition haben – es entsteht dennoch keinerlei Bewusstsein.
»Diese prä-phänomenalen Eigenschaften aber sind«, so könnte Kant zum Studenten flüstern, »bisher in keinem der Vorträge berührt worden. Da sie alle nur auf die Funktionen des Gehirns während der Wahrnehmung und Kognition von Gegenständen zielen. Nicht aber auf das Bewusstsein selbst und seine prä-phänomenalen Bedingungen, losgelöst von der post-phänomenalen Wahrnehmung und Kognition von Gegenständen.«

Mikro- und Makro-Bewusstsein

Noch haben die Neurowissenschaftler die Chance, Kant zu überzeugen. Den nächsten Vortrag hält Semir Zeki, der in London arbeitet. Er ist einer der Pioniere der Erforschung des visuellen Systems und visuellen Bewusstseins. Er beginnt damit, dass der visuelle Kortex nicht einheitlich ist und verschiedene Subregionen aufweist. Das führt zu der Frage, was diese Subregionen in Hinsicht auf das visuelle Bewusstsein bedeuten. So ist zum Beispiel die Subregion V4 für die Prozessierung verantwortlich, während die benachbarte Region V5 eher auf visuelle Bewegung reagiert.
Was passiert nun, wenn V4 und V5 ausfallen? Die Gruppe um Zeki hat Patienten mit isolierten Läsionen in genau diesen Regionen untersucht. Menschen mit einer isolierten Läsion in V4 sind farbenblind. Sie können alles sehen, Form und Bewegung. Nicht aber die Farben – dieses Syndrom hat in der Fachsprache den schönen Namen Achromatopsie.
Umgekehrt verhält es sich bei einer isolierten Läsion in V5. Hier können die Patienten die Farben sehen und auch die Form. Aber sie nehmen keinerlei Bewegung visuell wahr und sind somit in dieser Hinsicht blind, was als Akinetopsie beschrieben wird. Beide Gruppen, Patienten mit Läsionen in V4

oder V5, zeigen also eine sehr selektive Blindheit. Zeigen sie damit kein Bewusstsein mehr?, fragt Zeki in seinem imaginären Vortrag. Nein, denn sie nehmen ja immer noch sehr bewusst die anderen visuellen Eigenschaften wie Form wahr, nur eben nicht Farbe beziehungsweise Bewegung.
Aufgrund des selektiven Ausfalls einer spezifischen visuellen Eigenschaft aus dem Bewusstsein spricht Zeki von einem Mikro-Bewusstsein. Ein solches bezieht sich auf isolierte Eigenschaften wie eben Farbe oder Bewegung unabhängig von anderen. Untersuchungen bei gesunden Probanden zeigen nun, dass das Mikro-Bewusstsein von dem Grad der Aktivität in der entsprechenden Region abhängt. Wenn der Grad der Aktivität in zum Beispiel V4 oder V5 hoch genug ist, gelangen auch Farbe oder Bewegung in das Bewusstsein. Bedeutsam ist aber, dass diese und andere Regionen auch neuronale Aktivität zeigen, wenn wir die entsprechende Eigenschaft nicht bewusst wahrnehmen. Dies heißt, das Mikro-Bewusstsein unterliegt keinem Alles-oder-Nichts in Hinsicht auf die neuronale Aktivität der entsprechenden Region. Es wird eher durch ein Mehr-oder-Weniger an neuronaler Aktivität charakterisiert. Die genauen neuronalen Mechanismen, die den Zusammenhang dieses Mehr-oder-Weniger mit dem Bewusstsein regeln, sind bisher allerdings nicht bekannt.
Beziehen wir das auf Kants Gedankenwelt. Er würde sich an dieser Stelle fragen: Mikro-Bewusstsein wird durch ein Mehr-oder-Weniger an neuronaler Aktivität charakterisiert – wer aber legt dann die Schwelle fest, ab der das Mehr-oder-Weniger Bewusstsein generiert? Diese Schwelle muss doch durch das Gehirn selbst vorgegeben werden. Wie schon beim letzten Vortrag: Wir müssen zum Gehirn selbst zurück. Unabhängig von all den visuellen und kognitiven Stimuli, mit denen die heutigen Forscher das arme Gehirn malträtieren.
Das Mehr-oder-Weniger der neuronalen Aktivität in der ent-

sprechenden Region ist nicht der einzige neuronale Mechanismus, fährt Zeki fort. Für die Generierung von Mikro-Bewusstsein ist auch die zeitliche Dimension entscheidend. Seine früheren Untersuchungen konnten zeigen, dass jede Region im Gehirn wie zum Beispiel V4 und V5 über ein spezifisches Zeitfenster verfügt, innerhalb dessen sie ihre Aktivität moduliert. Durch die spezifischen Zeitfenster der verschiedenen Regionen ergibt sich eine bestimmte Sequenz, in der die entsprechenden Eigenschaften prozessiert werden. So nimmt man zum Beispiel Farbe zeitlich eher wahr als visuelle Bewegung. Diese intra-regionalen zeitlichen Charakteristika müssen von den inter-regionalen der *binding by synchronization* unterschieden werden.
Endlich, jetzt wird es spannend, sprudeln die Gedanken in einem aufgeregten Kant hervor. Jetzt kommen wir schlussendlich zu den intrinsischen Eigenschaften des Gehirns. Die von Zeki postulierten intra-regionalen zeitlichen Charakteristika müssen ja irgendwo herkommen. Sie kommen bestimmt nicht von Gott. Und sie können auch nicht von den sensorischen Stimuli selbst stammen, denn deren Prozessierung im visuellen Kortex und seinen Regionen setzt ja genau diese intra-regionalen zeitlichen Charakteristika voraus. Zeki verweist uns also auf das Gehirn selbst, auf seine intrinsischen Eigenschaften, die die Prozessierung der extrinsischen Stimuli bedingen und somit prädisponieren. Endlich mal jemand, der sich vom Gegenstand des Bewusstseins loslöst und, wenn auch nicht zum Bewusstsein selbst, so doch zumindest zum Gehirn selbst zurückgeht.
Kant ist hellwach für alles Weitere. Da das Gehirn viele verschiedene Regionen aufweist, so Zeki, haben wir auch verschiedene »Mikro-Bewusstseine«. Sie entsprechen den verschiedenen Eigenschaften wie Farbe, Form, Bewegung und so weiter. Durch die Verbindung dieser verschiedenen Eigenschaften entstehen dann Objekte und Ereignisse im Bewusst-

sein. Die verschiedenen Mikro-Bewusstseine werden zu einem Bewusstsein verknüpft. Es entsteht das, was Zeki Makro-Bewusstsein nennt. Da sich das Makro-Bewusstsein aus verschiedenen Mikro-Bewusstseinen zusammensetzt, steht es in der zeitlichen Hierarchie nach diesen. Zunächst also Mikro-Bewusstsein, dann Makro-Bewusstsein.
Das lässt sich mit einem Hausbau vergleichen: Sie bauen die Wände, setzen Stein auf Stein. Jeder Stein ist etwas unterschiedlich in der Farbe, da Sie als Bauherr auf der Wand als Ganzer einen bestimmten Farbeffekt von Rot nach Blau übergehend anstreben. Dafür muss jeder Stein einen bestimmten Farbton aufweisen. Jeder Stein entspricht einem Mikro-Bewusstsein. Sie arbeiten sich Stein um Stein vor, und am Ende steht die Wand, die Vorderwand des Hauses. Wie gewollt haben Sie den ästhetischen Effekt des kontinuierlichen Übergangs von Rot nach Blau. Die Wand entspricht dem Makro-Bewusstsein. Und ist, logischerweise, dem einzelnen Stein, dem Mikro-Bewusstsein, zeitlich nachstehend. Mikro vor Makro. Das gilt nicht nur für Steine und Wände, sondern eben auch für das Bewusstsein, wie Zeki es sieht.

Gefährliche Verwechslung

Niemand allerdings baut nur eine Wand. Meist sind es vier, in unserer Analogie vier verschiedene, jeweils mit einem entsprechenden Farbeffekt. Alle vier Wände (plus ein Dach) ergeben zusammengefügt ein Ganzes, ein Haus. Die verschiedenen Makro-Bewusstseine werden also zu einem Ganzen zusammengebracht, zu einem einheitlichen Bewusstsein, wie Zeki es nennt. Also nochmals: Steine = Mikro-Bewusstsein, Wand = Makro-Bewusstsein, Haus = einheitliches Bewusstsein.
Was aber ist nun das einheitliche Bewusstsein beziehungsweise die Einheit des Bewusstseins? Dieses einheitliche Bewusstsein

ist die Person, die das wahrnimmt, was in ihrem Mikro- und Makro-Bewusstsein erscheint. Die Person stellt also letztendlich das einheitliche Bewusstsein dar. Dies ist nun auch der Berührungspunkt mit Immanuel Kant, so sagt es Zeki – und Kant schreckt auf, als er seinen Namen hört. Kant, so heißt es, spricht bereits vor über zweihundert Jahren von einer Synthese des Bewusstseins, die er Einbildungskraft nennt, und einer Einheit des Bewusstseins. Die von Zeki dargestellten neuronalen Prozesse des Mikro- und Makro-Bewusstseins entsprechen dem, was Kant Synthese und Einbildungskraft nennt. Sie ermöglichen die Konstitution von Bewusstsein, spezieller: Mikro- und Makro-Bewusstsein.

Kant ist erstaunt: Ein Neurowissenschaftler, der sich in die Philosophie vorwagt. Ganz schön mutig. Aber so weit stimmt es: Was Zeki Mikro- und Makro-Bewusstsein nennt, entspricht dem, was bei Kant empirisches Bewusstsein heißt. Empirisches Bewusstsein bezieht sich immer auf die Objekte und Ereignisse des Bewusstseins. So wie sie uns in der empirischen Welt erscheinen. Daher eben empirisches Bewusstsein. Ein solches muss von dem reinen oder puren Bewusstsein, das nicht durch Gegenstände verunreinigt ist, unterschieden werden. Das reine oder pure Bewusstsein ist daher empirisch und muss, Sie erinnern sich an den ersten Teil des Buches, als transzendentales Bewusstsein bezeichnet werden.

Wie Kant nimmt auch Zeki ein einheitliches Bewusstsein an, das vom Mikro- und Makro-Bewusstsein unterschieden werden muss. Ein solches einheitliches Bewusstsein entspricht dem, was Kant als transzendentales Bewusstsein bezeichnet. So weit stimmen also beide überein. Allerdings stimmt Zeki nicht zu, dass ein solches einheitliches Bewusstsein beziehungsweise transzendentales Bewusstsein notwendig für Mikro- und Makro-Bewusstsein ist. Denn wir können auch Mikro- und Makro-Bewusstsein aufweisen, ohne es einer bestimmten Person, also uns selbst, und somit einem einheitlichen Bewusstsein zuordnen zu müssen. Dies ist zum Beispiel der Fall in der Schizophrenie. Hier erleben die Patienten bestimmte Objekte und Ereignisse in ihrem Mikro- und Makro-Bewusstsein, ohne dass sie diese sich selbst als erlebender Person zuordnen. So kann es zum Beispiel sein, dass sie das Gefühl haben, dass eine andere Person die Gegenstände in ihrem Mikro- und Makro-Bewusstsein erlebt.

Kant ist aufgewühlt: Woher kommt nun das Bewusstsein im Mikro- und Makro-Bewusstsein in Zekis Theorie? Mikro-Bewusstsein bezieht sich auf Eigenschaften von Gegenständen, während Makro-Bewusstsein ganze Gegenstände beschreibt. Wie aber kommt Bewusstsein zu den Eigenschaften der Gegenstände beziehungsweise zu den Gegenständen, sodass schließlich Mikro- und Makro-Bewusstsein entsteht? Dafür muss nach Kant ein transzendentales Bewusstsein, das reine oder pure Bewusstsein, bereits vorhanden sein. Nur durch dieses gelangen die von Zeki postulierten Mikro-Eigenschaften und Makro-Gegenstände ins Bewusstsein. Zeki allerdings nimmt an, dass das einheitliche Bewusstsein dem Mikro- und Makro-Bewusstsein nicht vorhergeht, wie Kant es sagt, sondern zeitlich nachgeordnet ist. Dann aber bleibt fraglich, wie die Eigenschaften der Gegenstände und die Gegenstände mit Bewusstsein assoziiert werden und Mikro- und Makro-Bewusstsein entstehen. Kurz, es bleibt unklar, wie Bewusstsein zu Mikro- und Makro-Bewusstsein kommt.

Kommen wir noch einmal zurück auf Zeki und seine Sicht auf Kant. Kant, so Zeki weiter, hat das Bewusstsein im Mikro- und Makro-Bewusstsein auf das transzendentale Bewusstsein zurückgeführt. Nach Kant müssten alle Mikro-Eigenschaften und Makro-Gegenstände mit dem transzendentalen Bewusstsein verbunden werden. Diese notwendige Beziehung verneint Zeki jedoch. Genauso wie auch Kants Annahme, dass das transzendentale Bewusstsein und somit das einheitliche Bewusstsein zeitlich vor Mikro- und Makro-Bewusstsein auftritt. Es ist umgekehrt. Erst Mikro-Bewusstsein, dann Makro-Bewusstsein und ganz zuletzt schließlich einheitliches Bewusstsein.

Woher aber kommt dann das Bewusstsein im Mikro- und Makro-Bewusstsein? Zeki ist auf der Spur, der drängenden Frage von Kant nachzugehen. Er nimmt an, dass bestimme kortikale Programme in den verschiedenen Regionen des Gehirns vorliegen, und zwar vor jeglicher Stimulation dieser Hirnregion durch äußere Stimuli. Wie ein Computerprogramm bestimmte Prozessierungen durchführen kann, bestimmt auch das kortikale Programm jeder Region, was und wie sie prozessieren kann und was nicht. So weisen zum Beispiel V4 und V5 offenbar spezifische kortikale Programme für Farbe und Bewegung auf, die sie prädisponieren, ein Mikro-Bewusstsein der entsprechenden Eigenschaften zu generieren. Ganz am Anfang kommen also die kortikalen Programme, die die Grundlage jeglichen Mikro-Bewusstseins (und letztendlich dann auch des Makro-Bewusstseins und des einheitlichen Bewusstseins) darstellen.

Kants Bewusstsein läuft jetzt auf Hochtouren. Schon wieder berührt ein Neurowissenschaftler, in diesem Fall Zeki, die intrinsischen Eigenschaften des Gehirns, denkt er sich. Was Zeki kortikale Programme nennt, scheint die intrinsischen Eigenschaften des Gehirns selbst, unabhängig von jeglichen extrinsischen Stimuli, zu berühren. Aber halt, hier fehlen ein paar wichtige Details. Denn das, was Zeki kortikales Programm nennt, scheint dem sehr nahe zu kommen, was Kant transzendentales Bewusstsein nennt. Für diese Verbindung müsste man aber die Eigenschaften der kortikalen Programme identifizieren, die das Auftreten von Bewusstsein bei der nachfolgenden Prozessierung von Stimuli ermöglichen und somit prädisponieren. Das jedoch führt uns zum Gehirn selbst und seinen intrinsischen Eigenschaften, unabhängig von seiner Prozessierung der verschiedenen Eigenschaften der extrinsischen Stimuli und dem daraus resultierenden Mikro- und Makro-Bewusstsein. Das könnte uns den Schlüssel dafür geben, warum beide, Mikro und Makro, mit Bewusstsein assoziiert werden. Müssen wir also zum Gehirn selbst zurück, zu seinen intrinsischen Eigenschaften, um die Einheit des Bewusstseins zu erfassen?

Komisch, durchfährt es Kant. Der Herr Zeki ist sehr schlau. Und dennoch glaubt er, dass das einheitliche Bewusstsein ganz zum Schluss kommt, nach Mikro- und Makro-Bewusstsein. Ganz am Ende der Kette, die seiner Ansicht nach offenbar mit den kortikalen Programmen beginnt. Zeki scheint auch das einheitliche Bewusstsein letztendlich durch die Gegenstände zu bestimmen. Als einen Supergegenstand, der am Ende aus der Zusammensetzung von Mikro- und Makro-Bewusstsein resultiert. Das aber heißt: Auch das einheitliche Bewusstsein ist rein empirisch bestimmt. Und nicht transzendental.

Genau das Gegenteil aber ist doch der Fall, denkt Kant weiter. Das einheitliche Bewusstsein, die Einheit des Bewusstseins, steht notwendigerweise am Anfang, nicht am Ende. Dazu aber muss es transzendental und nicht empirisch in der Form eines Supergegenstands bestimmt werden. Das einheitliche Bewusstsein führt uns in das Herz des Bewusstseins. Dieses Herz können wir aber nur im Gehirn selbst finden, in seinen intrinsischen Eigenschaften. Unabhängig von all den extrinsischen Stimuli und ihren Eigenschaften und Gegenständen, mit denen das Gehirn ständig bombardiert wird. Das Herz des Bewusstseins kann sich also nur im Gehirn selbst finden. Zurück zum Bewusstsein heißt also zurück zum Gehirn.

Dabei hilft mir mein Verstand, murmelt Kant in den Beifall für Zeki hinein. Der macht es mir möglich, Philosophie und Neurowissenschaften fein und säuberlich, ganz diszipliniert eben, voneinander zu trennen. »Denn«, so sagt Kant jetzt in der Pause zum Studenten, »man hat bei Zeki gesehen, wohin die fehlende Abgrenzung zwischen Philosophie und Neurowissenschaften führt. Nichts als Verwechslung zwischen transzendentalem und empirischem Bewusstsein. Herr Zeki kann aufgrund dieser Verwechslung nicht erklären, woher Bewusstsein im Mikro und Makro kommt. Meine Schlussfolgerung: Disziplin, Disziplin. Sie sehen bei Zeki, wie wichtig die klare und eindeutige Trennung zwischen Neurowissenschaften und Philosophie ist. Durch seine Verwechslung wird eine Erklärung der Ursprünge des Bewusstseins unmöglich gemacht. Tür abgeschlossen und Schlüssel verloren. Deswegen ist eine solche Verwechslung gefährlich. Sie werden Bewusstsein nicht in der empirischen Welt selbst finden. Es kann eben doch nur durch eine transzendentale Ebene erklärt werden, die sauber von der empirischen separiert ist. Und dafür muss die Philosophie fein und säuberlich von den Neurowissenschaften getrennt bleiben. Das Gehirn den Neurowissenschaftlern, das Bewusstsein den Philosophen. Disziplin statt Disziplinlosigkeit! Punkt.«

Schwingungen

Stabilität

Kant ist Zeit seines Lebens nie aus Königsberg herausgekommen. Weder hat er mal an einem anderen Ort gewohnt, noch ist er gereist. Kaum vorstellbar heutzutage im Zeitalter der globalen Mobilisierung. Die ganze Welt liegt uns heute zu Füßen. Nicht nur das Internet, sondern auch Flugzeuge und Hochgeschwindigkeitseisenbahnen erlauben uns, die Welt als globales Dorf zu betrachten. Zu Kants Zeit gibt es all das noch nicht. Da ist man auf die Pferdekutsche angewiesen. Für Kant ist also nicht die Welt ein globales Dorf, sondern Königsberg selbst. Wie bereits gesagt ist die Stadt durch ihren Hafen zu Kants Zeiten sehr international. Kant trifft hier auf Bürger und Durchfahrende verschiedenster Nationalitäten, der Ort ist multikulturell, wie wir heute sagen würden. Für Kant ist Königsberg ein globales Dorf.

Kant verlässt die Stadt aber nicht nur wegen der unbequemen Transportmittel nicht. Er lehnt es bewusst und aktiv ab, über die Grenzen seiner Heimatstadt hinauszugehen. Er hat Angebote von verschiedenen Universitäten wie Jena, Halle und Erlangen. Trotz zum Teil erheblich besserer Bedingungen lehnt er all diese Rufe, wie man es im akademischen Milieu nennt, ab. Nicht dass er schwerhörig ist. Nein, er will Königsberg schlichtweg nicht verlassen. Seine Heimatstadt ist ihm eben auch Lieblingsstadt.

Warum bleibt Kant dort hängen? Für ihn ist es nicht den Umständen geschuldet und somit kein »Hängenbleiben«. Nein, wie alles für ihn ist auch das eine bewusste Entscheidung. Er ist bestens eingebettet in die soziale und gesellschaftliche Welt in Königsberg. In jungen Jahren bewegt er sich als eleganter Magister philosophierend durch die höheren Kreise und ist das, was man heute wohl als Dandy bezeichnen würde. Später, in seinen mittleren und reifen Jahren, hat er einen sehr engen Freundeskreis, dem er stark verbunden ist und der ihm als lebenslangem Junggesellen Halt und Stabilität gibt.

Ein anderer Grund ist sicher Kants fragile Statur. Körperlich ist er nicht der Robusteste. Zu viel körperliche Anstrengung bekommt ihm und seinem Körper nicht. Und Reisen bedeutet damals noch viel mehr körperliche Anstrengung als heute. Stellen Sie sich einmal vor, mit der Kutsche und ihren eisenbeschlagenen Rädern über einen steingepflasterten Weg zu fahren, und das mehrere Tage lang. Hinterher werden Sie durchgeschüttelt sein und Ihre Knochen werden schmerzen. Da kann die Kutsche für uns heute noch so romantisch aussehen, zu Kants Zeit ist sie es mit Sicherheit nicht.

Kant ist sich der Notwendigkeit von Stabilität in seinem Leben bewusst. Sowohl in sozialer als auch in körperlicher Hinsicht. Deswegen bleibt er in Königsberg, das ist seine ganz persönliche Weitsicht. Stabilität durch Kontinuität in Raum und Zeit. Das kennzeichnet Kants persönliches Leben. Wie aber stabilisiert sich das Gehirn? Es wird ständig mit extrinsischen Stimuli der Außenwelt überschüttet. Schwer, da stabil zu bleiben. Kant stabilisiert sich, indem er sich in seinen Bedürfnissen an die Umwelt anpasst. Er will keinen Wechsel, da er den als schädlich für Körper und Geist ansieht. Das Gehirn hat das Bedürfnis, im Feuerhagel der Stimuli nicht unterzugehen. Was macht es? Es passt sich ebenfalls den Gegebenheiten der Umwelt an. Aber wie?

Persönliche Verbindungen

Die Neurowissenschaft ist eine sehr junge Disziplin. Anders als Physik und Chemie beginnt die wissenschaftliche Untersuchung des Gehirns nicht vor Mitte beziehungsweise Ende des 19. Jahrhunderts. Dabei fokussiert sich die Forschung zunächst vor allem auf sensorische und motorische Funktionen, nämlich darauf, wie das Gehirn Bewegungen steuert und hervorbringt. Einer der Pioniere hier ist der britische Neurologe Charles Sherrington (1857–1952). Er nimmt an, dass das Gehirn vorgefertigte Bahnen aufweist, deren Aktivität durch äußere Stimuli getriggert wird. Alles Weitere läuft dann vorherbestimmt und reflexhaft auf diesen Bahnen ab. Das Endresultat ist als motorischer Reflex zu beobachten, während die beobachtete Aktivität im Gehirn ausschließlich auf den entsprechenden Stimulus selbst zurückgeführt wird.

Einer seiner Schüler, Graham Brown, ist davon allerdings schon nicht mehr so überzeugt. Er bezweifelt die von seinem Lehrer vertretene automaten- und reflexähnliche Organisation des Gehirns. Bereits das Rückenmark selbst und dann natürlich auch das Gehirn zeigen eine gewisse Eigenaktivität, die unabhängig von äußeren Stimuli bleibt. Die durch den Stimulus ausgelöste Aktivität vermischt sich dann mit dieser Eigenaktivität des Gehirns. Was wir beobachten, die sogenannte stimulus-induzierte Aktivität, muss dann als Resultat dieser Vermischung betrachtet werden.

Das Gehirn ist nach dieser Ansicht nicht mehr ein bloßer Automat, dessen Bahnen durch die Stimuli in reflex-ähnlicher Weise benutzt und verwendet werden. Stattdessen leistet es selbst einen Beitrag zur Verarbeitung der Stimuli der Umwelt. Es ist nicht mehr vollständig durch die extrinsischen Eigenschaften der Stimuli von außen bestimmt. Sondern auch, zumindest zum Teil, durch seine intrinsischen Eigenschaften, die Eigenaktivität. Daher unterscheidet einer der führenden Neurowissenschaftler unserer Zeit, Markus E. Raichle von der Washington University in St. Louis, USA, auch zwischen intrinsischen und extrinsischen Auffassungen des Gehirns, denen man in der Wissenschaftsgeschichte begegnet.

Einwurf an dieser Stelle: Muss uns die Geschichte eigentlich noch interessieren? Zählt nicht allein die Gegenwart? Können wir die »ollen Kamellen« nicht vergessen? Aber, vor allem die Älteren unter Ihnen wissen das nur zu gut, Geschichte wiederholt sich gern. Nicht nur in der Politik, sondern auch in der Wissenschaft. So auch in den Neurowissenschaften. Der Gegensatz zwischen intrinsischer und extrinsischer Auffassung des Gehirns ist heute, in unserer Zeit, aktueller denn je.
Der bereits erwähnte Markus Raichle hat 2001 Untersuchungen publiziert, in denen er eine extrem hohe Eigenaktivität in einem bestimmten Set von Regionen aufzeigte. Regionen in der Mitte beziehungsweise Mittellinie des Gehirns zeigten einen sehr hohen Sauerstoffverbrauch, einen hohen Metabolismus, und eine starke neuronale Aktivität im Ruhezustand. Diese Regionen schließen den ventro- und dorsomedialen präfrontalen Kortex (VMPFC, DMPFC) sowie verschiedene Teile des cingulären Kortex (prägenual, supragenual, dorsal anterior, posterior) sowie den bilateral parietalen Kortex mit ein. Da diese hohe Aktivität ein rein intrinsisches Merkmal dieser Regionen ist und ihren Basiszustand beschreibt, spricht Raichle hier auch von einem *default-mode network* (DMN). Offenbar kann die intrinsisch hohe Ruhezustandsaktivität im DMN nur durch extrinsische Stimuli von ihrem hohen Ross heruntergeholt werden, zu gut Deutsch, erniedrigt werden.
Was aber passiert nun in diesen Regionen und ihrem hohen Ruhezustand? Die Ruhezustandsaktivität pendelt in ihrem Grad zwischen hohen und tiefen Schwingungen der neuronalen Aktivität. Sogenannte Fluktuationen, die in niedrigen Frequenzen, im Frequenzbereich zwischen 1 und 4 (Deltafrequenz) und 0,0001 bis 0,1 (ultraniedriger Frequenzbereich) fröhlich und heiter den Grad der neuronalen Ruhezustandsaktivität hin- und herschwingen lassen. Das passiert vor allem in den Regionen des *default-mode network*.

Der sogenannte intrinsische Ruhezustand des Gehirns ist also durch hohe Aktivität und niedrigfrequentes Hin- und Herschwingen der neuronalen Aktivität gekennzeichnet. Was aber passiert nun, wenn extrinsische Stimuli hinzukommen? Dann ist es erst einmal vorbei mit der Ruhe. Und auch mit den niedrigfrequenten Fluktuationen. Die Stimuli lassen das Gehirn nicht mehr in Ruhe schwingen. Jetzt muss es mehr und häufigere Wechsel seiner Aktivität zeigen, um die Stimuli angemessen zu prozessieren und zu integrieren. Was kann es tun? Es ändert einfach seine Fluktuationen und schwingt häufiger. Das ist das, was die Neurowissenschaftler als hochfrequentes Schwingen im Bereich zwischen 20 und 30 Hertz bezeichnen, die bereits erwähnten Gammafrequenzen.

Das Gehirn scheint also niedrig- und hochfrequente Fluktuationen aufzuweisen. In Ruhe schwingt es niedrigfrequent. Während einer Stimulation, im Aktivierungszustand, schwingt es hochfrequent. Entweder Ruhe und niedrigfrequent oder Aktivierung und hochfrequent. Das Gehirn scheint zwischen zwei Extremzuständen hin und her zu wechseln. Das klingt nicht sehr stabil. Kant würde das nie machen. Er lehnt jegliche Extremzustände ab und plädiert für das, was häufig als goldene Mitte umschrieben wird. Wie aber kann das Gehirn sich stabilisieren und seine goldene Mitte finden? Oder müsste es heißen: »neuronale Mitte«?

Kant stabilisiert sich, indem er in seinem Leben Kontinuität walten lässt. Räumlich-zeitliche Kontinuität. Immer dieselben Leute, Freunde und gesellschaftlichen Kreise. Kontinuität durch ganz persönliche Verbindungen also. Was aber sind die Verbindungen im Falle des Gehirns? Verbindungen zwischen den niedrig- und hochfrequenten Fluktuationen, zwischen Ruhe und Aktivität. Und wie könnte das Gehirn diese Verbindungen persönlich gestalten? Persönlich sind im Falle des Gehirns die niedrigfrequenten Schwingungen. Sie kenn-

zeichnen den Ruhezustand des Gehirns, spiegeln also gewissermaßen seine Persönlichkeit wider. Das Gehirn und seine Persönlichkeit? Komisch. Oder sollten wir lieber von »Neurönlichkeit« sprechen?
Charles Schröder und Peter Lakatos sind ein amerikanisch-ungarisches Forscherduo, das seit Langem in der Nähe von New York zusammenarbeitet. Nehmen wir an, sie treffen zur nachmittäglichen Kaffeezeit im allgemeinen Gewühl unserer Konferenz kurz auf Kant und den Studenten, wobei natürlich schnell eine kleine Debatte entstehen dürfte. Schröder und Lakatos haben viele Untersuchungen zu den Schwingungen des Gehirns, vor allem bei Ratten und Affen, durchgeführt. In einer Arbeit von 2008[20] haben sie den visuellen Kortex von zwei Makaken untersucht. Dabei haben sie die neuronale Aktivität der einzelnen Zellen gemessen, die sogenannte *multi-unit activity* (MUA). Darüber hinaus haben sie auch die Stärke der fluktuierenden Aktivität in verschiedenen Frequenzbereichen aufgezeichnet, die sogenannte *current source density* (CSD). Sie haben den Affen nun spezifische visuelle und auditorische Stimuli im Wechsel präsentiert. Dabei hatten die Tiere die Aufgabe, entweder die visuellen oder die auditorischen Stimuli durch Knopfdruck zu markieren. Das war der Vordergrund. Im Hintergrund liefen kontinuierlich visuelle und auditorische Stimuli in rhythmischer Form. Wie erwartet waren Aktivität (MUA) und Schwingungsstärke (CSD) im visuellen Kortex bei den visuellen Stimuli deutlich höher als bei den auditorischen. Wie hängt diese stimulus-induzierte hochfrequente Aktivität im Gammabereich nun mit der niedrigfrequenten des vorherigen Ruhezustandes zusammen? Das fragten sich Schröder und Lakatos und schauten auf die dem jeweiligen spezifischen Stimulus vorhergehende Aktivität, die Ruhezustandsaktivität, die durch niedrigfrequente Fluktuationen im Delta-Bereich, 1 bis 4 Hertz, gekennzeichnet war. Diese niedrigfrequenten

Fluktuationen im Ruhezustand weisen auf- und absteigende Phasen auf. Interessanterweise zeigte sich, dass die Stärke der höheren Frequenzen im Gammabereich während der Präsentation der Stimuli direkt von der Deltaphase im vorhergehenden Ruhezustand abhängig war. Die stärkste neuronale Aktivität (MUA) und Schwingungsstärke (CSD) während des Stimulus waren mit negativen Phasen der vorhergehenden Deltaschwingung im Ruhezustand verbunden. Im Gegensatz dazu waren die niedrigeren MUA und CSD mit den positiven Phasen des vorhergehenden Delta verknüpft. Dies galt für die visuellen Stimuli, während es bei den auditiven Stimuli genau umgekehrt war.

»Das ist alles schön und gut«, wird Kant dazu sagen. »Aber es hat doch weder etwas mit dem Verhalten noch mit dem Bewusstsein zu tun.«

Schröder und Lakatos sind um eine Antwort nicht verlegen: »Da haben Sie recht. Aber, und das ist wichtig, nur partiell. Sie haben recht: Bewusstsein bei den Affen können wir nicht untersuchen. Aber Verhalten, das geht. Daher haben wir in unserem Experiment auch die Reaktionszeit untersucht. Als die Zeit, die die Affen benötigten, um den Knopf zu drücken, wenn sie den gefragten Stimulus entdeckt und identifiziert hatten.«

Schröder und Lakatos erklären es näher. Sie haben eine Beziehung zwischen vorhergehender Deltaruhephase und Aktivitätsstärke im Gammabereich bei nachfolgenden Stimuli gefunden. Wenn diese Beziehung für das Verhalten relevant ist, sollte die Geschwindigkeit der Reaktion, also die Reaktionszeit, direkt von den Deltaruhephasen abhängen. Genau das war der Fall. Negative Deltaruhephasen gingen mit kürzeren Reaktionszeiten einher als positive. Hier ist es also umgekehrt zum täglichen Leben: Nicht positive, sondern negative Ruhephasen führen zu erhöhter Geschwindigkeit.

Und in einer solchen Ruhephase verschwinden die beiden Wissenschaftler auch schon zu anderen Kollegen und lassen Kant und den Studenten ins Gespräch vertieft zurück.

Was bedeuten diese Befunde in Hinsicht auf unsere Frage nach der Kontinuität? Das Gehirn scheint seine Extremzustände zu verbinden, es baut Brücken. Das macht es, indem es die hochfrequente Aktivität einfach mit den Phasen seiner niedrigfrequenten Aktivität verknüpft. Dadurch wird die niedrigfrequente Ruhezustandsaktivität mit der hochfrequenten stimulus-induzierten Aktivität verbunden. Aber das ist nicht alles. Das Gehirn passt Letztere an Erstere an. Nur wenn der Stimulus in einer bestimmten Weise an die Ruhe des Gehirns geknüpft ist, kann er eine starke Aktivität auslösen. Ganz schön geschickt, das Gehirn. Es modelliert den Stimulus und seine Aktivität in sich einfach nach seinen eigenen Vorstellungen, nach seiner Ruheaktivität und ihren Phasen.

Wenn das keine persönliche Verbindung ist! Im täglichen Leben drücken wir den Stempel der eigenen Persönlichkeit auf unsere Beziehungen mit anderen Personen. Genauso drückt sich der Ruhezustand als Stempel des Gehirns auf die Stimuli der Umwelt auf. Keine Chance für den Stimulus, dem Ruhezustand des Gehirns mitsamt seinen Deltaruhephasen zu entkommen. Hat das Gehirn also vielleicht doch eine Persönlichkeit und nicht nur eine bloße Neurönlichkeit?

Fragen wir weiter, wie sich das Gehirn durch eine solche persönliche Verbindung zwischen niedrig- und hochfrequenten Schwingungen stabilisiert. Stellen wir uns folgendes Szenario vor: Jedes Mal, wenn Sie morgens aus dem Haus kommen und vor die Tür treten, kommt einen Moment später der Postbote. Dies passiert jeden Morgen. Über Tage, Monate und Jahre hinweg (wie er das macht, muss hier ja zum Glück nicht diskutiert werden). Sie fangen an, sich darauf einzustellen, darauf zu bauen, und Sie genießen das morgendliche Ritual mehr und mehr. Es verleiht Ihnen psychische Stabilität, durch seine zeitlich-räumliche Kontinuität. Wenn der Postbote einmal nicht kommt, sind Sie besorgt und Sie können Ihren Morgen nicht mehr so richtig genießen. Dann merken Sie es erst so richtig: Sie haben durch räumlich-zeitliche Kontinuität eine Verbindung zum Postboten aufgebaut, die Sie stabilisiert.

Genauso das Gehirn. Es sieht gar nicht ein, sich durch einen Stimulus und seine hohe Frequenz aus der Ruhe bringen zu lassen. Im wahrsten Sinne des Wortes. Es sieht nicht ein, seine niedrigfrequenten Ruhephasen aufzugeben. Stattdessen bindet es den widerspenstigen Stimulus ein, es zähmt ihn sozusagen, indem es ihn an seine niedrigfrequenten Ruhephasen anbindet. Dadurch stellt das Gehirn selbst eine Verbindung zum Stimulus her. Diese ist ganz persönlich, oder eben neurönlich, da der Stimulus in die Ruhe des Gehirns eingebettet wird.

Durch diese Einbettung des Stimulus in die Ruhe (und nicht der Ruhe in den Stimulus) entsteht Kontinuität im Gehirn. Räumlich-zeitliche Kontinuität zwischen der Ruhe des Gehirns und der Aktivität des Stimulus. Durch die Ein- und Anbindung des Stimulus an die eigene Ruhe, den aktiven Ruhezustand mitsamt seiner Deltaphasen, schafft es das Gehirn, sich vom Stimulus nicht aus der Ruhe bringen zu lassen. Genauso wie Sie es gar nicht einsehen würden, sich auch durch wiederholtes Telefonklingeln aus der Ruhe für Ihren morgendlichen Schritt vor die Tür und die Begegnung mit dem Postboten bringen zu lassen. Nur wenn die Telefonanrufe zeitlich in Ihre morgendliche Routine passen, werden sie beantwortet. Ansonsten lassen Sie es klingeln und bleiben ruhig bei dem, was Sie morgens immer tun.

Anpassung

Wie reagiert Immanuel Kant darauf? Stabilität durch räumlich-zeitliche Kontinuität. Ja, mit Sicherheit, das würde er unterzeichnen. Aber was hat das mit Bewusstsein zu tun, würde er fragen. Es geht nur ums Gehirn. Räumlich-zeitliche Kontinuität im Gehirn. Zwischen Ruhe- und Aktivitätszustand des Gehirns. Alles schön und gut. Aber nur empirisch und daher nicht relevant für das Bewusstsein. Um das einzubeziehen, müssen wir nicht nur das Bewusstsein selbst anschauen, sondern auf die Voraussetzungen, die notwendigen Bedingungen der Möglichkeit des Bewusstseins zurückgehen: die sogenannten transzendentalen Bedingungen. Die aber können nicht im Gehirn selbst lokalisiert sein. Denn das hieße, transzendentale und empirische Bedingungen des Bewusstseins zu verwechseln und den gleichen Fehler wie David Hume und Samir Zeki zu begehen.

Neurowissenschaft und Hirnforschung? Schön und gut. Räumlich-zeitliche Kontinuität und persönliche Verbindungen des Gehirns? Auch wunderbar. Aber das ist und bleibt alles nur empirisch. Um Bewusstsein zu verstehen, müssen wir weg vom Empirischen und hin zum Transzendentalen. Das aber, so Kant, ist nur durch die Philosophie und nicht durch die Neurowissenschaft möglich. Und, noch wichtiger, durch die strenge Trennung beider.

»Eben noch Beziehung und Kontinuität, nun Trennung und Diskontinuität«, wirft der Student zwischen Kants laut geäußerte Gedanken. »Wie soll das bloß zusammengehen?«

»Gehirn und Bewusstsein passen eben nicht zusammen«, sagt Kant. »Und genau deswegen passen eben auch Natur- und Neurowissenschaft auf der einen und Philosophie auf der anderen Seite nicht zusammen.«

Das aber geht es dem Studenten viel zu schnell. Schauen wir doch einmal auf das Bewusstsein selbst und untersuchen es genauer, schlägt er vor. Also: Worum geht es beim Bewusstsein und was macht es so mysteriös? Bewusstsein ist einerseits Bewusstsein von Objekten oder Ereignissen: das empirische Bewusstsein. Das, so Kant, ist aber nur auf dem Boden eines vorhergehenden Bewusstseins möglich. Dieses stellt die Einheit für das empirische Bewusstsein zur Verfügung. Da diese Einheit des Bewusstseins von vornherein vorhanden sein muss, vor den Gegenständen des Bewusstseins, nennt Kant es transzendentales Bewusstsein.

Wie aber können wir das, was vorher da sein muss, die vorhergehende Einheit, näher beschreiben? Bevor Objekte oder Ereignisse der Umwelt in das Bewusstsein treten können, muss das Bewusstsein selbst eine Beziehung zur Umwelt aufgebaut haben. Stellen wir uns folgendes Beispiel vor. Wir bauen wieder mal ein Haus. Dabei montieren wir zuerst die Treppen und Fenster, danach die Wände. Wird das funktionieren? Selbstverständlich nicht, weil die Wände, innere wie äußere, die Voraussetzung für die Möglichkeit des Einbaus der Treppen und Fenster sind.

Was heißt das für das Bewusstsein? Die Wände des Hauses stellen eine Einheit, eine Form, Struktur oder Organisation dar, in die dann die Fenster und Treppen eingebaut werden können. Genauso im Falle des Bewusstseins: Das reine oder transzendentale Bewusstsein, wie Kant sagt, stellt die Wände zur Verfügung, die Form, Organisation oder Struktur, in die dann die spezifischen Objekte oder Ereignisse eingebaut werden.

Was aber sind die Wände im Falle des Bewusstseins? Kant sagt, dass der menschliche Geist, der Verstand mittels der sogenannten Kategorien diese Wände konstituiert und zur Verfügung stellt. Heute aber bezweifeln wir die Existenz eines in dieser Weise strukturierten menschlichen Verstandes mitsamt seinen Kategorien. Alles ist nur Gehirn, sagen wir. Gehirn statt Geist. Dennoch bauen wir weiterhin Häuser. Und die benötigen

Wände. Wie zu Kants Zeit braucht das Bewusstsein von zum Beispiel Häusern auch heute noch eine vorhergehende Einheit, die dem Bewusstsein Struktur, Organisation und Form verleiht. Wie die Wände des Hauses den Einbau von Fenstern und Treppen erlauben, machen die Wände des Bewusstseins die Einbettung von Objekten und Ereignissen in dasselbe erst möglich. Kurz: Das Bewusstsein vom Haus setzt die Wände des Bewusstseins voraus.

Wo aber finden wir eine solche vorhergehende Einheit, die Wände des Bewusstseins? Kant plädiert für Geist und Verstand. Heute finden wir nichts als Gehirn und graue Masse. Wo aber ist dann die vorhergehende Einheit? Wir haben eine gewisse Einheit im Gehirn selbst gefunden, Einheit im Ruhezustand, Einheit zwischen Ruhe- und Aktivitätszustand. Diese Einheiten wurden durch räumlich-zeitliche Kontinuität konstituiert.

Die Einheit aber, die die Wände des Bewusstseins konstituiert, kann hier nicht entdeckt werden. Bewusstsein von Gegenständen, die sich in der Welt befinden, setzt eine vorhergehende Beziehung zur Umwelt voraus. Wenn diese nicht gegeben ist, kann kein Bewusstsein entstehen und kein Gegenstand bewusst werden. Nun müssen wir klären, wie diese Beziehung zur Umwelt aussieht. Gehen wir zurück zum Beispiel der Wände. Die Wände stellen sowohl eine Ab- als auch eine Eingrenzung dar. Sie grenzen das Haus von der umliegenden Umwelt ab. Und sie grenzen das Territorium innerhalb des Hauses ein.

Gleichzeitig aber muss das Haus sich auch den Gegebenheiten der Umwelt anpassen. Wenn das Territorium hügelig ist, muss entsprechend gebaut werden, was dann unter Umständen Rückwirkungen auf die Art der Treppen und Fenster, die eingebaut werden können, hat. Die Wände des Hauses müssen sich also der Umgebung anpassen. Daran führt kein Weg

vorbei, sonst steht das Haus auf wackligen Füßen und das Bewusstsein auf einem wackligen Gehirn.
Das Haus steht also in einer doppelten Beziehung zur Umwelt: Anpassung einerseits, Abgrenzung andererseits. Genauso das Bewusstsein: Es ist an die Umwelt angepasst, weist eine enge Beziehung zum Äußeren auf. Denn erst die macht es möglich, dass Bewusstsein sich spezifische Gegenstände einverleiben kann. Gleichzeitig aber ist das Bewusstsein eben auch ab- und eingrenzend, indem es seinen Inhaber von anderen abgrenzt und ihn selbst eingrenzt. Bewusstsein ist in dieser Hinsicht wie ein Haus, sowohl angepasst als auch ab- sowie eingrenzend.
Wie aber kann nun eine solche doppelte Beziehung zur Umwelt, Anpassung und Ab- und Eingrenzung, konstituiert werden? Kant sagte, es ist der Verstand, der das ermöglicht. Wir sagen heute, es ist das Gehirn. Kant benennt den Verstand, der mittels seiner Kategorien eine solche doppelte Beziehung zur Umwelt herstellt. Was aber sind die Kategorien des Gehirns? Die Kategorien, die das Gehirn in Beziehung zur Umwelt treten lassen und es sowohl an die Umwelt anpassen als auch ab- und eingrenzend wirken?

Beziehungsformen

Unser amerikanisch-ungarisches Forscherduo, Schröder und Lakatos, kommt im partyartigen Geplauder auf den Fluren des Kongressgebäudes noch einmal vorbei, um sich ins Gespräch zwischen Kant und dem Studenten einzuschalten. Sie unterscheiden zwei verschiedene Formen der Beziehung zwischen Umwelt und Gehirn. Sie sprechen von einem rhythmischen und einem kontinuierlichen Modus in der Funktionsweise des Gehirns in Hinsicht auf die Umwelt.
Lassen Sie uns zuerst den rhythmischen Modus erklären. Unser Gehirn erhält kontinuierlich Zufluss an Stimuli aus der

Umwelt. Selbst wenn wir unsere Augen schließen, sind immer noch die Türen der anderen Sinne (auditorisch, taktil, olfaktorisch, gustatorisch) offen. Und, ganz wichtig, sie können auch niemals ganz geschlossen werden. Es gibt keinen Schlüssel, um diese sensorischen Türen zu schließen. Dadurch ist das Gehirn ständig den verschiedenen Stimuli der Umwelt ausgesetzt. Wie kann es mit diesem kontinuierlichen Bombardement umgehen? Ignorieren und so tun, als ob nichts passieren würde? Dann würde das Gehirn einfach fröhlich in seinem Ruhezustand verharren. Es wäre autistisch, wenn man so will, es würde durch seine soziale Umwelt nicht mehr berührt.

Oder das Gehirn kann sich anpassen und seine eigene Aktivität nach der der Umwelt ausrichten. Genau das passiert, so Schröder und Lakatos, im rhythmischen Modus. Die Stimuli der Umwelt werden in einer bestimmten Frequenz präsentiert und das Gehirn versucht sich in seiner Aktivität an diese Frequenz anzupassen. Das funktioniert am ehesten dadurch, dass es seine eigene Frequenz der Aktivität an der Frequenz der Stimuli ausrichtet. Wir haben gesehen, dass das Gehirn selbst, im sogenannten Ruhezustand, vor allem niedrigfrequente Schwingungen seiner Aktivität aufweist. In Ruhe schwingt das Gehirn in seiner Aktivität im Bereich zwischen 0,0001 und 4 Hertz. Ein entspanntes, heiteres Schwingen.

Aber dieses Schwingen ist nicht nur heiter, sondern anpassend, so Schröder und Lakatos. Sie erinnern an das vorhergehende Experiment bei den Affen. Dort wurden neben dem Vordergrundstimulus auch Hintergrundstimuli präsentiert, um das ansonsten ruhende Gehirn in die richtige Schwingung zu bringen. Es passt seine Schwingung an die Umweltschwingungen an, was es ihm wiederum ermöglicht, die spezifischen Stimuli der Umwelt, die Vordergrundstimuli, entsprechend zu verarbeiten. Das Gehirn befindet sich also im Rhythmus mit der Umwelt. Gehirnaktivität und Umweltstimuli schwingen in gleicher

Weise. Zum Beispiel in der Frequenz zwischen 1 bis 4 Hertz, der Deltafrequenz. Diese gemeinsame rhythmische Schwingung zwischen Umwelt und Gehirn ermöglicht es dem Gehirn, sich die spezifischen Stimuli der Umwelt einzuverleiben, um sich anzupassen. Ganz schön clever, das Gehirn. Da greift es den Rhythmus der Umwelt und seiner Stimuli auf und passt sich mit seinen Schwingungen beziehungsweise Deltaphasen an diese an.

Wir haben dies bisher nur beim Affen geschildert. Sind dieselben neuronalen Mechanismen auch beim Menschen vorhanden? In Zusammenarbeit mit Kollegen in Ungarn hat Lakatos[21] das folgende Experiment bei Menschen durchgeführt, bei dem elektrische Aktivitäten mittels EEG gemessen wurden. Die Probanden mussten auf einen Zielton reagieren und einen Mausklick tätigen, dabei wurde die Reaktionszeit gemessen. Vor dem Zielton wurden verschiedene Stimuli präsentiert. Sie zeigten unterschiedliche Wahrscheinlichkeiten (10 Prozent, 37 Prozent, 64 Prozent, 91 Prozent) des nachfolgenden Auftretens des Zieltones an. Entsprechend der angegebenen Wahrscheinlichkeit folgte dann der Zielton oder eben auch nicht.

Was sind die Ergebnisse? Wieder geht es um langsame Frequenzen im Deltabereich, 1 bis 4 Hertz, und ihre Phasen. Es zeigte sich, dass der Beginn des Zieltones direkt in Verbindung mit der Deltaphase, speziell zur negativen Phase, steht, die erhöhte Erregbarkeit anzeigt beziehungsweise indiziert. Interessanterweise war diese Zielton-Deltaphasen-Beziehung am stärksten bei den Zieltönen, denen Töne mit hoher Wahrscheinlichkeit (64 Prozent, 91 Prozent) vorhergingen: Je größer die Wahrscheinlichkeit des Auftretens des Zieltones, desto stärker dessen nachfolgende Bindung zur Deltaphase des Gehirns. Diese Befunde zeigen, dass offenbar das Gehirn seine Deltaphasen nach der Frequenz beziehungsweise der Wahrscheinlichkeit des Auftretens von Stimuli in der Umwelt moduliert. Das Gehirn passt sich in den Schwingungen in seiner Ruheaktivität, der Deltafrequenz, an die statistischen Schwingungen der Stimuli in der Umwelt an.

Nun könnte man sagen, dass diese Anpassung nichts mit der Ruheaktivität des Gehirns zu tun hatte, da ja der Zielstimulus präsentiert wurde. Es ist aber nicht nur das Gehirn im Allgemeinen ganz schön clever, sondern auch das von Lakatos im Speziellen. Er hat die Stimuli, die die Wahrscheinlichkeit indizierten, ohne nachfolgenden Zielstimulus präsentiert beziehungsweise später erscheinen lassen. Da dann immer noch das gleiche Muster, die Bindung an die Deltaphasen, auftrat, kann das nur auf die Aktivität des Gehirns und nicht auf den Stimulus selbst, den Zielton, zurückgeführt werden. Die Deltaphasen waren an den erwarteten Beginn des Zielstimulus gebunden, der aber, wie gesagt, nicht präsentiert wurde. Dies zeigt, dass das Gehirn seine Deltaphasen-Frequenz nach der Frequenz beziehungsweise Wahrscheinlichkeit des Auftretens der Stimuli in der Umwelt ausrichtet.

Wie wirkt sich diese Bindung der Gehirnschwingungen an die der Umwelt auf das Verhalten aus? Oben beim Affen haben wir gesehen, dass eine bessere Verbindung von niedrig- und hochfrequenten Schwingungen im Gehirn zu einer Beschleunigung der Reaktionszeiten führte. Wie beim Affen, so auch beim Menschen: Je besser die Deltaphasen des Gehirns an die Frequenz beziehungsweise Wahrscheinlichkeit der Stimuli gebunden waren, desto kürzer die Reaktionszeiten. Eine bessere Bindung des Gehirns an die Umwelt ging also mit einer schnelleren Reaktion auf deren Stimuli einher.

Aber das Gehirn besteht nicht nur aus Frequenzen, sondern auch aus Regionen. Wir haben beim Ruhezustand des Gehirns gesehen, dass bestimmte Regionen, die Mittellinienstrukturen, eine besonders hohe Aktivität im Ruhezustand zeigen. Sie erinnern sich: Wenn die Hypothese stimmt, dass sich die Ruheaktivität des Gehirns an die Umweltaktivität (die Stimuli) anpasst, dann sollte die Anpassung in den Mittellinienstrukturen besonders hoch sein. Das scheint offenbar tatsächlich der Fall zu sein. In der beschriebenen EEG-Studie konnte die Beziehung zwischen Stimulus und Deltaphasen nur in den Elektroden in der Mittellinie beobachtet werden, nicht aber in anderen. Obwohl sehr vorläufig, weist dies darauf hin, dass die Mittellinienstrukturen möglicherweise eine besondere Rolle in der Herstellung der Umwelt-Gehirn-Beziehung spielen. Das aber ist zum jetzigen Zeitpunkt eher spekulativ und erfordert noch viele Untersuchungen.

Was aber, wenn die Stimuli der Umwelt keinen bestimmten Rhythmus in ihrer Frequenz aufweisen? Dann kann das Gehirn nicht mehr einfach seine niedrige Frequenz mitsamt ihren Phasen an die rhythmische Struktur der Stimuli aus der Umwelt anpassen. Die Anpassung der Gehirnaktivität an die Schwingungen der Umwelt zielt dann ins Leere. Was nun? Das Gehirn kann nun nicht mehr seine eigene niedrigfrequente Ruheaktivität verwenden. Die steht jetzt eher im Wege. Stattdessen muss es sich auf die spezifischen Stimuli selbst und eine hochfrequente Aktivität im Gammabereich konzentrieren. Also koordiniert das Gehirn die niedrigfrequenten Fluktuationen jetzt nicht mehr mit den hochfrequenten, sondern unterdrückt die Ersteren, damit sich Letztere frei und weitläufig bewegen können. Genau das ist der Fall in dem Modus der Funktionsweise des Gehirns, den Schröder und Lakatos »kontinuierlichen Modus« nennen: Anders als im rhythmischen Modus kann das Gehirn im kontinuierlichen Modus nicht mehr auf die rhythmische Struktur der Umweltstimuli zurückgreifen, sondern muss selbst kontinuierlich aktiv sein, um spezifische Stimuli zu prozessieren.

Lassen Sie uns bis hierhin alles noch einmal zusammenfassen. Das Gehirn passt sich in seiner Funktionsweise an den jeweiligen Zustand der Umwelt an. Wenn die Umwelt rhythmisch in ihren Stimuli ist, ist das Gehirn auch rhythmisch in seinen Phasen. Die rhythmische Statistik der Stimuli wird dann direkt in die rhythmische Statistik der neuronalen Aktivität umgesetzt. Das Gehirn passt sich an die Umwelt an. Anpassung ist somit eine der Formen der doppelten Beziehung zwischen Gehirn und Umwelt. Sie ist sichtbar im rhythmischen Modus des Gehirns.

Anpassung aber scheint mit Ab- und Eingrenzung einherzugehen. Ab- und Eingrenzung dominieren, wenn die Umwelt keinen Rhythmus vorgibt. Dann ist das Gehirn auf sich selbst gestellt und muss in einen kontinuierlichen Modus wechseln. Auch das ist Anpassung. Anpassung an die fehlende rhythmische Struktur der Umwelt durch Ein- und Abgrenzung. Die fehlenden Vorgaben der Umwelt werden hier also durch kontinuierliche Eigenaktivität wettgemacht beziehungsweise kompensiert. Die Stimuli der Umwelt werden nun nicht mehr durch Integration in den Ruhezustand prozessiert, sondern durch Erhöhung der kontinuierlichen Eigenaktivität, die sogenannte stimulus-induzierte Aktivität, verarbeitet.

Das macht Kant offenbar genauso. Wie die Deltaphasen an die Stimuli der Umwelt passt sich auch Kants Ruhezustand an die Königsberger Welt an. Deswegen wohl will er seine Stadt niemals verlassen. Innerhalb dieser auf Anpassung angelegten Einbettung grenzt er sich dann sehr stark ein und ab. Das ermöglicht es ihm, seine Philosophie zu entwickeln, die weit über ihn selbst und Königsberg hinausgeht. Genauso das Gehirn: Durch die doppelte Anpassung an die Umwelt im rhythmischen und kontinuierlichen Modus stabilisiert es sich offenbar. Stabilität durch Anpassung. Und dadurch, genauso wie Kant in seinen Werken, kann das Gehirn über sich selbst hinausgehen und Bewusstsein produzieren.

Bewusstseinsschwingungen

Nun aber hören wir Kant schimpfen: »Alles gut und schön. Das mag ja stimmen, Anpassung durch Stabilität und Über-sich-Hinausgehen durch Anpassung. Das stimmt für mich und meine Biografie. Nicht aber für das Gehirn! Und schon gar nicht für seine Beziehung zum Bewusstsein. Denn bisher haben wir noch immer nichts über das Bewusstsein gehört. Nur, wenn wir Bewusstsein sowohl mit niedrigfrequenten Fluktuationen im Gehirn als auch den Umweltschwingungen verbinden, könnten die eben gehörten Hypothesen etwas über das Bewusstsein aussagen.«

Kant hat Glück, und wir mit ihm. Denn dieser Frage hat sich der finnische Forscher Monto angenommen.[22] Und natürlich spaziert auch er durch die Gänge des Berliner Konferenzzentrums, immer auf der Suche nach interessanten Gesprächspartnern, wie es sie am späten Nachmittag der langsam ausklingenden Konferenz zuhauf gibt. Da begegnet er Kant und seinem Studenten und erzählt ihnen von seinen neuesten Studien. Monto untersuchte, wie menschliche Probanden taktile Stimuli an ihrem rechten Zeigefinger bewusst wahrnehmen. Dabei wurde die Stärke des taktilen Reizes so variiert, dass die Probanden in 50 Prozent der Fälle die Stimulation nicht bewusst wahrnehmen konnten – sie sollten aber mitteilen, ob sie etwas spüren. Gleichzeitig wurden im EEG die extrem langsamen Frequenzen im Bereich zwischen 0,01 und 0,1 Hertz gemessen.

Wie hängen nun diese niedrigen Frequenzen mit der bewussten Wahrnehmung des taktilen Stimulus zusammen? Interessanterweise war die Wahrscheinlichkeit einer richtigen bewussten Wahrnehmung des Reizes am größten, wenn er in die aufsteigende Phase der niedrigfrequenten Schwingungen fiel. Umgekehrt waren Fehler in der Detektion der bewussten Wahrnehmung des Reizes am größten, wenn der Reiz in die absteigende Phase fiel. Anders als die auf- und absteigenden Phasen konnten weder die Amplitude noch der genaue zeitliche Beginn und Verlauf der niedrigfrequenten Schwingungen richtige und falsche Wahrnehmung vorhersagen. Dies zeigt eindeutig, dass die niedrigfrequenten Schwingungen des Gehirns, speziell ihre Phasen, eine direkte Bedeutung für das Bewusstsein haben: Je besser der Zielreiz zeitlich mit spezifischen Phasen der niedrigfrequenten Ruheaktivität des Gehirns koordiniert ist, desto größer ist die Wahrscheinlichkeit, dass der taktile Zielreiz bewusst wahrgenommen wird.

Neben dem Bewusstsein der taktilen Reize koordinieren die niedrigfrequenten Schwingungen auch die Stärke beziehungsweise Amplitude der hochfrequenten Schwingungen zwischen 1 und 40 Hertz. Diese Amplituden waren immer dann am höchsten und stärksten, wenn sie in die aufsteigende Phase der niedrigfrequenten Schwingungen (0,01 bis 0,1 Hertz) fielen. Während die Amplituden eher niedrig waren, wenn sie in den absteigenden Phasen der niedrigfrequenten Schwingungen auftraten. Die niedrigfrequenten Schwingungen scheinen also nicht nur den Ruhezustand zu dominieren, sondern auch einen erheblichen Einfluss auf beides, stimulus-induzierte Aktivität und Bewusstsein, auszuüben.

Wieder hören wir Kant kritisch mäkeln: »Diese Studie zeigt einen Zusammenhang zwischen niedrigfrequenten Schwingungen und den Gegenständen des Bewusstseins auf. Sie zeigt aber weder einen direkten Zusammenhang des Bewusstseins mit dem Ruhezustand des Gehirns noch seiner Beziehung zur Umwelt auf. Daher haben diese Ergebnisse lediglich empirische Bedeutung, sind aber transzendental insignifikant. Sie sagen nur etwas über das Gehirn aus, nicht aber über Bewusstsein selbst beziehungsweise das reine oder transzendentale Bewusstsein, die Einheit des Bewusstseins. Immer das Gleiche!«

»Nun aber mal Pause mit der Kritik, Herr Kant«, wirft der Student ein. »Sie tun den Forschern unrecht. Fassen wir doch noch einmal die wesentlichen Schritte zusammen: Die niedrigfrequenten Schwingungen koordinieren das Bewusstsein, das konnte die Studie von Monto zeigen. Und die niedrigfrequenten Schwingungen sind mit der Frequenz der Stimuli in der Umwelt koordiniert. Das zeigen die Befunde von Schröder und Lakatos. Außerdem ist der Ruhezustand des Gehirns selbst durch niedrigfrequente Schwingungen gekennzeichnet. Nun, Herr Kant, Sie sind doch der Meister der logischen Schlussfolgerung. Wenn Sie alle drei Befunde zusammen betrachten, kommen sie zu folgender Annahme: Die Phasen der niedrigfrequenten Schwingungen im Ruhezustand des Gehirns stellen die Wände im Haus des Bewusstseins dar, indem sie eine Einheit mit der Umwelt konstituieren. Wohingegen die Treppen und Fenster des Hauses des Bewusstseins dann den Gegenständen im Bewusstsein und somit der Stärke der stimulus-induzierten hochfrequenten Schwingungen im Gehirn entsprechen. Sie sehen also, wie transzendentales und empirisches Bewusstsein, Wände des Hauses und Bauteile im Haus, durch das Gehirn und seine Beziehung zur Umwelt konstituiert werden. Was Sie der Philosophie zuordnen, das reine oder transzendentale Bewusstsein, die Wände des Hauses, kann dann bestens durch die Neurowissenschaften erklärt werden.«

»Dann zeigen Sie mir bitte schön empirische Befunde für den direkten Zusammenhang zwischen der Frequenz der Umweltstimuli, der Frequenz der Ruheaktivität und reinem Bewusstsein. Sie müssen bei einer entsprechenden Studie beachten, dass sie sich nicht auf die Gegenstände des Bewusstseins fokussiert, sondern das Bewusstsein selbst erfasst. Das reine Bewusstsein beziehungsweise die Einheit des Bewusstseins.«

»Das aber«, der Student ist bestürzt, »ist doch unmöglich! Denn wir können Bewusstsein immer nur im Zusammenhang

mit seinen Gegenständen erfassen. Das reine oder transzendentale Bewusstsein, wie Sie es nennen, können wir ja nicht beobachten und es daher auch experimentell nicht untersuchen.«
»Ja«, schmunzelt Kant, »das sind eben die Grenzen der Beobachtung und der durch sie möglichen Erkenntnis. Und somit auch diejenigen der empirischen Forschung im Allgemeinen sowie der Neurowissenschaften im Speziellen. An dieser Stelle kommen Sie nur mit der Philosophie weiter. Was nun, werter Herr Student?«

Hängematte

Einheit

Der Einheit kommt eine zentrale Bedeutung zu. Das wissen gerade die Deutschen nur zu gut. Als Deutschland noch geteilt war, gab es zwei Hälften, eine östliche und eine westliche. Beide waren durch eine Mauer getrennt und sollten eigentlich keinerlei Verbindungen haben. So war es gewünscht. Aber was zusammengehört, schafft sich Verbindungen. Zunächst persönlicher Art. Besucher aus dem westlichen Teil Deutschlands fuhren zu ihren Freunden und Verwandten im östlichen Teil. Das schaffte persönliche Verbindungen. Wo ein Wille, da ist auch ein Weg. Der räumte 1989/1990 die Hindernisse für eine politische Verbindung aus dem Weg. Die Einheit kam. Diese Einheit hat es ermöglicht, östliche und westliche Hälften wieder zusammenzuführen, wenn auch nicht immer ganz schmerzlos.

Auch Immanuel Kant kennt die Schmerzen der Zusammenführung zu einer Einheit nur zu gut. Er fühlt sich der Universität Königsberg persönlich verbunden, lehrt dort viel und erfolgreich. Am Ende seines für damalige Zeiten sehr langen Lebens kommt er auf die für heutige Zeiten unvorstellbare Anzahl von 268 Vorlesungssemestern an der Universität Königsberg: 54 in Logik/Mathematik, 49 in physischer Geografie, 46 in Ethik, 28 in Anthropologie, 24 in Theoretischer Physik, 20 in Mathematik, 16 in Recht, 12 in den enzyklopädischen Wissenschaften, 11 in Pädagogik, 4 in Mechanik, 2 in Mineralogie und 1 in Theologie. Weder die Anzahl der Vorlesungen noch die Breite der abgedeckten Fächer sind heute noch vorstellbar.

Lange aber dauert es, bis aus Kants Verbindung zur Universität Königsberg das geworden ist, was wir heute glauben, als solches wahrnehmen und erkennen zu können: eine Einheit von Königsberg und Kants Philosophie. Er bewirbt sich zweimal erfolglos, 1756 und 1758, um seine Wunschstelle, die Professur für Logik und Metaphysik. Dann schließlich bietet man ihm von Seiten der Universität eine Professur an. Das geschieht 1764, Kant ist bereits 40 Jahre alt. Damals ist das nicht mehr jung, vielleicht zu vergleichen mit der Schwelle, die man überschreitet, wenn man heutzutage 50 oder vielleicht sogar eher 60 Jahre wird.

Dennoch: endlich ein Angebot aus Königsberg. Ein Angebot, auf das er lange gewartet hat. Dann aber erfährt er genauer, worum es geht – und ist nicht erfreut. Im Gegenteil: Er ist erschrocken. Es ist das falsche Angebot! Die falsche Stelle! Er bekommt die Professur für Dichtkunst an der Universität Königsberg präsentiert. Stellen Sie sich das vor: Sie streben mit Leib und Seele die Stelle des Direktors der Presse- und Marketingabteilung in einem Unternehmen an und tun das auch kund. Und bekommen dann nach langem Warten ein Angebot für die Stelle des Direktors der Computerabteilung. Fühlen Sie sich ernst genommen? Höchstwahrscheinlich nicht. So muss es Kant auch gehen. Er fühlt sich veralbert. Und, mutigerweise, lehnt er die Stelle ab. Zudem andere, wie bereits gesagt, von den Universitäten in Jena, Halle und Erlangen. Er bewahrt seine Stabilität in Königsberg. Was tut Mensch nicht alles, um stabil zu bleiben?

Wann aber kommt es schließlich zur Einheit zwischen Kant und der Königsberger Universität? Im Rahmen einer Stellenrotation wird die Professur für Logik und Metaphysik, die er seit 1755 anstrebt, schließlich frei. Kant zögert nicht und greift zu. Endlich, im Alter von 46 Jahren, hat er seine Wunschstelle inne. 15 Jahre hat es gedauert, bis er und die Universität endgültig zusammenfinden. Eine lange Zeit, vor allem zur damaligen Zeit. 40 Jahre hat es bei den Deutschen gedauert, bis sie sich zur Einheit bereit fanden. Auch eine lange Zeit. Vor allem für die Familien, die durch die Mauer getrennt waren.

Einheit ist wichtig. Das wissen die Deutschen und das haben

wir bei Kant gesehen. Seine Berufung zum Professor hat offenbar die Kräfte freigesetzt, die es ihm ermöglichten, seine philosophischen Hauptwerke zu schreiben. Einheit gibt Kraft, die genutzt werden kann. Die ersehnte und feste Stelle, die er im Jahre 1770 antritt, bereitet offenbar den Boden für die Entwicklung seiner Gedanken, die dann in der *Kritik der reinen Vernunft* im Jahre 1781 münden.

Genauso in Deutschland. Die politische Einheit bereitete den Boden für den zum Teil noch immer andauernden Prozess des Zusammenwachsens. Ohne politische Einheit kein Zusammenwachsen. Es ist die Prädisposition, wie wir sagen würden. Oder die notwendigen Bedingungen der Möglichkeit, wie Kant es bezeichnet. Aber das ist eben nur die eine Hälfte. Die andere ist der Prozess des Zusammenwachsens selbst, der von seinem Boden, der politischen Einheit, zu unterscheiden ist.

Was sagt uns dies nun für das Bewusstsein? Anders als bei Kant und der Einheit Deutschlands fangen wir hier nicht am Anfangspunkt, sondern am Endpunkt an. Der Endpunkt ist unser Bewusstsein von Gegenständen und Objekten in der Welt. Das entspricht der *Kritik der reinen Vernunft* im Falle Kants und dem Zusammenwachsen der beiden Teile Deutschlands, wie es sich beispielsweise im Jahr 2050 darstellen wird. Nun stellen Sie sich weiter vor, dass Sie im Jahr 2050 Ihr Gedächtnis verloren haben und nicht mehr wissen, wie es zur Einheit kam. Genauso wie Kant eventuell im Jahre 1781, als seine *Kritik der reinen Vernunft* erscheint, nicht mehr weiß, was Jahre zuvor geschah. Das ist die Situation, mit der wir im Falle des Bewusstseins konfrontiert sind. Wir haben keinen direkten Zugang zu dem Boden, den Voraussetzungen, die es ermöglichen, dass wir ein Bewusstsein von Objekten und Ereignissen in der Welt haben. Der Boden des Bewusstseins, das sind seine Voraussetzungen oder, wie Kant es sagt, die notwendigen Bedingungen seiner Möglichkeit.

Neuronale und statistische Einheiten

Erinnern wir uns. Im letzten Kapitel haben wir zunächst Befunde zur Verknüpfung der niedrigfrequenten Schwingungen im Ruhezustand des Gehirns mit den hochfrequenten des Stimulus diskutiert. Dabei scheinen Stärke und Amplitude der Letzteren durch die Phasen der Ersten bestimmt zu werden. Wenn man es so ausdrücken will: Die Phasen des Ruhezustands »entführen« die Power der stimulus-induzierten Aktivität. Das Gehirn und sein Ruhezustand schnappen sich den Stimulus. Neutralisierung durch Entführung und Einbettung. Was gewinnt das Gehirn dadurch? Räumlich-zeitliche Kontinuität zwischen der eigenen Ruheaktivität und dem, was der Stimulus im Gehirn macht und machen kann. Diese räumlich-zeitliche Kontinuität ist enorm wichtig für das Gehirn, weil sie ihm Stabilität verleiht und es sich somit durch das konstante Bombardement mit Stimuli nicht aus der Ruhe bringen lassen muss. Für das Gehirn stellen sich Entführung und Einbettung als Stabilitätsmaßnahmen dar. Diese Stabilität des eigenen Zustandes ist manifest in dem, was wir als Untersucher als Ruhezustand bezeichnen.

Wie aber stellen sich Entführung und Einbettung für uns als Beobachter des Gehirns dar? Für uns, die nur von außen auf das Gehirn und seine Regionen blicken können, kommt es zu einer Synchronisation der neuronalen Aktivität über verschiedene Zeitpunkte und Räume beziehungsweise Regionen hinweg. Davon haben Sie schon in früheren Kapiteln gehört, als es um neuronale Synchronisation als mögliches neuronales Korrelat des Bewusstseins ging.

Jetzt aber geht es um Einheit, den Begriff oder das Konzept der Einheit. Die Synchronisation der neuronalen Aktivität führt zu einer Einheit im Gehirn, die Aktivität verschiedener Regionen wird zu einem bestimmten Zeitpunkt gleichgeschaltet. Das

ist durch die Verknüpfung von niedrig- und hochfrequenten Aktivitätsschwingungen möglich. Die neuronalen Aktivitäten werden zu verschiedenen Zeitpunkten integriert und synchronisiert. Hierzu ist die bereits erwähnte funktionelle Konnektivität zwischen verschiedenen Regionen relevant. Gleichschaltung und Integration führen zu einer Synchronisation der neuronalen Aktivität. Und dies wiederum führt zu Einheit.
Diese Einheit ist eine rein neuronale oder neurophysiologische und somit im Gehirn selbst anzusiedeln. Wir sprechen hier also von einer neuronalen Einheit im Gehirn. Gegenwärtige philosophische Autoren wie Michael Tye und Tobias Schlicht argumentieren auch mit der neuronalen Einheit des Gehirns und unterscheiden sie von der phänomenalen Einheit des Bewusstseins. Warum? Die Einheit des Gehirns ist nicht phänomenal, sondern neuronal. Sie betrifft das Gehirn und nicht das Bewusstsein.
Wann kommt es schon einmal vor, dass der so kritische Kant zustimmen würde? Hier aber, das ist gut vorstellbar, würde er gewiss einwilligen. Er würde wohl das, was heutzutage als neuronale Einheit des Gehirns bezeichnet wird, als »empirische Einheit« beschreiben. Wohingegen er den Begriff der »phänomenalen Einheit« mit dem, was er als »transzendentale Einheit« bezeichnet, zusammenbringen würde. Dies aber nur, wenn die phänomenale Einheit wirklich als Einheit und nicht als bloße Zusammensetzung aus Teilen angesehen wird. Was Kant als transzendentale Einheit beschreibt, muss also intrinsisch einheitlich und nicht als extrinsische Einheit aus Teilen zusammengesetzt sein.
Wir haben im letzten Kapitel auch gesehen, dass die niedrigfrequenten Schwingungen im Gehirn ihre Phasen an die Schwingungen der extrinsischen Stimuli der Welt, ihre Frequenz und Wahrscheinlichkeit, anpassen. Die Rhythmik der Umwelt wird so in der Rhythmik des Gehirns fortgesetzt. Statistische Fre-

quenzen werden in neuronale Frequenzen übersetzt und umgewandelt. Dadurch passt sich das Gehirn in seinem Rhythmus dem Rhythmus der Umwelt an. Es entsteht eine Einheit zwischen Umwelt und Gehirn. Genauer gesagt, es ist eine zeitliche Einheit. Man muss aber vermuten, dass ähnliche Mechanismen auch am Werk sind, wenn es darum geht, ein räumliches Kontinuum, eine räumliche Rhythmik zwischen Gehirn und Welt zu schaffen. Wie die detailliertere Untersuchung der zeitlichen Rhythmik ist auch die Konstitution einer räumlichen Rhythmik zwischen Gehirn und Umwelt ein interessanter Gegenstand zukünftiger Forschungsarbeiten.

Fassen wir noch einmal zusammen. Offenbar wird eine statistisch basierte räumliche und zeitliche Einheit zwischen Gehirn und Umwelt konstituiert. Eine solche Einheit nenne ich »Umwelt-Gehirn-Einheit«. Anders als die neuronale Einheit des Gehirns betrifft diese Umwelt-Gehirn-Einheit nicht mehr nur ausschließlich das Gehirn selbst. Stattdessen spannt sie sich wie ein Netz zwischen Gehirn und Umwelt. Daher ist die Umwelt-Gehirn-Einheit auch nicht mehr rein neuronal, sondern eher statistisch: Die zeitliche und räumliche Frequenz der Stimuli in der Umwelt spiegelt die Wahrscheinlichkeit des Auftretens derselben wider. Und Wahrscheinlichkeit ist Statistik. Wenn sich das Gehirn nun mittels seiner niedrigfrequenten Schwingungen an die Wahrscheinlichkeit, die Statistik, der Stimuli in der Umwelt anpasst, muss die resultierende Einheit eine statistische sein. Die Umwelt-Gehirn-Einheit ist also eine statistische Einheit. Eine statistische Einheit, in der Gehirn und Umwelt zeitlich und räumlich im gleichen Rhythmus schwingen. Es entsteht damit eine räumlich-zeitliche Kontinuität zwischen Gehirn und Umwelt. Ein unsichtbares, in unserem Fall statistisches Band.

Nun hören wir Kant schon wieder kritisieren, das alles würde ihn langweilen, da es lediglich empirisch ist und daher ohne Bezug zum Bewusstsein.

»Nein«, könnte unser Student dem entgegenhalten, »das stimmt nicht. Die Befunde zeigen, dass die Umwelt-Gehirn-Einheit einen Einfluss auf das Bewusstsein hat.«
»Auf die Gegenstände des Bewusstseins, nicht auf das Bewusstsein selbst«, muss Kant, einmal mehr, erwidern.
»Nein, nein, ohne Umwelt-Gehirn-Einheit gäbe es überhaupt keine Möglichkeit für Bewusstsein«, setzt der Student entgegen. »Ohne eine Anpassung der niedrigfrequenten Schwingungen des Gehirns an die Frequenz und Statistik der Stimuli in der Umwelt könnte keinerlei Gegenstand ins Bewusstsein gelangen. Dann wäre überhaupt nicht die Möglichkeit eines Bewusstseins gegeben. Wie in einem Haus ohne Wände weder Treppe noch Fenster eingebaut werden könnten, wäre es dann auch unmöglich, Ereignisse und Gegenstände im Bewusstsein zu installieren. Die Umwelt-Gehirn-Einheit ist die Wand des Bewusstseins. Und genau das zeigt, dass die Umwelt-Gehirn-Einheit eine notwendige Bedingung für die Möglichkeit von Bewusstsein ist.«

Transzendentale Einheit und Statistik

Kant zeigt sich erstaunt: »Dann würde ja das, was hier als Umwelt-Gehirn-Einheit bezeichnet wird, mit dem korrespondieren, was ich als reine oder transzendentale Einheit des Bewusstseins beschreibe. Das Transzendentale wäre dann nichts als statistisch! Aber das wäre dann ja empirisch, oder?«
»Nein«, erläutert der Student. »Zumindest nicht in dem gleichen Sinne empirisch, wie es rein neuronale Zustände im Gehirn selbst sind. Kommen Sie mir also bitte nicht damit, dass ich mal wieder transzendental und empirisch und somit Sie und Hume verwechsle. Das ist hier eben gerade nicht der Fall. Deswegen unterscheide ich begrifflich die neuronale Einheit des Gehirns von der statistischen Umwelt-Gehirn-Einheit.«

»Und das, was Sie als statistische Umwelt-Gehirn-Einheit betrachten, wollen Sie jetzt mit der reinen, puren transzendentalen Einheit des Bewusstseins gleichsetzen?«

»Ja, genau das.«

»Aber halt«, hält Kant dagegen. »So einfach ist das nicht, weil die Eigenschaften der beider Einheiten, der statistischen und der transzendentalen, differieren.«

Schauen wir uns das genauer an. Wie könnten wir die Differenzen zwischen der statistischen Umwelt-Gehirn-Einheit des Studenten und Kants transzendentaler Einheit näher beschreiben? Zunächst, das liegt auf der Hand, betrifft die statistische Einheit die Beziehung zwischen Gehirn und Umwelt. Während Kants Einheit sich auf das Bewusstsein bezieht. Dies ist eine erste Unterscheidung. Außerdem ist die statistische Einheit selektiv, sie bezieht sich auf bestimmte Stimuli, solche, die vor allem rhythmisch sind und an die sich das Gehirn in seinen Frequenzen anpassen kann. Die transzendentale Einheit scheint hingegen non-selektiv zu sein. Sie gilt offenbar für alle Stimuli, da sie vor und unabhängig von allen Stimuli konstituiert wird, a priori würde Kant sagen.

Wir erinnern uns, dass Schröder und Lakatos zwei verschiedene Formen der Gehirn-Umwelt-Beziehung unterscheiden, den rhythmischen und den kontinuierlichen Modus. Das bedeutet, dass die statistische Umwelt-Gehirn-Einheit immer nur vorübergehend ist, sie kommt und geht, muss also als dynamisch bezeichnet werden. Hingegen ist die transzendentale Einheit von Kant offenbar schon immer da. Woher sie kommt, ist unklar. Klar ist aber, dass sie kontinuierlich vorhanden ist und somit nicht einem ständigen Wechsel unterliegt. Sie ist also statisch und nicht dynamisch.

Die Umwelt-Gehirn-Einheit ist statistisch. Denn sie basiert auf der Interaktion und Gleichschaltung von zwei verschiedenen Statistiken, der Statistik der Schwingungen der Fluktuationen des Gehirns und der Schwingungen der Stimuli der Umwelt. Kants transzendentale Einheit ist hingegen alles andere als statistisch und interaktiv. Sie ist rational, denn sie beruht auf den Prinzipien des Verstandes und der Vernunft, den Kategorien. Sie ist eher inaktiv denn interaktiv, da jegliche Interaktion mit der Umwelt die Reinheit der transzendentalen Einheit verschmutzt. Nur wenn wir Kants Kategorien des Verstandes in die Kategorien der Statistik übersetzen könnten, könnten wir auch eine direkte inhaltliche Beziehung zwischen Kants transzendentaler Einheit und der Umwelt-Gehirn-Einheit herstellen. Das aber bleibt Zukunftsmusik. Oder ehrlicher: statistisch-kategoriale Beziehungsarbeit.

Während die statistisch-kategoriale Beziehungsarbeit Zukunftsmusik ist, hören wir aktuell schon wieder die Stimme des unermüdlich weiter suchenden Studenten. Er verknüpft die statistische Umwelt-Gehirn-Einheit jetzt mit Begriffen, wie sie in der gegenwärtigen Philosophie des Geistes gehandelt werden. Der amerikanische Philosoph John Searle spricht zum Beispiel von einem *unified conscious field*, einem einheitlichen Bewusstseinsfeld. Dies kann nicht durch Bindung entstehen, stattdessen muss es immer schon da sein. Es wird quasi mit den Gegenständen, die im Bewusstsein erscheinen, mitgeliefert. Und das alles gratis. Wo gibt es das heute noch?

Das klingt arg mysteriös und fast metaphysisch, würde Kant wohl entgegnen. Denn Searle gibt nicht an, woher dieses einheitliche Bewusstseinsfeld kommt. Bei Kant stammt es von Verstand und Vernunft. Dagegen hat die hier postulierte statistische Umwelt-Gehirn-Einheit ihren Ursprung in der Beziehung zwischen Gehirn und Umwelt. Woher aber stammt Searles einheitliches Bewusstseinsfeld? Aus dem Nichts? Das wäre pure Metaphysik. Die Metaphysik des Nichts. Genau das Spiegelbild dessen, was Kant zu seiner Zeit so vehement kritisiert, die Metaphysik der Seele als geistiger Substanz.

Fragen wir direkt: Kommt die Umwelt-Gehirn-Einheit aus dem Gehirn? Ja und nein. Das Gehirn ist beteiligt. Aber die Einheit stammt nicht aus dem Gehirn selbst, sondern aus der Beziehung zwischen Gehirn und Umwelt. Wie wir alle bestens wissen: Zu einer Beziehung gehören immer zwei. Glück und Streit in zwischenmenschlichen Beziehungen sind letztendlich auf beide Partner und ihre spezifische Konstellation zurückzuführen. So auch im Falle von Gehirn und Umwelt. Beide tragen ihren Teil zum Gelingen oder Misslingen der Umwelt-Gehirn-Einheit bei. Die Umwelt-Gehirn-Einheit im Gehirn selbst zu verankern würde also bedeuten, die Partnerschaft auf einen Partner zu reduzieren. Eine Metaphysik der Partnerschaft, eine Metaphysik des Gehirns.

Der kalifornische Neurophysiologe Benjamin Libet ist hier sehr viel konkreter als der Philosoph Searle. Er ist durch seine Versuche zum freien Willen berühmt geworden. Die aber interessieren uns hier weniger. Stattdessen fokussieren wir uns auf seine freie Entscheidung als Wissenschaftler, ein einheitliches Bewusstseinsfeld, ein *conscious mental field* anzunehmen. Das klingt erst einmal sehr nach Searles *unified conscious field*. Im Unterschied zu Searle gibt Libet aber konkrete Mechanismen an. Er vermutet, dass das *conscious mental field* ein elektrisches und magnetisches Feld ist, das aus den verschiedenen Vorgängen im Gehirn konstituiert wird. Dieses *conscious mental field* entwickelt sich aus den neuronalen und somit physikalischen Eigenschaften des Gehirns. Es ist daher als solches physikalisch nicht zu beobachten. Gleichzeitig soll es aber auch keine non-physikalische Substanz, keine geistige Seele, sein.

Kant hält nun gar nichts von Libets Annahme eines *conscious mental field*. Das sei nichts als die Annahme einer geistigen Substanz in abgewandelter Form. »Da ist mir die statistische Charakterisierung der Umwelt-Gehirn-Einheit schon lieber«, könnte er sagen. »Immerhin ist ihre Entstehung genau charakterisiert inklusive ihrer Eigenschaften. Könnte diese rein statistische Umwelt-Gehirn-Einheit eine transzendentale Rolle in Hinsicht auf das Bewusstsein einnehmen? Das muss zum gegenwärtigen Zeitpunkt wohl offen bleiben.«

»Wenn sie es könnte«, so der Student, »dann wären die Fronten zwischen Gehirn und Bewusstsein und somit ultimativ auch zwischen Neurowissenschaften und Philosophie durchbrochen. Mauern würden dann durch Brücken ersetzt.«

»Das aber«, Kant unterbricht den Studenten hastig, »wäre gefährlich. Gefährlich für die Philosophie, die dann durch das Empirische der Neurowissenschaften beschmutzt würde und nicht mehr in der Lage wäre, die transzendentale Einheit des Bewusstseins zu erkennen.«

Phänomenale Einheit und Hängematte

Bislang haben wir uns nur mit der Einheit beschäftigt und damit, wie verschiedene Einheiten, neuronale, statistische und phänomenale, konstituiert werden und wie sie begrifflich voneinander unterschieden werden müssen. Dabei haben wir ganz außen vor gelassen, was wir erkennen können und was nicht. Warum aber ist dieser Schlenker zur Erkenntnis notwendig, um die Einheit des Bewusstseins zu verstehen? Ist das nicht bloße philosophische Spekulation, die nichts zur Aufklärung der Einheit selbst beitragen kann? Nein, denn nur das, was Sie erkennen können, können Sie auch empirisch untersuchen. Wenn Sie etwas von vornherein nicht erkennen können, brauchen Sie gar nicht erst damit anzufangen, es empirisch erfassen zu wollen. Wo nichts ist (in unserer Erkenntnis), ist nichts (in der empirischen Untersuchung)! Es lohnt also, solche Fragen vorab zu klären.

Wie steht es nun mit der Erkenntnis der Einheit? Lassen Sie uns rekapitulieren: Die neuronale Einheit des Gehirns zeichnet sich durch räumlich-zeitliche Kontinuität über die verschiedenen Regionen und Zeitpunkte hinweg im Gehirn selbst aus. Dabei ist die räumlich-zeitliche Kontinuität rein neuronaler Natur. Diese räumlich-zeitliche Kontinuität haben wir dann ausgedehnt über die Beziehung zwischen Gehirn und Umwelt. Das wurde dadurch ermöglicht, dass die räumlich-zeitliche Kontinuität nicht mehr rein neuronal, sondern statistisch begründet wurde.

Schließlich ist auch das Bewusstsein durch eine räumlich-zeitliche Kontinuität charakterisiert. Verschiedene Räume von verschiedenen Gegenständen in der Umwelt und auch die von Gehirn und Körper sind zu einem Kontinuum verbunden. Es ist, als ob im Bewusstsein eine große Brücke zwischen den verschiedenen Räumen gespannt ist. Genauso sind verschiedene Zeitpunkte miteinander verknüpft. Es scheint ein Fluss zwischen ihnen zu bestehen, der Fluss der Zeit im Bewusstsein. Die räumliche Brücke und der zeitliche Fluss sind der Boden, auf dem das Bewusstsein steht. Sie sind der Boden für die Einheit des Bewusstseins, die phänomenale Einheit.

Wodurch werden die räumliche Brücke und der zeitliche Fluss im Bewusstsein konstituiert? Brücken überbrücken verschiedene Räume, Flüsse verschiedene Zeitpunkte. Genau das scheint der Fall in der statistischen Umwelt-Gehirn-Einheit zu sein. Der unterschiedlichen Räume von Umwelt und Gehirn werden hier durch die Anpassung des Gehirns an die rhythmische Struktur der Umweltstimuli überbrückt und homogenisiert. Gleichzeitig werden auch verschiedene Zeitpunkte in Umwelt und Gehirn durch die zeitlichen Phasenanpassungen des Letzteren in einen kontinuierlichen Fluss integriert. Es entsteht also ein räumlich-zeitliches Kontinuum zwischen Gehirn und Umwelt. Genauso wie eine Hängematte zwischen zwei Bäumen aufgespannt wird, ist ein statistisch basiertes räumlich-zeitlich kontinuierliches Feld zwischen Gehirn und Umwelt aufgespannt.

Wie aber kann dieses räumlich-zeitlich kontinuierliche Feld zwischen Gehirn und Umwelt als Einheit des Bewusstseins dienen? Wir erinnern uns: Die niedrigfrequenten Schwingungen im Gehirn passen sich nicht nur an die Frequenz der Umweltstimuli an. Sie bestimmen auch, wie und ob ein spezifischer Stimulus im Gehirn prozessiert werden kann und ob er bewusst wird oder nicht. Das war neurophysiologisch in den Beziehungen der Phasen der niedrigfrequenten Schwingungen des Gehirns zur Stärke der hochfrequenten Schwingungen der Stimuli sichtbar. Das heißt aber nichts anderes, als dass der spezifische Stimulus in das räumlich-zeitlich kontinuierliche Feld zwischen Gehirn und Umwelt integriert und eingebettet wird. Offenbar hat er keine Chance, an dem räumlich-zeitlich kontinuierlichen Feld zwischen Gehirn und Umwelt vorbeizukommen. Na, vielleicht doch. Dann aber hat er keinerlei Chance, ins Bewusstsein zu kommen. Denn je besser die Integration des Stimulus in die Umwelt-Gehirn-Einheit und ihr räumlich-zeitliches Feld funktioniert, desto größer ist die Wahrscheinlichkeit des Stimulus, mit Bewusstsein assoziiert zu werden beziehungsweise bewusst zu werden.

Gehen wir zurück zur Hängematte, aufgespannt zwischen zwei Bäumen. Je besser Sie sich und Ihren Körper den räumlich-zeitlichen Gegebenheiten der Hängematte anpassen, desto bequemer werden Sie liegen. Wenn Sie sich dagegen an den Rand der Hängematte platzieren, könnte es arg unbequem werden. Und vielleicht werden Sie sogar ganz herausfallen. Genauso mit dem einzelnen Stimulus: Wenn er nicht vernünftig in das räumlich-zeitliche Feld zwischen Gehirn und Umwelt integriert werden kann, fällt er heraus. Heraus aus dem Bewusstsein. Und wer möchte schon unbewusst bleiben? Oder unbequem liegen? Zumindest würde der Reiz offenbar nicht bewusst wahrgenommen werden. Vielleicht würde das allerdings sogar ein Herausfallen aus der Hängematte erträglich machen?

Fassen wir zusammen: Es scheint eine Hängematte, aufgespannt zwischen Gehirn und Umwelt, zu geben. Ein räumlich-zeitlich kontinuierliches Feld, das sich durch die statistische Gleichschaltung von Gehirn und Umwelt konstituiert. Je stärker und besser diese Hängematte, desto bequemer liegen Sie und desto stärker ist Ihr Bewusstsein dieses Genusses. Bewusstsein hängt aber nicht nur von der Hängematte selbst ab, sondern auch von dem Grad der Integration des einzelnen Stimulus in die Hängematte: Je besser er integriert wird, desto bequemer liegen Sie und desto stärker kommt der Stimulus ins Bewusstsein. Das ermöglicht Ihnen also, die Bequemlichkeit in Ihrer Hängematte so richtig bei vollem Bewusstsein zu genießen.
Was meinen unser Student und der verehrte Kant dazu? »Wenn das so ist«, so der Student, »dann ist die Hängematte, das räumlich-zeitliche Feld der Umwelt-Gehirn-Einheit, eine notwendige Bedingung der Möglichkeit für Bewusstsein.«
»Das wäre dann«, sagt Kant, »in der Tat eine transzendentale Rolle.«
»Es ist somit nicht mehr bloß empirisch«, wirft der Student sofort triumphierend ein. »Sie können mir also nicht mehr damit kommen, dass ich beide, empirisch und transzendental, verwechsle. Und Sie, Herr Kant, nicht sauber von Ihrem Vorgänger Hume zu unterscheiden weiß.«

Hängematte und Schleier

Wir liegen also in einer Hängematte zwischen Gehirn und Umwelt. Das ist der Boden unseres Bewusstseins. Die Einheit des reinen oder transzendentalen Bewusstseins, wie Kant es nennt. Das Bewusstsein ist aber auch der Boden unserer Erkenntnis. Ohne Bewusstsein keine Erkenntnis. Wenn wir unbewusst sind, können wir nichts erkennen. Ohne Bewusstsein geht gar nichts. Das glauben wir zumindest.

Wenn das so ist, steht unsere Erkenntnis auf dem Boden der räumlich-zeitlichen Kontinuität unserer Hängematte. Wir können nichts außerhalb dieser Hängematte erkennen. Denn ohne sie hätten wir keinerlei Bewusstsein und ohne Bewusstsein keinerlei Erkenntnis. Kein Abhängen ohne Hängematte. Kein Bewusstsein des Abhängens (als Abhängen) ohne Hängematte. Keine Erkenntnis ohne Hängematte. Kurz und bündig: Ohne Hängematte nichts los.

Wir können nicht jenseits der Hängematte schauen. Wenn Sie selbst tief in der Hängematte liegen, können Sie nicht sehen und erkennen, wie es unter und neben Ihnen aussieht. Wir können nicht erkennen, wie es unterhalb und jenseits der räumlich-zeitlichen Kontinuität unserer Umwelt-Gehirn-Einheit aussieht. Wir können also nicht wissen, wie Raum und Zeit unabhängig von der räumlich-zeitlichen Kontinuität, die uns Bewusstsein und Erkenntnis vermittelt, sind. Warum? Weil wir alles, uns selbst, die Umwelt und auch Raum und Zeit, nur durch den Schleier der räumlich-zeitlichen Kontinuität als der Hängematte unseres Bewusstseins wahrnehmen und erkennen können.

Raum und Zeit können dann nur durch und in Form der räumlich-zeitlichen Kontinuität des Bewusstseins, der Hängematte, wahrgenommen und erkannt werden. Wie Raum und Zeit unabhängig von der Hängematte und ihrer räumlich-zeitlichen Kontinuität aussehen, muss uns notwendigerweise verborgen bleiben. Und das alles nur, weil das Gehirn eine statistische Hängematte zwischen sich selbst und der Umwelt aufhängt. Es bleibt eine Hängepartie.

Während es unklar ist, ob Kant sich jemals in eine Hängematte gelegt hätte, können wir mit Sicherheit sagen, dass niemand die Hängematte der Erkenntnis so gut identifiziert hat wie er. Und so könnte er sagen: »Der Begriff des Schleiers gefällt mir gut. Jede Erkenntnis von Raum und Zeit ist durch einen unsichtbaren Schleier geprägt. Dieser Schleier besteht in dem Beitrag des Verstandes zu unserem Bewusstsein von Raum und Zeit. Der Autor, der das alles hier inszeniert hat und mich sogar dazu brachte, bis nach Berlin zu reisen, scheint den Verstand offenbar nicht allzu sehr zu schätzen. Er scheint mehr auf das Gehirn fokussiert zu sein. Aber immerhin, er betreibt keine Metaphysik des Gehirns. Denn sonst würde er die statistische Umwelt-Gehirn-Einheit nicht von der neuronalen Einheit des Gehirns trennen. Er scheint also Verstand zu haben, auch wenn er seine Rolle offenbar eher gering schätzt. Ob diese Trennung der beiden Einheiten meiner Unterscheidung zwischen transzendentaler und empirischer Einheit entspricht, bleibt allerdings zu untersuchen.

Interessanterweise bestimmt er die statistische Umwelt-Gehirn-Einheit als räumlich-zeitliche Kontinuität zwischen Umwelt und Gehirn. Diese räumlich-zeitliche Kontinuität macht aber eine Wahrnehmung und Erkenntnis von Raum und Zeit unabhängig von derselbigen unmöglich. Das ist genau das, was ich als empirische Realität und transzendentale Idealität von Raum und Zeit beschreibe. Wie zum Beispiel in meinen Vorlesungen zu Raum und Zeit zu Königsberger Zeiten. Die empirische Realität von Raum und Zeit besteht in der Wahrnehmung und Erkenntnis von räumlich-zeitlicher Kontinuität in unserem Bewusstsein. Wohingegen wir unfähig sind, Raum und Zeit dies- und jenseits der räumlich-zeitlichen Kontinuität unseres Bewusstseins wahrzunehmen. Wir können also Raum und Zeit unabhängig von der räumlich-zeitlichen Kontinuität unseres Bewusstseins nicht wahrnehmen und erkennen. Das ist genau das, was ich als transzendentale Idealität von Raum und Zeit beschrieben habe.«

»Herr Kant«, der Student ist hellwach und staunt über so unkritische Worte aus dem Munde des ehrwürdigen Philosophen, »Sie wissen, was Sie da sagen, oder?«

»Warum sollte ich das nicht?«
»Nun, weil es bedeutet, dass sie gerade eine Verknüpfung zwischen den neurowissenschaftlichen Ergebnissen und philosophischen Schlussfolgerungen hergestellt haben. Die empirischen Untersuchungen zu den neuronalen Mechanismen, die die räumlich-zeitliche Kontinuität konstituieren, scheinen direkt relevant für unsere Erkenntnis von Raum und Zeit zu sein. Das ist doch ein schönes Beispiel dafür, wie Philosophie und Neurowissenschaften zusammenarbeiten können, ohne dass Erstere in den empirischen Fluss der Letzteren hineingezogen wird! Herr Kant, was sagen Sie jetzt?«

Teil 3: Kritik des unreinen Gehirns

Wir haben bereits gehört, dass Immanuel Kant 1770 auf die Professur für Logik und Metaphysik an der Universität Königsberg berufen wird, seine Wunschstelle. Er hat jetzt ein gutes reguläres Einkommen und ist nicht mehr auf die zahlenden Studenten in seinen Vorlesungen als Privatdozent angewiesen. Außerdem erlaubt es ihm die neue Stelle, die Arbeit als Unterbibliothekar der Schlossbibliothek aufzugeben. Keine Nachmittage mehr in der vor allem im Winter sehr kalten Bibliothek. Freiheit nun endlich auch in finanzieller und zeitlicher Hinsicht. Geistige Freiheit hat sich Kant ja schon immer genommen.

Was macht er mit der neuen Freiheit im täglichen Leben? Kant ist und bleibt strikt (und scheinbar völlig unfrei) in seinem täglichen Tagesablauf. Man schaudert, aber es ist wahr: Wecken durch seinen Diener Lampe (es gibt noch keine Wecker, geschweige denn Handys, dafür aber Diener) ist für fünf Uhr morgens angesagt. Jeden Morgen, jeden Tag. Da ist Kant ganz streng. Dann gibt es ein oder zwei Tassen Tee und die geliebte Pfeife. Tolstoi, der berühmte russische Schriftsteller, vermutet, dass sich Kants Leidenschaft fürs Pfeiferauchen in den ungezügelten langen Sätzen in seinen Werken widerspiegelt. Hätte Kant nicht so viel Pfeife geraucht, wären seine Werke klarer und lesbarer gewesen. Hier scheint mir Tolstoi allerdings unrecht zu haben, denn Kant hat offenbar nur einmal pro Tag, nämlich am Morgen Pfeife geraucht. Morgendliche Kost für die Lunge. Danach gleich die Kost für den Geist, nämlich Philosophisches, das Denken der Gedanken zu seinen Ideen und Büchern.

Außerdem die Vorbereitung auf die Vorlesungen. Die stehen nämlich ab sieben Uhr an. Jeder Student heutzutage würde als Erstes denken: Sieben Uhr morgens? Könnte man sich da nicht beim Dekan beklagen? Das ist zu Kants Zeiten undenkbar. Das Ministerium hat erlassen, um sieben Uhr an den Universitäten zu starten. Also muss auch Kant zu seinem Leidwesen so früh an den Katheder. Bis um elf gibt er durchgehend Vorlesungen: zu Metaphysik, Empirischer Psychologie und Anthropologie. Er muss jetzt nicht mehr 22 Stunden pro Woche lehren, sondern gibt nur noch 16 Sunden. Lehren wird er sein Leben lang, das haben wir schon im letzten Kapitel gesehen. Bei der Anzahl der Vorlesungszyklen und der vielen Fächer kein Wunder. Aus heutiger Sicht trägt er eine enorme Belastung. Viele Professoren lesen heutzutage vier bis sechs Wochenstunden und haben alle drei oder vier Jahre ein Freisemester. Kant hat das nie. Dafür aber bleibt er immer ein Freigeist, was man von vielen Professoren heutzutage, trotz all ihrer Freiheiten, leider nicht sagen kann. Sie folgen eher Trends und den Märkten der Gedanken und Ideen als der Freiheit des Geistes und seinem kreativen Denken der Gedanken.

Zurück zu Kant und seinem Tagesablauf: Nach der Lesung beschäftigt er sich mit den eigenen Ideen und Schriften. Die Mittagspause verbringt er in einem Gasthaus. Das ist zu seinen Zeiten für Junggesellen üblich – und Kant ist zeitlebens einer. Im Gasthaus setzt er sich keineswegs mit Kollegen, anderen Professoren, zusammen. Nein, die »ganz normalen Leute« sind ihm viel lieber. Hochgestochene Gespräche mit intellektuellen Scharmützeln? Nein, das ist Kants Sache nicht. Der Kontakt mit Menschen des täglichen Lebens, das gefällt ihm schon eher. Dadurch bekommt er viel vom Alltag der Leute in seiner

Stadt mit, vom Leben außerhalb der Universität. Kant ist also sozial alles andere als eingebunkert in den akademischen Kreisen. Die liegen ihm mitsamt ihren Geltungssüchten eher auf dem Magen und haben ihm daher nicht viel zu sagen.

Nach dem Mittagessen gibt es einen Spaziergang. Danach geht es zu seinem englischen Freund Green, dem Kaufmann – Sie erinnern sich: Jeden Nachmittag diskutieren sie und Kant probt auf diese Weise viele Ideen für seine späteren Werke. Gedankenerprobung durch Gespräch und Diskussion. Die täglichen Treffen mit seinem engen Freund sind für ihn daher nicht nur sozial enorm wichtig. Sie dienen ihm auch als eine Art Laboratorium seiner Ideen und Gedanken. Wie in einem chemischen Labor pufft und qualmt es da, das kann man sich lebhaft vorstellen. Am Ende werden edle Gedanken wie teure Weine herausdestilliert, die sich bis heute als höchst sinnvoll und kostbar erweisen.

Nach dem nachmittäglichen Treffen bei Green gibt es Abendbrot, wieder im Lokal. Dann geht Kant nach Hause und ins Bett. Diener Lampe erledigt über den Tag alle praktischen Dinge des Lebens. Welch eine Wohltat für einen Intellektuellen! Er kann sich ganz der Theorie, der Theorie des menschlichen Geistes, widmen. Wohingegen er die Praxis, die Dinge des täglichen Lebens, seinem Diener überlassen kann. Das klingt sehr bequem, allerdings gibt es damals auch noch nicht all die technischen Geräte, die heutzutage den Haushalt erleichtern (wobei sie ihn manchmal aber auch verkomplizieren). Kant hält Diener Martin Lampe, einen ehemaligen Soldaten, aus und gibt ihm Unterkunft. Als sein Herr hat er sogar ein Mitspracherecht, wenn Lampe heiraten möchte. Darum schert der sich allerdings nun gar nicht, er tut es eines Tages einfach heimlich. Kant ist gar nicht glücklich darüber, denn er muss ihm jetzt ein höheres Salär bezahlen.

Diener in dieser Form gibt es heutzutage nicht mehr. Lebens-

lange Junggesellen wie Kant schon eher. Kant heiratet tatsächlich niemals in seinem Leben. Das ist weder damals eine Ausnahme, noch ist es das heute. Kaum vorstellbar allerdings ist, dass Kant offenbar nie die sexuellen Freuden genießt. Damals ist das noch fest an Heirat und Ehe gebunden.
Ist Kant homosexuell? Dafür gibt es keinerlei Anzeichen. Die Umstände sind einfach andere als unsere heute. Es gibt im täglichen Leben zu seiner Zeit nicht viel Kontakt zwischen Frauen und Männern. Studentinnen an der Universität sind Zukunftsmusik. Und erst recht Professorinnen. Die Universität ist wie so vieles reine Männersache. Bei seinen Ausflügen in den gesellschaftlichen Kreisen allerdings lernt Kant durchaus Frauen kennen. Er gilt als ästhetischer Dandy und ist beliebt als philosophischer Flaneur. Ein, zwei Mal ist es wohl kurz davor, dass er einer Frau näher kommt. Aber, so Kant, die Ehe war bei seinen damaligen finanziellen Verhältnissen einfach nicht möglich. Kant ist auch da ganz rational und wenig sentimental.
Person und Philosophie. Manchmal scheinen sie einander zu spiegeln. Ganz rational und unsentimental verabschiedet Kant auch die jahrtausendelang vorherrschende Metaphysik als Irrtum der menschlichen Vernunft. Öffentlich macht er das in seinem ersten Hauptwerk, der *Kritik der reinen Vernunft*, die 1781 erschien. Hier kritisiert er die Metaphysik als einen Exzess der menschlichen Vernunft. Metaphysik, die Lehre von der Existenz und Realität der Dinge, ist ihm nichts als bloße Spekulation einer von den eigenen Realitäten und denen der Welt abgehobenen Vernunft. Metaphysik und damit große Teile der Philosophie sind nichts als eine Luftnummer oder Nullnummer, wie wir heute sagen könnten. Substanzloses Getue über Substanzen, die nicht existieren. Das haben wir schon im ersten Teil in Hinsicht auf die Annahme einer geistigen Substanz gesehen.
Die Philosophie muss zu den Realitäten des menschlichen

Geistes zurückkommen. Ganz wie Kant, der das fordert, braucht sie festen Boden unter den Füßen. Der Philosoph lebt das tatsächlich. Er zieht die realitätsnahen Schilderungen der Handwerker und anderer »normaler« Leute den geistigen Höhenflügen seiner akademischen Kollegen vor. Nirgendwo ist das besser ersichtlich als bei seinem täglichen Mittagessen im Gasthaus. Die Kritik der reinen Vernunft, im Gasthaus gelebt. Nachdem Kant gute zehn Jahre, von 1770 bis 1781, nichts, aber auch gar nichts veröffentlicht hat, erscheint 1781 eben jene *Kritik der reinen Vernunft*. Es ist insbesondere eine Kritik der Metaphysik, beispielsweise der Annahme einer menschlichen Seele und eines real existierenden Gottes. Kant räumt mächtig auf in der Philosophie. Und das heißt im Wortsinne zunächst einmal, alles Überflüssige aus dem Weg zu räumen. Den Müll zu entsorgen, damit es nicht stinkt und die Atmosphäre nicht vergiftet wird. In geradezu genialer Weise hat Kant gesehen, dass die Philosophie durch den »Müll« der Metaphysik vergiftet wird. Die Philosophie der damaligen Zeit stinkt ihm zu sehr. Sie ist vergiftet. Genauso wie Müll beseitigt werden muss, muss nach Kant auch die Metaphysik auf dem Müllplatz der Geschichte entsorgt werden. Genauer gesagt, auf dem Müllplatz der Irrungen und Wirrungen der menschlichen Vernunft. Wo sie uns in den Wasserpfützen als Spiegelbild der narzisstischen Größenfantasien des Menschen anstarrt. So könnten es Psychoanalytiker wie Sigmund Freud ausdrücken.

Und was findet Kant nach dem Aufräumen jenseits des Mülls der Metaphysik? Die Limitationen der menschlichen Erkenntnis, die Grenzen unseres Bewusstseins. Um diese Grenzen zu verstehen, muss man das Bewusstsein selbst untersuchen. Und genau das tut Kant.

Durch seine *Kritik der reinen Vernunft* 1781 wird er ein berühmter Philosoph, nicht nur in Königsberg selbst prominent, sondern auch im Rest des Landes. Seine Schrift wird überall heftig diskutiert. Er ist nicht nur berühmt, sondern auch berüchtigt. Berüchtigt für seine scharfe Zunge und die kritischen Ansichten, denen nicht viel, wenn überhaupt etwas standhält. Ein damaliger philosophischer Kollege, Moses Mendelsohn, spricht von dem »alles zermalmenden Kant«.

Zu seiner Zeit herrscht die Annahme einer nicht-stofflichen Seele und eines Gottes vor. Heutzutage machen die wenigsten solche Annahmen. Ist Kant also erfolgreich gewesen? Ja und nein. Ja, denn die besagten Annahmen sind aus dem Repertoire der heutigen Philosophen fast vollkommen verschwunden. Dennoch, Kant ist nicht rundum erfolgreich, denn noch immer machen wir Annahmen, die weit über das Ziel hinausschießen. Oder besser: die Grenzen unserer möglichen Erkenntnis und somit auch die unseres Gehirns überschreiten. Müssen wir also, wie Kant zu seiner Zeit, wieder einmal aufräumen und Müll entsorgen?

Wir haben bereits in den Kapiteln des zweiten Teils gesehen, wie viele Fragen die aktuellen Neurowissenschaften offen lassen oder einfach überspringen. Wie viele ungerechtfertigte Schlussfolgerungen sie machen. Kant würde wohl den Kopf darüber schütteln, wie er es auf unserer imaginären Konferenz in Berlin ausgiebig tat. Würde er heute noch mal ein großes Werk schreiben – vielleicht hieße es dann »Kritik des unreinen Gehirns«?

Dass er die Überbetonung des Gehirns und nicht mehr die Vernunft, wie zu seinen Zeiten, kritisieren würde, liegt auf der Hand. Zu seiner Zeit ist Vernunft der König. Heute scheint es das Gehirn zu sein. Kritik des Königs, diese Freiheit nimmt sich Kants scharfer Geist schon damals heraus. Vielleicht müssen wir uns die gleiche Freiheit auch heute nehmen und frei heraus den König, das Gehirn, und seine Vasallen, die Neurowissenschaftler (und einige Neurophilosophen), kritisieren. Und vom Thron stürzen, genauso wie Kant die Metaphysik von ihrem hohen Ross auf den Boden der menschlichen Tatsachen bringt. Einen ersten Schritt haben wir ja schon getan. Wir haben Kant auf eine Zeitreise zu einem Neurowissenschaftler-Kongress im Berlin des Jahres 2012 fahren lassen. Das, wie wir bestens aus dem vorherigen Kapitel wissen, hat die kritische Flamme Kants voll zum Leben erweckt. Und so mache Einsicht und Schlussfolgerung der Neurowissenschaftler zum Bewusstsein verbrannt.

Reisen wir also einfach weiter und lassen wir Kant die Grundzüge einer »Kritik des unreinen Gehirns« entwickeln. Warum aber das »unreine« Gehirn? Wenn schon Kritik des Gehirns in Analogie zu Kants *Kritik der reinen Vernunft*, dann doch bitte schön eine »Kritik des reinen Gehirns«? Kant spricht von einer »reinen Vernunft«, weil sie losgelöst von den Gegenständen der empirischen Welt unbeirrbar ihre Kreise zieht und dabei die luftigen Höhen purer Spekulation, der Metaphysik, produziert. Was aber ist mit »reinem« und »unreinem« Gehirn gemeint? Wir haben das Gehirn bisher wesentlich als ein unreines kennengelernt. Das war vor allem der Fall, wenn nur die Stimuli der Umwelt betrachtet werden und die Art, wie sie im Gehirn prozessiert werden – im Teil 2 des Buches wurde das deutlich. Das Gehirn verkommt hierbei zum bloßen Sklaven der scheinbar so wirkmächtigen Stimuli. Alles fokussiert sich auf die stimulus-induzierte Aktivität, die extrinsisch verursachte Aktivität im Gehirn. Wo aber bleibt das Gehirn selbst mitsamt seinen intrinsischen Eigenschaften, die von den extrinsischen Stimuli unabhängig sind? Zunächst einmal bleibt das Gehirn selbst dabei auf der Strecke. Verunreinigt durch die extrinsischen Stimuli.

Dabei, das haben wir auch schon gesehen, hat das Gehirn selbst durchaus sehr viel zu bieten. Seine intrinsischen Fluktuationen passen ihre Phasen an die Stimuli an, verleiben sich diese ein und neutralisieren sie dadurch. Wir sollten also nicht in den Irrtum verfallen, den zweiten Schritt vor dem ersten zu machen und die extrinsische stimulus-induzierte Aktivität des unreinen Gehirns vor den intrinsischen Eigenschaften des reinen Gehirns betrachten.

Wie aber können wir den Weg frei machen, um die Geheimnisse des Gehirns selbst, die seiner intrinsischen Eigenschaften, zu erfassen? Kant kann es uns sagen: Wir müssen zuerst den Müll aus dem Weg räumen. Er musste den Müll der Metaphysik von der reinen Vernunft entsorgen. Genauso müssen wir heute die Müllabfuhr für den Müll der stimulus-induzierten Aktivität des unreinen Gehirns bemühen. Und wer ist der Müllmann? Sie können dreimal raten. Ich kann mir hierzu keinen besseren »Müllmann« als Kant vorstellen: Nachdem er bereits als »Müllmann der Metaphysik« in seiner *Kritik der reinen Vernunft* tätig war, mutiert er nun zum »Müllmann des Gehirns« und entwickelt die Grundlinien einer »Kritik des unreinen Gehirns«. Er hat seine Fähigkeit dazu bereits auf unserer Konferenz bewiesen. Gehen wir also auf diesem Weg weiter.

Welche Koffer gaben wir Kant auf seiner Zeitreise mit? Im Verlaufe der bisherigen Kapitel wechselten wir vom Königsberg zu Kants Zeiten in das Berlin unserer Zeit. Dabei veränderte sich auch der Kontext: Nicht mehr Vernunft und Metaphysik beziehungsweise Philosophie standen im Vordergrund, stattdessen zunehmend Gehirn und Neurowissenschaft. Ganz dem Kontext der heutigen Zeit entsprechend. Unser Gepäck auf der Reise von Königsberg nach Berlin war der »kritische Koffer«, die kritische und alles hinterfragende Haltung Kants zu Befunden, Daten, Fakten, Begriffen, Ideen, Gedanken und Schlussfolgerungen.

Die Instrumente dieser kritischen Haltung entsprechen den Kleidern im Koffer. Diese erscheinen am Zielort häufig in einem anderen Licht. Wir alle kennen es bestens, wenn wir die Kleider im Koffer dem veränderten Kontext des Zielortes nicht angepasst haben. Dann stehen wir da mit zu warmen, zu sommerlichen oder anderweitig irgendwie nicht mehr so recht passenden Kleidungsstücken, die uns noch bei der Abreise vollkommen sinnvoll für unser Unternehmen erschienen. Genauso im Falle der Kleider im »kritischen Koffer«. Sie werden mit einem Mal auf empirische Daten der Neurowissenschaft angewendet und nicht mehr nur auf die logischen Schlussfolgerungen der Metaphysik. Passt das?

Wir konnten feststellen, dass das Gehirn selbst vernachlässigt wird. Ein »Zuwenig an Gehirn« also. Kant diagnostiziert zu seiner Zeit in seinem Kontext ein »Zuviel an Vernunft«. Genauso wie er die Vernunft beschränkt, müssen wir also den Einfluss des Gehirns ausweiten. Wir müssen es selbst und seine intrinsischen Eigenschaften in den Blick nehmen. Unabhängig von den extrinsischen Stimuli der Umwelt. Kants Antwort auf die Frage nach der Therapie des »Zuviel der Vernunft« ist die Untersuchung, wie der Verstand Bewusstsein konstituiert. Unsere Antwort auf die Frage nach der Therapie des »Zuwenig an Gehirn« ist die Untersuchung des Gehirns selbst. Sowohl neurowissenschaftlich als auch philosophisch. Da es uns um das reine Gehirn geht, sollten wir alle dafür zur Verfügung stehenden Disziplinen wie Philosophie und Neurowissenschaften nutzen, unabhängig von ihren Differenzen und Grenzen.

Wir haben uns hier und im zweiten Teil ausschließlich auf die Diagnose des Gehirns als unrein fokussiert. Diagnose ist aber nur ein erster Schritt auf dem Weg zur Genesung. Wie können wir nun zur Therapie des »unreinen Gehirns« gelangen und es von seiner Verunreinigung durch die Stimuli befreien? Die Diagnose eines »Zuwenig an Gehirn« erfolgte im Berlin unserer Zeit. Aber wie in der Medizin finden Diagnose und Therapie nicht immer am gleichen Ort statt, weil die Therapie häufig andere Instrumente benötigt als die Diagnose. Welche Instrumente benötigen wir also zur Therapie des »Zuwenig an Gehirn«? Immer noch die, die wir im kritischen Koffer mit nach Berlin nahmen? Gehen wir doch zum Ursprungsort zurück, dorthin, wo die kritischen Instrumente hergestellt wurden: nach Königsberg, in die Manufaktur Kant, Vorstandsvorsitzender des globalen Unternehmens Immanuel Kant.

Den Ort haben wir schon bestimmt. Nur die Zeit fehlt uns noch. Kant selbst ist seiner Zeit weit voraus. Manche sagen, dass wir seine Gedanken und deren Auswirkungen bis heute nicht voll begriffen haben. Kants Epoche liegt dabei bereits mehr als zweihundert Jahre zurück. Dementsprechend müssten wir also vielleicht zweihundert Jahre voraus denken, um uns eine »Kritik des unreinen Gehirns« (im Kant'schen Sinne) vorstellen zu können? Oder vielleicht doch nicht ganz so weit, da alles schnelllebiger geworden ist? Sollen wir uns also ausmalen, wie Kant im Jahr 2012 davon träumt, eine »Kritik des unreinen Gehirns« zu schreiben? Die dann nach einem erneuten zehnjährigem Schweigen im Jahre 2022 erscheint? Träumen wir es doch, mit Kant und seinem kritischen Geist.

Nein, schreit der Neurowissenschaftler im Jahre 2012 entsetzt. Zehn Jahre, eine Ewigkeit in heutigen Zeiten! Der Fortschritt hat bis dahin alles überholt. Auch eine Kritik des unreinen Gehirns. Bis 2022 haben wir das Rätsel, wie das Gehirn Bewusstsein hervorbringt, längst gelöst! Gut, aber bis dahin können wir ja träumen und denken. Denn bis heute hat man in den Neurowissenschaften keinerlei Lösung gefunden. Und man scheint noch nicht einmal nahe dran zu sein.

2022 ist noch weit. Aber große Gedanken erfordern nun einmal Zeit. Das »Zuviel an Vernunft« in seine Schranken zu weisen, ist ein solch großer Gedanke gewesen. Ob das Öffnen der Schranken für das reine Gehirn, die Therapie des »Zuwenig an Gehirn«, ebenfalls ein solch großer Gedanke sein wird, ist

hingegen noch unklar. Das werden die empirischen Ergebnisse der Neurowissenschaften zeigen, ebenso wie die Überlegungen und Gedanken der Philosophen.
Aber die Unsicherheit der Zukunft soll uns nicht davon abhalten, Gedanken zu denken. Ob groß oder nicht, entscheidet sich später. Wichtig ist die Freiheit im Denken der Gedanken, und die sollten wir uns nehmen. Daher stellen wir uns jetzt also Kant im Jahre 2012 vor, wie er träumend manchmal daran denkt, eine »Kritik des unreinen Gehirns« zu schreiben, unterstützt von unserem eifrigen Studenten als Gesprächspartner. Begleiten wir ihn also noch ein Stückchen und erforschen dabei weiter unsere Fragestellung. Ob die Antworten, die Kant erträumt, dabei zum Alptraum für uns und die Neurowissenschaftler werden?

Träume

Wissen

Wir haben die kritische Haltung Kants betont. Seine Instrumente sind messerscharf, sie legen die wunden Punkte hemmungslos frei. Spalten in der logischen Argumentation. Lücken in den empirischen Daten. Und breite Gräben zwischen den empirischen Daten und den theoretischen Schlussfolgerungen. Kant ist ein Meister der Freilegung von Schwächen. Und sind diese offen ersichtlich, weiß man leicht, wie sie zu therapieren sind. Schauen wir uns also gemeinsam mit ihm und unserem Studenten eine solche Unstimmigkeit an.

Im zweiten Teil haben wir den Ruhezustand des Gehirns selbst charakterisiert, räumlich und zeitlich. Räumlich durch funktionelle Konnektivität zwischen verschiedenen Regionen. Und zeitlich mittels der niedrigfrequenten Fluktuationen. Letztere scheinen auch eine zentrale Rolle bei der Anpassung der neuronalen Aktivität des Gehirns an die statistische Frequenz der Stimuli in der Umwelt zu spielen. Hieraus resultiert eine statistisch basierte räumlich-zeitliche Kontinuität zwischen Gehirn und Umwelt, die ich als »Hängematte« beziehungsweise Umwelt-Gehirn-Einheit bezeichnet habe. Diese räumlich-zeitliche Hängematte wurde wiederum als zentral für das Bewusstsein angesehen. Sie kann nicht mit Bewusstsein gleichgesetzt werden, sondern ist eine Voraussetzung beziehungsweise notwendige Bedingung für die Möglichkeit von Bewusstsein. Es kommt ihr somit eine transzendentale Rolle zu, würde Kant wohl sagen.

Woher aber können wir wissen, dass der Ruhezustand des Gehirns mittels der Umwelt-Gehirn-Einheit zentral und daher notwendig für das Bewusstsein ist? Es ist doch zunächst einmal ein rein neuronaler Zustand des Gehirns. Und wie kann der in einen phänomenalen Zustand des Bewusstseins umschlagen oder ihn zumindest notwendig bedingen? Ist der Ruhezustand des Gehirns, wenn er an die statistische Frequenz der Umweltstimuli angepasst ist, also nicht nur rein neuronal und non-phänomenal, sondern präphänomenal? Präphänomenal heißt hier, dass er den Boden für den nachfolgenden phänomenalen Zustand des Bewusstseins bereitet.

Nun könnte man sich wiederum die Stimme des Studenten vorstellen, der, inzwischen von Kants kritischer Flamme berührt, gegen jede Spekulation ausholt: »Der Begriff präphänomenal ist ein reines Wortspiel, ein Spiel mit Begriffen, der nichts zu unserem Verständnis des Gehirns beiträgt. Ob prä- oder non-phänomenal – das Gehirn selbst würde, wenn es denn könnte, über unsere Versuche, es in Begriffe zu pressen, lächeln. Also vergessen wir den Begriff präphänomenal mal wieder ganz schnell. Der ist bloße Spekulation. Und kann nur zum Leben erweckt werden, wenn Bewusstsein im Ruhezustand selbst auftritt. Dann müsste der Ruhezustand in der Tat präphänomenale Eigenschaften haben.«

Ruhe als Bewusstsein

Wir haben bereits mehrere neurowissenschaftliche Theorien zur Entstehung des Bewusstseins kennengelernt. Sie erinnern sich: die Bindungstheorie von Crick und Koch, Tononis *Information Integration Theory* (IIT) und die Theorie des globalen Arbeitsplatzes von Bernhard Baars. Trotz der zum Teil erheblichen Unterschiede ist allen diesen Theorien gemeinsam, dass sie sich auf den Stimulus im Gehirn fokussieren. Man kann hier also von Stimulustheorien des Bewusstseins sprechen, wenn man so will.

Nun haben wir aber auch noch eine andere Seite des Gehirns kennengelernt, nämlich seine »Neurönlichkeit«, das »reine«

intrinsische Gehirn, das vom extrinsischen stimulus-infizierten Gehirn, dem unreinen Gehirn, unterschieden werden muss. Jetzt stellt sich die Frage, ob die Neurowissenschaftler auch Theorien des Bewusstseins entwickelt haben, die sich auf das reine Gehirn, das Gehirn in Ruhe, beziehen. Das wären dann sogenannte Ruhetheorien des Bewusstseins.

Sie haben den Neurowissenschaftler Markus Raichle bereits kennengelernt. Er hat den Ruhezustand des Gehirns maßgeblich erforscht und dabei insbesondere das *Default-Mode Network* (DMN), in dem die Aktivität im Ruhezustand besonders hoch ist. Nun hat er zusammen mit seiner Kollegin B.J. He eine Theorie über den Zusammenhang zwischen Ruhe und Bewusstsein aufgestellt. Interessanterweise dankt He in ihrer Veröffentlichung den US-amerikanischen Behörden für die Verzögerung bei der Ausstellung ihres Visums. So konnte sie ungestört zu Hause in China, unabhängig von den Verpflichtungen ihres beruflichen Alltags in den USA an ihrer Theorie zum Bewusstsein arbeiten.

Was sagen He und Raichle zur Rolle des Ruhezustandes im Bewusstsein? Wieder einmal beginnt es mit den niedrigfrequenten Fluktuationen. Da ihre Phasen besonders lang sind (länger als diejenigen der hochfrequenten), eignen sie sich perfekt zur Integration von Information. Verschiedene Stimuli, die trotz zeitlicher Unterschiede in die gleiche Phase fallen, können hierdurch integriert werden. Das passt zur Beobachtung, dass die niedrigfrequenten Fluktuationen offenbar in den oberen Schichten des Kortex, Schicht 1 und 2, erzeugt werden. Dort fließen nämlich viele Verbindungen von anderen Regionen des Gehirns ein und zusammen. Bewusstsein basiert hier auf der Integration von verschiedenen Informationen, wofür die oberen Schichten des Kortex und ihre niedrigfrequenten Fluktuationen die entsprechenden neuronalen Mechanismen bieten.

Wir hören schon wieder die kritische Stimme Kants: »Das ist alles nur empirisch. Integration von Informationen beziehungsweise verschiedener Stimuli. Neuronale Mechanismen zur Stimulusintegration. Ob diese neuronalen Mechanismen nun durch den Stimulus selbst wie im Falle der neuronalen Synchronisation, der Bindung, ausgelöst werden oder durch die niedrigfrequenten Fluktuationen des Ruhezustandes zur Verfügung gestellt werden, das macht keinen prinzipiellen Unterschied. Denn in beiden Fällen ist nur das empirische Bewusstsein betroffen, die hinreichenden Bedingungen, das, was heutzutage als *neural correlates of consciousness* (NCC) beschrieben wird.«

Um Bewusstsein zu verstehen, so Kant, müssten wir aber die notwendigen Bedingungen erfassen. Das ist das, was ich als *neuronal predisposition of consciousness* (NPC) im zweiten Kapitel beschrieben habe. Kant wäre also an den NPC und nicht den NCC interessiert. Der Blick auf das Gehirn sagt uns, dass die NPC eben nicht in bloßer Informationsintegration bestehen kann. Denn Integration von Information ist nur möglich, wenn ein entsprechender Kontext besteht, der eine solche Integration erlaubt. Ohne entsprechenden Kontext würde die Möglichkeit der Integration gar nicht bestehen. Genauso wie wir ohne Boden auch keinerlei Möglichkeit hätten, Tische und Stühle aufzustellen.

Wie muss das Gehirn selbst, seine intrinsischen Eigenschaften und somit sein Ruhezustand, konfiguriert sein, um als notwendige Bedingung Bewusstsein zu ermöglichen? Darauf geben uns Raichle und He leider keine Antwort. Ihre Ruhetheorie des Bewusstseins ist also unrein, zu sehr vom Stimulus durchsetzt, als dass sie eine Antwort auf die Frage nach den NPC geben könnte. Stimuli überall. Schauen wir uns daher in den anderen Räumen des Hauses der Ruhetheorien des Bewusstseins um.

Beispielsweise beim Physiker Robert G. Shulman. Er wuchs im New York der 1930er-Jahre auf und hat verschiedene Entdeckungen physikalischer Natur gemacht, die wesentlich zur Entwicklung der Bildgebungsverfahren in der Hirnforschung beigetragen haben. Jetzt, im hohen Alter, ist er immer noch tätig, an der Yale-Universität in New Haven nahe New York. Er betrachtet das Problem des Bewusstseins weder psychologisch noch informationstheoretisch. Sondern metabolisch. Er plädiert für einen metabolisch-energetischen Ansatz. Was heißt das?
Das Gehirn verbraucht im Ruhezustand, ohne spezifische äußere Stimulation, viel Energie: satte 20 Prozent der Gesamtenergie des Körpers. Um diese Energie zu bekommen, treibt das Gehirn seinen Stoffwechsel an. Dieser kann mit einer bestimmten Technik, der Positronenemissionstomografie (PET), gemessen werden. Nun hat Shulman festgestellt, dass Veränderungen des Bewusstseins mit Veränderungen des Metabolismus des Gehirns im Ruhezustand einhergehen: Je stärker der Metabolismus reduziert wird, je weniger Energie das Gehirn erhält, desto stärker wird das Bewusstsein eingeschränkt. Bis es am Ende dann gar nicht mehr da ist. Weder Metabolismus und Energie, noch Bewusstsein.
Ähnlich in der Anästhesie: Wenn sich jemand einer chirurgischen Operation unterzieht, wird er für deren Dauer vollkommen bewusstlos gemacht. Wie ist es möglich, das Bewusstsein zu verlieren? Die pharmakologischen Substanzen, die eine Anästhesie hervorrufen, unterdrücken offenbar vorübergehend die metabolische und energetische Versorgung des Gehirns. Wie genau und warum das funktioniert, ist bisher unklar. Klar aber ist, dass, wie Shulman sagt, die metabolische Versorgung im Gehirn während der Anästhesie auf ein Minimum reduziert wird. Bewusstsein ist hier eine rein metabolische Angelegenheit. Die Stärke des Metabolismus im Ruhezustand entscheidet über die An- oder Abwesenheit von Bewusstsein.

Das ist schon interessanter, hört man Kant im Geiste sagen. Endlich einmal wird der Ruhezustand selbst, unabhängig von der Integration von Information und Stimulus, beachtet. Aber auch hier holt der Altmeister der Gedanken wieder seine messerscharfen kritischen Instrumente heraus: Wie ist es möglich, dass der metabolische Zustand des Gehirns in einen phänomenalen Zustand des Bewusstseins umschlägt? Mit Sicherheit ist die Stärke der metabolischen Energiezufuhr zum Gehirn eine notwendige Bedingung. Da hat Shulman recht. Er könnte also von einer NPC sprechen.

Die Frage, so Kant, ist jedoch, ob der Metabolismus als NPC eine empirische oder transzendentale Rolle innehat. Transzendental wäre er, zumindest nach Kant, wenn er das reine oder pure Bewusstsein selbst widerspiegelt, die Einheit des Bewusstseins, und als solches notwendig für das empirische Bewusstsein ist. Das aber scheint nicht der Fall zu sein. Es ist nicht zu erkennen, inwieweit der Metabolismus die Einheit des Bewusstseins konstituiert. Sorry, Mister Shulman, Sie haben eine notwendige Bedingung des Bewusstseins erfasst. Die ist aber lediglich von empirischer Bedeutung und nicht von transzendentaler.

Kant würde siegessicher schmunzeln: »Bloße Kategorienverwechslung. Das Bewusstsein ist nun mal nicht im Gehirn zu finden, auch nicht, wenn es ruht.«

Doch wir sollten die Rechung nicht ohne den Wirt machen. Und der Wirt ist in diesem Fall nicht der menschliche Verstand, sondern das Gehirn selbst. Denn es kann in seinem Ruhezustand sehr wohl Bewusstsein erzeugen. Dieser Frage hat sich der amerikanische Neurowissenschaftler Rudolfo Llinas angenommen und das Gehirn im Schlaf untersucht. Er stellte fest, dass die uns bereits bekannten 40-Hertz-Oszillationen nicht nur im Wachzustand auftreten, sondern auch im Schlaf, und zwar dann, wenn wir träumen (REM-Schlaf). Im Non-REM-Schlaf, wenn wir eher nicht träumen, gibt es sie nicht.

Was aber ist dann der Unterschied zwischen Wachen und Träumen? Llinas beobachtete, dass das Gehirn im Wachzustand, wenn wir normalerweise nicht träumen, auf externe Stimuli reagiert. Die 40-Hertz-Oszillationen werden genau dann moduliert. Dies aber bleibt im Traum aus, da reagieren weder wir noch unsere 40-Hertz-Oszillationen auf externe Stimuli. Träume zeigen daher, dass Bewusstsein auch im Schlaf existieren kann, nicht nur im Wachzustand. Llinas schließt aus seinen Untersuchungen Folgendes: Die Stärke der 40-Hertz-Oszillationen im Ruhezustand, im Schlaf also, kann über die An- oder Abwesenheit von Bewusstsein beziehungsweise Traum entscheiden.

Ruhe im Gehirn. Aber selbst da gibt es noch immer Stimuli. Selbst im Schlaf. Lassen die Neurowissenschaftler das arme Gehirn denn niemals in Ruhe? Eine wirkliche Ruhetheorie des Bewusstseins, die die transzendentale Rolle des Gehirns aufzeigt, scheint unmöglich zu sein.

Nicht verzagen, Studenten fragen, denn die haben häufig noch Träume. So wie unser mittlerweile gut mit Kant bekannter Student, der nach wie vor von der Verknüpfung von Philosophie und Neurowissenschaften träumt. Er fragt sich: »Herr Kant, ich nehme jetzt einfach mal an, dass Sie recht haben mit Ihrer Hypothese eines transzendentalen Bewusstseins, der Einheit des Bewusstseins. Aber, wie Sie wissen, bin ich Anhänger der Neurowissenschaften und somit des Gehirns. Da wir das transzendentale Bewusstsein nicht in der stimulus-induzierten Aktivität gefunden haben, muss es in der Ruheaktivität des Gehirns vorhanden sein. Alles andere wäre doch bloße Spekulation, oder?«

Man hört Kant widerspenstig antworten: »Die Auslagerung des transzendentalen Bewusstseins aus dem Gehirn setzen Sie also mit einer Metaphysik des Geistes gleich?«

»Ja, so könnte man es sehen«, erwidert der Student.

»Dann aber«, so Kant, »müssten Sie mir erst einmal zeigen, dass der Ruhezustand des Gehirns selbst mit Bewusstsein einhergehen kann. Das aber könnte ein Traum bleiben.«
»Wunderbar, dann untersuche ich jetzt Ihre Träume, Herr Kant.«
»Wenn, dann doch bitte Ihre eigenen«, brummelt Kant.

Träume in Ruhe

Was passiert, wenn Sie schlafen? Zunächst einmal ganz einfach: Sie sind nicht mehr wach. Aber Ihr Bewusstsein ist nicht einfach ausgeschaltet, denn wir unterscheiden verschiedene Schlafphasen, insbesondere die bereits beschriebenen REM-Phasen und die NREM-Phasen. Bei Ersteren träumen Sie und zeigen schnelle Augenbewegungen, bei Letzteren nicht.
Was Sie am Morgen erinnern, zumindest ab und an und in Auszügen, sind Ihre Träume. Vielleicht haben Sie etwas Schönes geträumt oder aber einen Alptraum gehabt. Sie haben in jedem Fall Gegenstände, Personen und Ereignisse wahrgenommen. Sie sahen sie im Traum so, als ob sie real wären, es schien wie Ihre reale Wahrnehmung im Wachzustand zu sein, wenn auch oftmals etwas verzerrt im Vergleich zur realen Welt. Wie aber ist es möglich, dass Ihnen Wahrnehmungen im Schlaf beziehungsweise Traum bewusst werden – Sie haben doch geschlafen? Über die Art und Weise, wie Bewusstsein in die Wahrnehmungen des träumenden Schläfers kommt, können wir vielleicht etwas über das Bewusstsein im Allgemeinen lernen.
Interessanterweise treten nun die Träume vor allem in den REM-Phasen auf, während sie gar nicht (oder in deutlich geringerem Maße) in den NREM-Phasen auftauchen. Letztere bleiben also unbewusst oder non-bewusst, wohingegen die REM-Phasen offenbar mit Bewusstsein verknüpft sind. Im Schlaf ist das Gehirn im Ruhezustand und scheint dennoch Be-

wusstsein, zumindest im Traum, zu produzieren. Das ist kein Traum, sondern Realität. Die Realität des Träumers. Dies wirft zwei Fragen auf: Was unterscheidet Schlaf vom Wachzustand? Und wie können REM- und NREM-Phasen differenziert werden?

Untersuchungen des Gehirns im Schlaf zeigen eine erhöhte Ruhezustandsaktivität in den Mittellinienregionen. Also in den Regionen, die den Großteil des *default-mode network* (DMN) ausmachen. Sie zeigen bereits eine hohe Aktivität im Ruhezustand, wenn der Proband noch wach ist. Das hatten wir schon im zweiten Teil besprochen. Neu ist nun, dass sich diese hohe Ruhezustandsaktivität auch im Schlaf fortsetzt (und sich eventuell sogar noch steigert). Hohe Aktivität in diesen Regionen zu generieren, scheint also kein Problem für das Gehirn zu sein. Vor allem im Ruhezustand. Das macht das Gehirn offenbar im Schlaf, im doppelten Sinne.

Im Unterschied dazu fällt diese Ruhezustandsaktivität im REM-Schlaf in den anderen Regionen des Gehirns ab, so im sensorischen und motorischen Kortex und den lateral präfrontalen Regionen. Dieses spezifische Muster von Hyperaktivität in den Mittellinienregionen und Hypoaktivität in den sensomotorischen und lateralen Regionen tritt aber nur im REM-Schlaf auf. Dagegen ist im NREM-Schlaf die Ruhezustandsaktivität auch in den Mittellinienregionen deutlich niedriger. Dann also scheint die Generierung einer hohen Ruhezustandsaktivität nicht so ganz »im Schlaf« zu funktionieren.

Was passiert nun mit der hohen Ruhezustandsaktivität im Schlaf, wenn das Gehirn plötzlich mit Stimuli aus der Umwelt konfrontiert und aus seinem Schlaf gerissen wird? Sie kennen das: Sie schlafen friedlich, da rasen nachts um zwei Feuerwehr und Polizei mit lauten Sirenen und Blaulicht durch die Straßen. Sie wachen entweder verwirrt auf und schauen auf die Uhr. Oder Sie schlafen weiter, träumen aber komische Dinge, die

Sie sich am nächsten Tag nicht erklären können. Zum Beispiel, dass ein Feuer das Schulgebäude im Heimatort, zweitausend Kilometer entfernt, niedergebrannt hat. Trotz aller Versuche der Feuerwehr und großem Polizeieinsatz. Sie haben es brennen gesehen, in Ihrer Wahrnehmung im Traum.

Eine Münchner Arbeitsgruppe um Florian Holsboer hat gesunde Probanden im Schlaf mit der fMRT untersucht. Dabei wurden ihnen im REM- und NREM-Schlaf akustische und visuelle Stimuli präsentiert. Interessanterweise haben die Stimuli die bestehende Ruheaktivität im sensorischen, akustischen und visuellen Kortex vermindert. Diese Aktivitätsverminderung trat vor allem im REM-Schlaf auf und nicht so sehr im NREM-Schlaf. Das ist genau das Gegenteil dessen, was im Wachzustand passiert: Statt sie wie im Schlaf zu senken, steigern die gleichen Stimuli die Aktivität im sensorischen Kortex im Wachzustand.

Was passiert? Offenbar verändert der Schlaf, vor allem der REM-Schlaf, die Eigenschaften des Ruhezustandes im Gehirn. Einmal wird die Aktivität erhöht in bestimmten Regionen wie den Mittellinienregionen, einmal verringert wie in den sensorischen Regionen. Aber auch die Reaktionsfähigkeit auf die externen Stimuli scheint sich zu ändern. Denn sie wird erniedrigt, wie die Befunde zeigen: Die sensorischen Regionen erniedrigen ihre Ruhezustandsaktivität, wodurch die sensorischen Stimuli aus der Umwelt nicht mehr so eine starke Aktivität in diesen Regionen auslösen können. Eine echte Erniedrigung für die Stimuli der Umwelt in den sensorischen Regionen. Und zugleich eine Erhöhung des Podestes, auf dem der Ruhezustand in den Mittellinienregionen thront.

Wie aber hängen Erhöhung der Ruhe und Erniedrigung des Stimulus mit dem Bewusstsein zusammen? Das lässt sich jetzt im Schlaf beantworten: Die Erniedrigung des Stimulus macht eine bewusste Wahrnehmung des Stimulus unwahrscheinli-

cher. Wir nehmen im Schlaf die Geräusche der zirpenden Grillen im Sommer nicht wahr und auch andere Geräusche nicht, zumindest wenn wir einen festen Schlaf haben. Dennoch haben wir Bewusstsein im Schlaf, im REM-Schlaf, eine bewusste Wahrnehmung, zum Beispiel vom brennenden Schulhaus.
Wie ist das möglich? Die externen Dinge scheinen unser Bewusstsein im Traum nicht mehr zu erreichen. Deren Aktivität wird vom Gehirn in seinen sensorischen Regionen einfach erniedrigt. Gleichzeitig wird der Ruhezustand im Traum verstärkt. Das ist kein Traum eines Neurowissenschaftlers, sondern die neuronale Realität. Der bekannte Schlafforscher Alan Hobson hat hierzu folgende Hypothese: Er nimmt an, dass das Gehirn im Traum die eigene erhöhte Ruheaktivität in den Mittellinien so behandelt, als würde sie von außen kommen.
Was könnte das bedeuten? Die sensorischen Regionen reagieren nicht auf Stimuli. Was aber wird dann aus ihrer Ruhezustandsaktivität? Die unterliegt Schwankungen, die nicht mehr durch den Stimulus kontrolliert werden. Keine externe Kontrollinstanz mehr. Was passiert dann intern? Die Schwankungen werden stärker. Sobald die externe Kontrolle wegfällt, zeigt der vorher zahme Tiger Zähne. Und das führt offenbar zu starken Aktivitätsschwankungen, die dann fast so stark sind wie die durch einen externen Stimulus verursachten. Und wie merken Sie das? Sie nehmen dann plötzlich Dinge und Ereignisse in Ihrer Wahrnehmung wahr. Im Traum. Das Gehirn macht in diesem Fall genau das im Schlaf, was es auch im Wachzustand tut: Es verarbeitet das, was geboten ist, als sei es ein Stimulus von außen. Es wird ihm also auch die Pforte zum Bewusstsein öffnen. Wir als Schläfer nennen das einen Traum. Das Gehirn selbst würde es wohl Ruhe-Ruhe-Interaktion nennen, die wir dann aber wiederum als imaginär bezeichnen würden. So unterschiedlich können die Perspektiven sein.
Die im Traum wahrgenommenen Gegenstände scheinen häu-

fig sehr real. Wir nehmen das brennende Schulhaus unserer Kindheit wahr, als ob es vor uns stünde und wirklich brennen würde. Die geträumten Geschehnisse laufen zeitlich mehr oder weniger genauso ab wie reale. Und wir können sie auch im Raum lokalisieren. Die Wahrnehmung der Realität bezieht sich vor allem auf Raum und Zeit. Beide sind, obwohl manchmal etwas verzerrt, kontinuierlich, wie ein Strom. Es besteht also räumlich-zeitliche Kontinuität nicht nur im Wachzustand, sondern auch im Schlaf.

Wo kommt diese räumlich-zeitliche Kontinuität im Schlaf her? Sie kann nicht von den Stimuli und Gegenständen der externen Welt kommen. Denn deren Einfluss wird, wie wir gesehen haben, im Schlaf herabgesetzt. Hobson spricht hier von in das Gehirn selbst eingebauten Vorhersagen für externen Raum und externe Zeit (*built-in predictions of external space and time)* im Schlaf.[23] Er gibt allerdings keine nähere Auskunft darüber, wo diese Vorhersagen, die *built-in predictions,* herkommen. Es ist eher unwahrscheinlich, dass sie vom Himmel oder von Gott stammen. Wahrscheinlicher ist es schon, dass sie auf das Gehirn selbst und spezieller auf seine räumlich-zeitliche Kontinuität mit der Umwelt, die Umwelt-Gehirn-Einheit, zurückgehen. Diese muss ja auch irgendwie im Schlaf über den Ruhezustand des Gehirns mit einfließen und dort seine träumenden Aktivitätsveränderungen entsprechend modulieren. Aber das sind zum gegenwärtigen Zeitpunkt alles nur Thesen. Gewagt und spekulativ erscheinende Thesen. Die allerdings in der Zukunft experimentell getestet werden könnten.

Kants Träume

Kant ist ein extrem begabter Mensch. Als solcher muss aber auch er mit Sicherheit wie die weniger begabten Menschen schlafen. Und träumen. Was er träumt, das wissen wir nicht.

Was wir allerdings sehr gut wissen, ist, dass er philosophisch geträumt hat. Konkreter gesagt, er hat 1766 eine Schrift publiziert, die *Träume eines Geistersehers, erläutert durch Träume der Metaphysik* heißt. Sie gilt als seine seltsamste. Ihr Anlass ist Emanuel Swedenborg, ein Schwede, zu Kants Zeiten Naturwissenschaftler und Theologe, der vorgibt, die Geister oder Seelen von Verstorbenen zu sehen. Seine Anhänger gründen nach seinem Tod die Kirche des Neuen Jerusalem. Heute würde man sagen, dass Swedenborg ein Guru ist. Interessant, dass es die offenbar schon damals gibt.

Warum interessiert sich Kant für diesen Geisterseher? Weil Swedenborgs Visionen einer Geisterwelt den Visionen der Metaphysik entsprechen. Die Träume der Metaphysiker sind für Kant nichts anderes als die Träume von Geistersehern. Metaphysiker sind Gurus, aber keine wirklichen Philosophen oder Wissenschaftler. Genauso wie wir Swedenborgs Visionen von Geistern entweder glauben können oder nicht, können wir den Spekulationen der Metaphysiker folgen oder nicht. Wenn wir aber die Geister als bloße Visionen entlarvt haben, lachen wir. Genauso wird es uns letztendlich mit den Träumen der Metaphysik gehen. Und der Metaphysik als Ganzem. Wir werden den Kopf schütteln und sagen »Wie konnten wir nur…« Wir sollten uns also weniger auf die jenseitige Geisterwelt der Metaphysiker stürzen und mehr auf die diesseitige Welt, die reale Welt, konzentrieren. So Kant.

Wie aber kommen solche Geistervisionen zustande? Der in seinen Schriften so ernsthafte Kant wird hier mit einem Male ganz lustig. So wie er es in Gesellschaft häufig ist, mutig und humorvoll. In besagter Schrift führt Kant die Geistervisionen (und somit auch die metaphysischen Visionen) auf hypochondrische Verdauungsprobleme zurück, die anstatt nach unten nach oben ins Gehirn gestiegen sind. Hören wir Kant selbst: »Auch wäre es bei dieser Lage der Sachen eben nicht nötig gewesen, so weit auszuholen und in dem fieberhaften Gehirne betrogener Schwärmer durch Hülfe der Metaphysik Geheimnisse aufzusuchen. Der scharfsichtige Hudibras hätte uns allein das Rätsel auflösen können, denn nach seiner Meinung: wenn ein hypochondrischer Wind in den Eingeweiden tobt, so kommt es darauf an, welche Richtung er nimmt, geht er abwärts, so wird daraus ein F-, steigt er aber aufwärts, so ist es eine Erscheinung oder eine heilige Eingebung.«[24]

Was sollen wir mit den Geistersehern machen? Sie seien »Halbbürger der anderen Welt« und gehören Kant zufolge ins Hospital. In ein Hospital für Geisterseher und, so könnte man ergänzen, Metaphysiker. Man sieht also, wohin nach Kant die Träume der Geisterseher und Metaphysiker führen. Wohin aber führen uns unsere Träume? Solange wir nicht wirklich glauben, dass das Schulhaus tatsächlich abgebrannt ist, können wir beruhigt weiter träumen. Dann müssen wir auch nicht ins Hospital.

Was würde Kant also zu den Ergebnissen der Hirnforschung über Träume sagen? Muss man annehmen, dass er Geisterseher wie Swedenborg mit den »Gehirnsehern«, wie es die Schlafforscher sind, gleichsetzt? Nein, das würde er wohl nicht tun, weil er in seiner Schrift ja gerade für die Realität plädiert. Vom Jenseits ins Diesseits. Von den Geistern zum Gehirn. Mehr Diesseits geht nicht. Was er aber kritisieren würde, ist, wenn das Diesseits wieder ins Jenseits gezogen würde, wenn zum Beispiel das Bewusstsein und die Träume ausschließlich auf das Gehirn selbst und seine neuronale Aktivität reduziert würden. Dann würde nämlich ein Jenseits mitten im Diesseits angenommen werden. Und das wäre ein bloßer Traum. Eine Gehirnvision oder eben eine »Metaphysik des Gehirns«.

Kritisch wie er ist, würde Kant bestimmt auch die Lücken und Gräben in der gegenwärtigen Forschung messerscharf sezieren und freilegen. Die Befunde zeigen, dass die Ruheaktivität in den Mittellinien im REM-Schlaf, wenn man träumt, weiterhin hoch ist. Während sie im NREM-Schlaf niedrig ist, wenn weder Traum noch Bewusstsein vorhanden ist. Die Ruheaktivität wäre also das, was Kant wohl als empirisch notwendige Bedingung bezeichnen würde. Was wir aber suchen müssen, um Bewusstsein zu erklären, sind die transzendental notwendigen Bedingungen. Diese würden erklären, wie ein bloßer neuronaler Zustand des Gehirns die Möglichkeit beziehungsweise Prädisposition in sich trägt, in einen phänomenalen Zustand des Bewusstseins umgewandelt zu werden. Wir müssen uns also auf die Suche nach dem begeben, was, analog betrachtet, dem Samen im Frühjahr ermöglicht, sich in eine Blume des Sommers umzuwandeln. Wo ist also der Samen des Gehirns für die Möglichkeit des Bewusstseins?

Diese Umwandlung der neuronalen Zustände des Gehirns in die phänomenalen des Bewusstseins bleibt offen. Das ist genau der Moment für den Einsatz Kants und seiner neuen, für 2022 angedachten Schrift zur Kritik des unreinen Gehirns. Er würde wohl annehmen, dass diese Umwandlung durch die transzendentale Einheit des Bewusstseins ermöglicht wird. Wir hatten in früheren Kapiteln der Umwelt-Gehirn-Einheit eine solch transzendentale Rolle zugeschrieben. Sie ist zwar nicht mehr rein neuronal, sondern statistisch basiert, aber eben auch nicht phänomenal. Wir müssten also erklären, wie die statistisch basierte Umwelt-Gehirn-Einheit den phänomenalen Zustand des Bewusstseins ermöglichen und somit notwendig bedingen könnte. Damit verschiebt sich unser Fokus: Es geht nicht mehr um eine Umwandlung eines neuronalen Zustandes des Gehirns in einen phänomenalen des Bewusstseins. Sondern um die Ermöglichung der Transformation der statistisch basierten Einheit zwischen Umwelt und Gehirn in einen phänomenalen Zustand des Bewusstseins. Wir haben gesehen, wie ein bloß neuronaler Zustand in einen statistischen umgewandelt werden kann. Dann nämlich, wenn das Gehirn mit der Umwelt anbandelt und eine Einheit bildet, die Umwelt-Gehirn-Einheit. Wie aber kann nun aus dieser statistischen Einheit die phänomenale Einheit des Bewusstseins werden? Man könnte annehmen, dass hier die Frage nach dem Code relevant wird.

Ein Code bestimmt eine Kombination oder ein Prinzip, nach dem etwas geschehen kann. Der Computer kodiert alle Stimuli nach 0 und 1 und kann sie so weiter prozessieren. Alan Turing hat den Code der Kommunikation der deutschen Nazis geknackt und dadurch erheblich zum Sieg der Briten und Amerikaner im Zweiten Weltkrieg beigetragen. Panzerknacker müssen den Code des Panzerschranks entschlüsseln – dann werden sie reich (oder kommen ins Gefängnis). Biologisch war der Code unserer Gene, der DNA, relevant, er wurde durch Crick und Watson geknackt. Sie bekamen den Nobelpreis, denn nicht alle Codeknacker müssen im Gefängnis enden. Stattdessen können sie zu Ruhm und Ehre kommen.

Was aber ist der Code des Gehirns? Der deutsche Neurowissenschaftler Wolf Singer, den wir auf unserer Konferenz schon zur neuronalen Synchronisation haben sprechen hören, sagt, dass dies eine ungelöste, vor allem aber zugleich drängende Frage sei. Denn durch das Knacken des Codes des Gehirns könnten wir vielleicht verstehen, wie neuronale und statistische Zustände in phänomenale umgewandelt werden. Ganz so wie das Knacken des genetischen Codes die biochemische Zusammensetzung der Gene entlarvt hat. Und ganz so wie sich die Tür des Panzerschranks plötzlich öffnet, wenn die letzte richtige Nummer eingegeben wurde. Zur Freude des Panzerknackers. Und zum Leid des Inhabers.

Panzertüren wurden schon oft geknackt. Die Tür zum Gehirn blieb uns bisher aber verschlossen. Daher wissen wir gegenwärtig auch nicht, wie und warum sich neuronale und statistische Zustände in phänomenale umwandeln und warum

Bewusstsein entsteht. Kant würde wohl sagen, dass uns der Schlüssel zu dem fehlt, was er die Einheit des Bewusstseins, das transzendentale Bewusstsein, nennt. Ob der Code des Gehirns diese transzendentale Rolle in Hinsicht auf das Bewusstsein einnehmen könnte? Wir wissen es gegenwärtig nicht. Wir können es nur annehmen. Der Code müsste dann eine gewisse Einheit herstellen können: die Einheit, durch die dann Bewusstsein letztendlich ermöglicht wird. Aber wie gesagt: Das ist und bleibt zum gegenwärtigen Zeitpunkt Spekulation. Pure Gehirnvision eines Neurowissenschaftlers, der allerdings nicht – wie Kants schwedischer Geisterseher Swedenborg – als ein »Kandidat des Hospitals« angesehen werden möchte. Daher hört er jetzt ganz schnell auf zu spekulieren.

Gedankenwanderung

Sie kennen das sicher bestens: Sie sind entspannt, vielleicht sogar im verlängerten Wochenende. Sie lehnen sich zurück in Ihrem Stuhl am Pool und genießen einen Campari. Und mit einem Mal fängt es an: Ihnen schießen Gedanken durch den Kopf, Gedanken an den Alltag zu Hause. Sie machen sich Sorgen, dass dies und jenes nicht klappen könnte. Ihre entspannte Stimmung schlägt um in ein nachdenkliches Grübeln. Ihre Gedanken wandern, erzeugen neue Gedanken, immer mehr kommen hinzu, und Sie können sich nicht von ihnen trennen. Keine Chance. Nun ist es vorbei mit der Relaxerei am Pool. Jetzt ist Gedankenaktivität angesagt.

Obwohl Sie und Ihr Gehirn in scheinbar völliger Ruhe sind, sind Ihre Gedanken dennoch aktiv. Gedankenwanderung oder *mind wandering*. Ihre äußere Wahrnehmung der externen Umwelt wird mit einem Mal in die interne beinahe virtuelle Welt Ihrer Gedanken gelenkt. Nicht Sie wandern mit Ihren Gedanken, sondern die Gedanken wandern mit Ihnen. Ruhe im Gehirn!, könnten Sie im Befehlston sagen. Doch die Gedanken würden nicht hören. Sie wandern einfach weiter und ziehen Sie mit.

Was passiert in Ihrem Gehirn, wenn Ihre Gedanken wandern? Ähnlich wie im Schlaf zeigt sich auch hier eine hohe Ruhezustandsaktivität in den Mittellinienregionen des Gehirns. Der amerikanische Neurowissenschaftler Malia Mason[25] fand zum Beispiel heraus, dass der Grad der Gedankenwanderung direkt vom Grad der Ruhezustandsaktivität abhängt. Je höher die Ruheaktivität in den Mittellinienregionen, desto stärker die Gedankenwanderung. Eine andere Untersuchung der kanadischen Neurowissenschaftlerin Kalina Christoff[26] zeigte ein ähnliches Muster: Immer wenn die Probanden während einer kognitiven Aufgabe (sie bekamen Signale, um Antworten auf Stimuli zu unterdrücken; eine sogenannte Go-No-Go-Aufgabe) in ihren Gedanken abschweiften und das schließlich merkten, mussten sie eine Maustaste drücken. Christoff untersuchte dann, was in den Sekunden vor dem Mausklick passierte. Und das war sehr viel: nämlich eine hohe Aktivität in den Mittellinienregionen, aber auch in den lateralen Regionen. Es scheint also wieder, wie im Traum, um eine Balance zwischen mittleren und äußeren, medialen und lateralen, Regionen im Gehirn zu gehen. Wie diese Balance aber genau ausfallen muss, um eine Gedankenwanderung zu erzeugen, ist bisher unklar.

Studien im EEG zeigten eine starke Aktivität der niedrigfrequenten Schwingungen im Deltabereich (1 bis 4 Hertz) und Thetabereich (4 bis 8 Hertz), wenn die Probanden Gedankenwanderung aufwiesen. Im Unterschied dazu waren die hochfrequenten Schwingungen (9 bis 30 Hertz) weniger vorhanden. Gedankenwanderung scheint also näher am Ruhezustand des Gehirns zu liegen als die eher extern orientierte Aufmerksamkeit auf die Stimuli der Umwelt.

Das ist alles schön und interessant. Aber ist es auch relevant für unsere Frage nach dem Bewusstsein? Machen wir uns doch einmal bewusst, was genau bei der Gedankenwanderung passiert. Sie sind im Ruhezustand. Auch Ihr Gehirn ist in Ruhe, kein Bombardement externer Stimuli. Und mit einem Mal werden Ihnen Gedanken bewusst. Und das obwohl keinerlei externe Stimuli in Ihrem Gehirn prozessiert wurden. Das Bewusstsein Ihrer wandernden Gedanken kann also nur aus dem Gehirn selbst und seiner statistisch basierten Beziehung zur Umwelt stammen, nicht aber von einem spezifischen Gegenstand aus der Umwelt. Noch mal: Sie haben Gedanken im Kopf. Die Gedanken betreffen bestimmte Ereignisse und Objekte. Wo kommen die her? Ihr Gehirn ist doch im Ruhezustand, und das heißt, dass die Stimuli von bestimmten Objekten und Ereignissen der Umwelt momentan nicht prozessiert werden.

Ein Beispiel: Sie kommen durch eine Tür in die Küche und sehen eine Wurst auf dem Tisch, die Sie nicht gekauft haben. Wo also kommt die Wurst her? Analog dazu: Woher kommen die Gedanken, die Sie nicht aktiv in Ihr Bewusstsein gebracht haben? Das Gehirn sagt uns: Ganz einfach, durch die Hintertür meines Ruhezustandes. Denn da bin ich mit der Umwelt verbunden, statistisch, indem ich meine Fluktuationen und ihre Frequenzen an die Frequenzen der Stimuli in der Umwelt anpasse. Je besser ich mich an die Statistik der Umwelt anpasse, umso wahrscheinlicher ist es, dass sich die Statistik der externen Objekte und Ereignisse in meinem internen Ruhezustand widerspiegelt. Also: Die Objekte und Ereignisse in Ihren wandernden Gedanken und somit die Wurst auf dem Tisch stammen aus der statistisch basierten Umwelt-Gehirn-Einheit.

Jetzt könnte der Student triumphierend seine Stimme erheben: »Na, Herr Kant, nun haben wir es doch. Ihr transzendentales Bewusstsein und seine Einheit wird durch die statistisch basierte Einheit des Gehirns mit der Umwelt zur Verfügung gestellt. Da können Sie jetzt nichts mehr entgegnen! Ich habe es doch immer gedacht: Zurück zum Bewusstsein heißt zurück zum Gehirn.«

»Oh je, oh je«, hört man Kant seufzen. »Sie machen es sich wieder mal zu einfach. Noch haben Sie gar nichts bewiesen. Zumindest in Hinsicht auf das Bewusstsein nicht.«

»Warum denn das nun schon wieder nicht?«

»Die statistisch basierte Umwelt-Gehirn-Einheit ist für das Erscheinen von Gegenständen in Träumen und das Gedankenwandern verantwortlich. Sie haben gezeigt, woher die kommen. Aber heißt das auch, dass das transzendentale Bewusstsein selbst, die Einheit des Bewusstseins, daher kommen muss?«

»Was müsste ich denn zeigen?«

»Wie die statistisch basierte Einheit von Gehirn und Umwelt die Assoziation der erwähnten Objekte und Ereignisse mit Bewusstsein ermöglicht. Offenbar hat der Ruhezustand Ihres Gehirns eine bestimmte Fähigkeit oder eben Prädisposition. Nämlich die, seine rein neuronalen und statistischen Zustände in phänomenale umzuwandeln, sodass Ihnen die Gedanken im Ruhezustand bewusst werden können. Nur dadurch können Sie überhaupt von Gedankenwanderung sprechen.«

Kant hat recht, denn wie können das Gehirn und sein Ruhezustand eine solche Umwandlung selbst bedingen? Wir wissen es nicht. Man könnte aber spekulieren, dass es hierzu seine eigenen neuronalen und statistischen Zustände auf eine bestimmte Art und Weise kodiert. Der dafür nötige Code ist gegenwärtig noch nicht bekannt. Wir wissen gegenwärtig auch nicht, wo und wie wir den Code des Gehirns untersuchen können. Jeder, der vorgibt, mehr zu wissen, muss als ein Gehirnseher im Kant'schen Sinne diagnostiziert werden. Sie oder er sollte dann vorsichtshalber den Gang in ein Hospital antreten, sonst wird die Gehirnseherei noch zur Metaphysik des Gehirns.

Kant fährt fort: »Ich habe zu meiner Zeit die Philosophie vom Gift der Metaphysik entmüllt und gesäubert. Heute muss das Gift der überschüssigen und naiven Empirie mitsamt der Stimuli aus dem Gehirn entfernt werden. Es muss entmüllt werden. Machen Sie sich an die Arbeit, werter Herr Student! Oder muss ich ein weiteres Mal die Rolle des Müllmanns übernehmen?«

Neurochondrie

Hühnerstall

Nachdem Kant sein erstes Hauptwerk, *Kritik der reinen Vernunft*, 1781 veröffentlicht hat, ist er ein berühmter Philosoph. Das jedoch hält ihn nicht davon ab, gleich noch eine Kritik zu schreiben: *Kritik der praktischen Vernunft*, die 1788 veröffentlicht wird. Sie zielt anders als die erste Kritik nicht mehr auf Vernunft und Verstand, sondern auf Moral und moralische Gesetze. Aus dieser Kritik stammt der berühmte Satz: »Zwei Dinge erfüllen das Gemüt mit immer neuer und zunehmender Bewunderung und Ehrfurcht, je öfter und anhaltender sich das nachdenken damit beschäftigt: der bestirnte Himmel über mir und das moralische Gesetz in mir. Beide darf ich nicht als in Dunkelheiten verhüllt, oder im Überschwenglichen, außer meinem Gesichtskreise suchen und bloss vermuten: ich sehe sie vor mir und verknüpfe sie unmittelbar mit dem Bewusstsein meiner Existenz.«[27]

Man muss sich das im Kontext des 18. Jahrhunderts vorstellen. Zu Kants Zeit werden Gott und seine Gesetze mit der Moral verknüpft, insbesondere im damaligen konservativ und streng protestantisch geprägten Preußen. Und nun kommt ein Philosoph daher und sagt, das moralische Gesetz sei nicht von Gott, sondern im und vom Menschen selbst. Doch woher hat es der Mensch? Nein, eben nicht von Gott, sondern von seiner Vernunft und seinem Verstand. Kant stellt die damaligen Vorstellungen von göttlicher Moral auf den Kopf, würden wir heute sagen. Genauer gesagt: Er verlegt sie in den Kopf.

Die Universität bestimmt Kant zwischen 1785 und 1796 mehrmals zum Dekan und Rektor. Wenn wohl auch nicht in dem Maße wie heute, so sind es schon damals Ämter, die mit Verwaltungsaufwand, Politik und Bürokratie verbunden sind. Ist das das Richtige für einen »weltfremden Philosophen«? Platon zufolge schon. Der berühmte Philosoph aus dem alten Griechenland sagt, dass die Philosophen die Weisesten seien, daher sollten sie am besten die Lenkung des ganzen Staates übernehmen. Und heutzutage hat einer der besten und schlauesten Philosophen Deutschlands, Julian Nida-Rümelin, genau diese Aussage sehr ernst genommen. Er bewegt sich wunderbar und flotten Schrittes über das politische Parkett.

Kant, so wissen wir bestens, bewegt sich geradezu genial auf dem philosophischen Parkett – im Feld von Vernunft und Verstand. Dies allerdings scheint ihm nicht allzusehr auf dem politischen und administrativen Parkett zu helfen. Denn dort sind seine Bewegungen offenbar weniger geschickt, sein Verhalten wird sogar als »tumultuarisch« bezeichnet, da er sich so manches Mal wohl nicht an die von Bürokraten ersonnenen ordnungsgemäßen Vorgehensweisen hält. Philosophische Kenntnisse hui, statuarische, administrative Kenntnisse pfui. So sagt ein Kollege einmal, dass Kant ein großer Gelehrter sei, aber »nicht fähig, ein Land, ein Dorf, ja nur einen Hühnerstall zu regieren – nicht einen Hühnerstall.«[28]

Hühnerstall ohne Huhn

Kant als Rektor oder Dekan war also so manches Mal nicht allzu hilfreich im Hühnerstall der Administration und Politik. Wer aber regiert im Hühnerstall des Bewusstseins? Dort gibt es, wie wir gesehen haben, viele Träume und Gedanken. Wer aber regiert, zieht die Fäden und sorgt für einen ordnungsgemäßen Ablauf? An der Universität sind es Rektor und Dekan. Im Bewusstsein sind es das Ich und seine Gedanken. Wie wir bereits im ersten Teil besprochen haben, muss nach Kant das Bewusstsein vom Denken, das »Ich denke«, die Gedanken begleiten, um sie bewusst werden zu lassen.

Das »Ich denke« ist also Rektor und Dekan der Universität des Bewusstseins. Wenn Kant träumt, ist es sein Ich, das träumt. Das Ich, das sich Immanuel Kant nennt. Wenn Kant wandernde Gedanken hat, ist es sein Ich, das diese Gedanken denkt. Wenn auch das politisch-administrative Ich von Kant wohl häufiger abwesend ist, sein träumendes und vor allem denkendes Ich ist immer da. Was aber heißt in diesem Falle Anwesenheit? Wir sehen kein Ich, sagen heutige Neurowissenschaftler wie Gerhard Roth und Neurophilosophen wie Thomas Metzinger. Alles, was wir sehen, ist ein Gehirn. Graue Masse statt bunter Vielfalt des Ich. Kein Ich anwesend. Das war ja für mich als Autor vor ein paar Jahren auch Anlass genug, eine *Fahndung nach dem Ich* auszuschreiben.
Kant sagt, dass das »Ich denke« das Bewusstsein und seine Einheit regiert. Wer aber organisiert die Einheit des Gehirns und seine Einheit mit der Umwelt? Keine Einheit ohne Organisation. Und keine Organisation ohne Ich. Also doch ein Ich im Gehirn? Wo und wie aber können wir ein solches dort finden?
Stellen Sie sich einen Hühnerstall vor. So wie Kants Ich politisch-administrativ eher abwesend war, ist gerade auch kein Huhn im Hühnerstall. Sie finden aber viele Eier vor. Es muss also doch irgendwo ein Huhn geben. Hühnerstall ohne Huhn, gut möglich. Aber Eier ohne Huhn, unmöglich! Sie begeben sich auf die Suche nach dem Huhn. Sie schauen sich zuerst einmal im Hühnerstall selbst um. Da liegt zwar vieles, ein Huhn tanzt dort aber nicht herum. Dann schauen Sie im Grundstück, auf dem der Hühnerstall steht. Wieder kein Huhn. Und auch beim Nachbarn finden Sie Ihr Huhn nicht …
Der Hühnerstall entspricht dem Gehirn. Im Hühnerstall liegen viele Eier herum, im Gehirn gibt es verschiedene Regionen. Halt, werden Sie sagen, da stimmt was nicht. Eier und Huhn, ja, das passt gut zusammen, denn das Huhn legt die Eier. Aber Ich und Gehirnregionen? Nein, denn das Ich »legt« ja nicht

die Regionen. Doch Vorsicht. Denn wenn das Ich wirklich so zentral ist, muss es auch das Gehirn strukturieren und organisieren und somit seine verschiedenen Regionen konstituieren, »legen«. Daher können wir weitermachen mit unserem Huhn. Ostern malen wir die Eier bunt, heute lässt die Bildgebung die Gehirnregionen kunterbunt aufleuchten. Der Hühnerstall steht auf einem Grundstück, das Gehirn verwendet den Boden des Körpers. Das Grundstück hat Nachbargrundstücke. Der Nachbar des Körpers ist die Umwelt, die anderen Körper samt ihren Gehirnen und Ichs. Das Huhn haben wir nun leider weder im Hühnerstall noch auf dem Grundstück oder beim Nachbarn gefunden. Genauso finden wir auch das Ich weder im Gehirn oder Körper noch in der Umwelt.

Was bleibt uns bei der Fahndung nach dem Huhn? Noch haben wir eine Chance: Schauen wir doch einmal in den Hecken nach, die den Hühnerstall mit dem Grundstück und dieses mit dem Nachbargrundstück verbinden und alles zugleich voneinander abgrenzen. Vielleicht hält es sich dort versteckt. Was aber sind die Verbindungen zwischen Gehirn, Körper und Umwelt? Wir sehen sie nicht, nehmen sie aber täglich wahr. Und auch hierfür sind Kant und sein Ich, sein ganz persönliches Ich, wiederum ein wunderbares Beispiel. Kant ist körperlich von eher schwächlicher Statur. Er neigt dazu, Veränderungen in seinem Körper große Aufmerksamkeit zu schenken. Als junger Mann hat er offenbar häufiger Brustbeschwerden, Beklemmungen und Engegefühle. Heute würde man es höchstwahrscheinlich als *Angina pectoris* diagnostizieren, eine verminderte Durchblutung und Sauerstoffversorgung der Gefäße des Herzens. Damals aber ist das Herz in seiner Physiologie noch nicht so gut erforscht wie heute.

Heute heißt es *Angina pectoris*. Damals wird dieses Leiden allerdings der Hypochondrie zugeordnet, die zu Kants Zeiten vor allem unter Intellektuellen beinahe in Mode ist.

Hypochondrie gibt es natürlich auch heute noch. Der Begriff beschreibt die übersteigerte Angst, an einer ernsthaften Erkrankung zu leiden. Die Aufmerksamkeit ist ganz auf den eigenen Körper gerichtet, wo bereits geringfügige Signale als Ausdruck schwerwiegender Erkrankungen interpretiert werden. Auch Kant richtet seine Aufmerksamkeit verstärkt auf seinen Körper, in jüngeren Jahren auf seine Brust, in späteren Jahren vor allem auf Bauch und Verdauung. Er ist also ein wahrer Hypochonder.
Was aber macht ein Hypochonder mit seiner verstärkten Aufmerksamkeit auf den Körper? Viele Hypochonder heutzutage schauen im Internet nach, wo viel über Krankheiten geschrieben steht. Sie entwickeln das, was man Cyberchondrie nennt und was die Symptome eher verstärkt oder gar erst manifest macht. Das Internet steht Kant seinerzeit nicht zur Verfügung. Dafür aber sein heller Verstand. Kant versucht die Beklemmungen rein mechanisch zu betrachten und dadurch die Symptome zu lösen: »Ich habe wegen meiner flachen und engen Brust, die für die Bewegung des Herzens und der Lunge wenig Spielraum lässt, eine natürliche Anlage zur Hypochondrie, welche in früheren Jahren bis an den Überdruss des Lebens grenzte. Aber die Überlegung, dass die Ursache dieser Herzbeklemmung vielleicht bloss mechanisch und nicht zu heben sei, brachte es bald dahin, dass ich mich an sie gar nicht kehrte, und während dessen, dass ich mich in der Brust beklommen fühlte, im Kopf doch Ruhe und Heiterkeit herrschte.«[29]
Hypochondrie beschreibt die Lenkung der Aufmerksamkeit auf den eigenen Körper. Kant versucht sie durch Ablenkung mithilfe des Verstandes zu bekämpfen. Seine Gedanken, sein denkendes Ich, zeigen seinem hypochondrischen Ich die Grenzen auf. Alle Aufmerksamkeit geht auf die Gedanken und somit auf die Rationalität von Verstand und Vernunft, das zieht die irrationale Aufmerksamkeit vom Körper ab. Man könnte

also sagen, dass Kant die eine Chondrie, seine Hypochondrie, durch eine andere, ich nenne sie mal »Ratiochondrie«, ersetzt. Kant versucht Hypochondrie durch Ratiochondrie zu therapieren. Heute sieht die Therapie der Hypochondrie anders aus: Nicht mehr die Ratio von Verstand und Vernunft therapiert, sondern die grauen Windungen des Gehirns. Kant macht sich mittels seines Verstandes bewusst, dass seine Brustbeklemmungen rein mechanisch sind. Wir machen uns heute bewusst, dass Hypochondrie rein neuronal ist. Gehirn statt Verstand, »Neurochondrie« statt »Ratiochondrie«. Der Hypochonder heutzutage geht von Internetseite zu Internetseite, von Arzt zu Arzt, sammelt Befunde und Diagnosen. Je mehr Diagnosen, desto weiter aber wächst die Hypochondrie – und umso mehr Website- und Arztbesuche wird er machen, mit der entsprechenden Häufung an Diagnosen. Ein bösartiger Zirkel, der Zirkel der Hypochondrie. *Doctorhopping and -shopping* nennt sich das.

Ähnlich scheint es heutzutage mit der Neurowissenschaft zu gehen. Wir gehen nicht mehr zum Philosophen, um Bewusstsein, freien Willen, Selbst und so weiter zu verstehen. Wir fragen die Neurowissenschaftler nach ihren neuesten Befunden und therapieren uns selbst vermittels des Gehirns, *train your brain* heißt es. Neurohopping und -shopping könnte man das auch nennen. Resultat: Analog zum Hypochonder könnte man dann von einem Neurochonder sprechen, der alles auf das Gehirn bezieht und die verschiedenen Neurowissenschaftler befragt. Wie unser Student, der einzig und allein das Gehirn als Ursache auch des transzendentalen Bewusstseins ansieht.

Neurohopping and -shopping, das ist Befriedigung und Angst zugleich. Befriedigung durch immer wieder neue Befunde zum Gehirn. Genauso wie der Hypochonder befriedigt ist über jede Diagnose. Aber eben nur kurzfristig. Denn gleich danach kommt Angst auf. Die unterschwellige Angst beim Neurochonder ist: Bin ich wirklich nichts als mein Gehirn? Genauso wie die Hypochondrie macht uns auch die Neurochondrie nicht glücklich. Zumindest nicht wirklich. Bestenfalls oberflächlich. Das ist auch deutlich erkennbar bei unserem Studenten. Sie erinnern sich? Kant bittet ihn, so träumen wir hier, ihn bei seinen Recherchen zum neuen Buch, der »Kritik der Gehirnkunst« zu unterstützen.

»Vielleicht können Sie mich ja überzeugen, dass die Gehirnkunst der richtige Weg ist«, hat er ihm schmunzelnd gesagt.

Der Student trägt zu ihrer ersten Besprechung ein neues T-Shirt, das ihn gar nicht mehr so sicher zeigt. »Am I my brain?«, »Bin ich mein Gehirn?«, steht darauf. Jetzt ist er also weder bewusstseinsunsicher, »Am I conscious?«, wie es in Königsberg auf seiner Brust zu lesen war, noch gehirnsicher wie in Berlin mit »I am my brain«. Stattdessen haben ihn die Gespräche mit Kant bereits ich-unsicher gemacht, unsicher, ob sein Ich nichts als sein Gehirn ist: »Am I my brain?«

Ich und Gehirn

Frönen wir weiter der Neurochondrie. Ganz unbekümmert. Hoppen und shoppen wir fröhlich, aber nicht unbewusst weiter im Reich der Neurowissenschaftler und ihrer Befunde zum Ich im Gehirn. Fahnden wir also nach dem Huhn, dem Ich im Hühnerstall des Gehirns.

Wie können wir testen, wo im Gehirn das Ich sitzt – und ob es überhaupt da ist? Ganz einfach. Wir präsentieren Probanden Stimuli, die in enger Beziehung zu ihrem Selbst stehen. Bilder des eigenen Gesichts, Worte, die etwas mit ihrem Selbst zu tun haben, oder den eigenen Namen. Neurowissenschaftler sprechen hier von selbstbezogenen oder selbstspezifischen Stimuli. Deren Wirkung auf das Gehirn können sie dann mit der von Stimuli vergleichen, die keinerlei Beziehung zum Selbst der jeweiligen Person aufweisen – die nicht selbstbezogenen

Stimuli. Ein Beispiel: Ein Wort, das für einen Neurowissenschaftler ein selbstbezogener Stimulus ist, dürfte der Begriff »Gehirn« sein. Für Kant hingegen wäre das kein selbstbezogener Stimulus. Bei ihm könnte man eher Worte wie »Verstand« und »Vernunft« nehmen. Die nun wieder würden beim heutigen Neurowissenschaftler eher in die Rubrik der nicht selbstbezogenen Stimuli fallen.

Nun können selbst- und nicht selbstbezogene Stimuli in der funktionellen Bildgebung, im fMRT, präsentiert werden, während die neuronale Aktivität gemessen wird. Dabei zeigt sich, dass bei selbstbezogenen Stimuli vor allem Regionen in der Mittellinie des Gehirns, die bereits erwähnten Mittellinienstrukturen, hoch aktiv sind. Wohingegen sie bei nicht selbstbezogenen Stimuli ihre Aktivität herunterschrauben. Deaktivierung nennt der Neurowissenschaftler das. Kant würde diese Deaktivierung also bei »Gehirn« zeigen, der Neurowissenschaftler hingegen bei dem Wort »Vernunft«.

Wesentlich ist, dass die Mittellinienstrukturen sehr sensitiv auf verschiedene Grade der Selbstbezogenheit von Stimuli reagieren. Nicht der Stimulus selbst ist entscheidend. Ob »Gehirn« oder »Vernunft«, das interessiert die Mittellinienstrukturen offenbar nicht. Viel wichtiger ist ihnen die Bedeutung, die das jeweilige Wort für die entsprechende Person hat. Nur wenn es eine hohe persönliche Bedeutung und somit hohe Selbstbezogenheit für die Person hat, hält das Gehirn seine hohe Aktivität in diesen Regionen aufrecht. Wenn das Wort oder der Stimulus hingegen eher bedeutungslos ist, also nicht selbstbezogen, sieht das Gehirn keine Notwendigkeit, seine erhöhte Aktivität aufrechtzuerhalten und kostbare Energie zu verschwenden. Wie an der Börse: Wo keine Aussicht auf persönlichen Gewinn besteht, wird nicht investiert.

So wie die Brooker sich via Internet mit ihren Kollegen an den anderen Börsen verbinden, vernetzen sich auch die Mittellinienregionen untereinander. Untersuchungen haben gezeigt, dass speziell die vorderen und hinteren Mittellinienregionen, das anteriore und posteriore Cingulum, eng miteinander verknüpft sind, wenn es um selbstbezogene Stimuli geht. Funktionelle Konnektivität nennt der Neurowissenschaftler diese Verbindung. Die Information wird durch eine solche funktionelle Konnektivität von vorn nach hinten, und wohl auch umgekehrt, weitergereicht. Wenn hingegen nicht selbstbezogene Stimuli gezeigt werden, wird die Verbindung geschwächt. Warum auch Information weiterreichen, wenn sie in persönlicher Hinsicht wertlos ist? Da »denkt« das Gehirn sehr ökonomisch. Ganz wie die Brooker an der Börse.

Sitzt unser Ich, das Selbst, also in den Mittellinienstrukturen des Gehirns? Das Huhn im Hühnerstall des Gehirns ist also eine Mittellinie? Nein, sagen einige Wissenschaftler wie die französischen Forscherinnen Dorothy Legrand und Perine Ruby. Die Befunde der hohen Mittellinienaktivität bei selbstbezogenen Stimuli sind ein Artefakt. Nicht die Selbstbezogenheit der Stimuli löst die hohe Aktivität aus, sondern das, was sie »Allgemeine Evaluierungsfunktion« nennen. Sie muss auch bei anderen Stimuli und Aufgaben, die ebenfalls die Aktivierung in diesen Regionen auslösen, erforderlich sein.

Was aber ist eine solche Allgemeine Evaluierungsfunktion? Der Begriff ist unscharf und unspezifisch. Ist Selbstbezogenheit nicht immer auch eine Evaluation? Eine Evaluation des Stimulus hinsichtlich seiner Bedeutung für das Selbst der Person? Zudem müssen wir annehmen, dass jeder Stimulus zunächst einmal hinsichtlich seiner Bedeutung für die Person evaluiert wird. Der Brooker schaut sich die neuesten Börsendaten vor allem bezogen darauf durch, was ihn betrifft und was nicht. Dann erst schaut er bestimmte, und da eben die selbstbezogenen, Daten im Detail an und überlegt sein weiteres Tun. Nichts geht also ohne Selbstbezogenheit. An der Börse wie im

Gehirn. Das erkennt schon Kant, wenn er feststellt, das die Einheit des Bewusstseins ohne das Ich, das er als denkendes bestimmt, als »Ich denke«, unmöglich ist.
Räumlich halten die Mittellinienstrukturen mittels der funktionellen Konnektivität bei selbstbezogenen Stimuli zusammen. Was machen sie zeitlich? Sie schwingen fröhlich hin und her, in einem bestimmten Rhythmus, dem Gammarhythmus zwischen 30 und 40 Hertz. Den kennen wir schon, Wolf Singer hat ihn im visuellen Kortex bei der bewussten Wahrnehmung beobachtet. Nun also wieder Gamma. Diesmal aber in den Mittellinienstrukturen, wie der dänische Forscher Hans Lou beobachtete. Sie sind mit dem Selbst, dem Ich, verknüpft.
Das Ich scheint sich also in den Mittellinienstrukturen des Gehirns zu befinden. Fahndung nach dem Ich erfolgreich abgeschlossen, wird der Detektiv jetzt sagen. Doch halt, was aber ist dann mit dem Rest des Gehirns, den äußeren oder lateralen Regionen? Brauchen wir die nicht, weil sie nicht zum Ich gehören, sich also außerhalb des Hühnerstalls des Ich befinden? Komisch, dann bräuchten wir sie ja eigentlich gar nicht. Gehört der Hühnerstall des Gehirns dann nicht ordentlich ausgemistet? Ein Huhn beziehungsweise Ich reicht. Andere Hühner, andere Ichs brauchen wir nicht. Also raus damit?
Nein, so einfach ist das nicht, sagt Todd Feinberg, ein amerikanischer Neurologe in New York, der sich seit vielen Jahren mit den Auswirkungen von Läsionen im Gehirn auf das Ich beziehungsweise Selbst beschäftigt. Seiner äußerst originellen Persönlichkeit entsprechen seine originellen Forschungsideen. Basierend auf der Anatomie des Gehirns nimmt er drei Ringe an, innerer, mittlerer und äußerer Ring. Der innere Ring umfasst die Regionen, die unmittelbar an den Hirnhöhlen und den die beiden Hemisphären verbindenden Balken liegen. Auf der kortikalen Ebene sind dies das besagte anteriore und posteriore Cingulum. Nach Feinberg sind dies Regionen, die starken

Input von Stimuli des eigenen Körpers erhalten, sogenannte interozeptive Stimuli. Veränderungen des Körpers senden also Signale ans Gehirn, die dann vor allem im inneren Ring die Aktivität modulieren. Nicht Großhirn an Kleinhirn, sondern der Körper meldet an den inneren Ring, wenn zwischen Leber und Milz noch ein Pils passt. Nach Feinberg kann man hier von einem »Intero-Selbst« oder besser einem »Körper-Selbst« sprechen.

Der äußere Ring des Gehirns umfasst die Regionen des sensorischen und des motorischen Kortex, zudem die sogenannten lateralen, die außenliegenden, Regionen wie der laterale präfrontale Kortex. Allen diesen Regionen ist gemeinsam, dass sie vor allem Stimuli von der externen Umwelt, exterozeptive Stimuli, prozessieren und verarbeiten. Während Sie dieses Buch lesen, sind also vor allem diese Regionen aktiv, Ihr »Extero-Selbst« oder besser »Umwelt-Selbst«.

Dazu kommt die Mitte, der mittlere Ring. Das sind genau die Regionen, die zwischen innerem und äußerem Ring liegen. Regionen wie der ventro- und dorsomediale präfrontale Kortex, die vorn liegen, oder der Precuneus hinten. Im Unterschied zu den Regionen des inneren und äußeren Rings erhalten diese Regionen keinen direkten Input von den Stimuli der Umwelt oder denen des Körpers. Es sind stimulus-freie Zonen. Was aber machen diese Regionen dann? Todd Feinberg sagt, dass sie vor allem verbinden und verknüpfen, sie integrieren den inneren und äußeren Ring und ihre jeweiligen Stimuli von Körper und Umwelt. Diese Integrations- beziehungsweise Verbindungsleistung bezeichnet er als Selbst. So wie das Selbst des Brookers verschiedene Informationen aus Hongkong, Tokio, Frankfurt, New York und London verbinden muss, muss das Selbst des Gehirns Umwelt und Körper integrieren.

Das Ich ist dann im Wesentlichen eine Verbindungsleistung: die Verbindung zwischen innerem und äußerem Ring, zwischen Körper und Umwelt beziehungsweise ihren jeweiligen Stimuli. Dysbalancen zwischen diesen Ringen führen zu Verschiebungen. Zu Verschiebungen zwischen Körper und Umwelt. Wenn zum Beispiel zu viel Aktivität im inneren Ring vorherrscht, wird das Ich vom Körper beherrscht. So wie es offenbar bei Kant der Fall ist, dessen Hypochondrie ihn seine Aufmerksamkeit auf den Körper richten lässt. Als Autor lenke ich Ihre Aufmerksamkeit eher auf die mittleren Regionen, die Mittellinienstrukturen, und ihre Verbindungsleistung als Sitz des Selbst. Leidet der Autor dieses Buches also an einer »Mittellinienchondrie«?

Ruhe und Ich

Mittellinienchondrie? Nein, diese mittleren Regionen scheinen durchaus von zentraler Bedeutung für das Gehirn zu sein. Denn wir hatten sie ja schon einmal im Visier: beim Ruhezustand des Gehirns. Die Mittellinienregionen zeigen eine besonders hohe Aktivität im Ruhezustand und sind der Kern dessen, was die Neurowissenschaftler als *default-mode network* (DMN) bezeichnen. Und nun sind dieselben Regionen zudem beim Ich aktiv, als zentrale Verbindungsleistung. Die Mittellinienregionen scheinen damit eine hohe Bedeutung für das Gehirn und das Ich aufzuweisen. Selbstbezogenheit könnte man ihnen attestieren.
Wenn nun die gleichen Regionen sowohl eine hohe Aktivität im Ruhezustand aufweisen als auch beim Selbst aktiv werden, muss doch ein Zusammenhang bestehen, und zwar zwischen Ruhe und Selbst. Und in der Tat, es gibt interessante Befunde hierzu: Der belgische Forscher Antoine d'Argembeau hat gesunde Probanden untersucht, während sie über ihre eigene Person, über andere Menschen und über soziale Themen nachdachten. Vor allem die vorderen Mittellinienregionen im mitt-

leren Ring wie der ventromediale präfrontale Kortex (VMPFC) zeigten beim Nachdenken über die eigene Person eine hohe Aktivität. Interessanterweise wies genau dieselbe Region eine ähnlich hohe Aktivität im Ruhezustand auf, wenn die Probanden über gar nichts nachdachten. Nun ist es bekanntermaßen sehr schwer, gar nicht zu denken, aber sie sollten sich innerlich möglichst ruhig verhalten, was immer noch eine hohe Aktivität in den entsprechenden Hirnregionen auslöste.

Besteht also eine starke Überlappung zwischen Ruhe und Ich? Forscher um Susan Whitfeld-Gabriel aus den USA haben die gleichen Probanden sowohl während selbst- und nicht selbstbezogener Stimuli als auch im Ruhezustand untersucht. Regionen, die eine gleich hohe Aktivität bei Selbstreflexion und in Ruhe zeigten, waren hier die uns bereits bekannten: das anteriore und posteriore Cingulum und die ventromedialen präfrontalen Regionen. Dieselben Regionen zeigten deutlich weniger Aktivität bei den nicht selbstbezogenen Stimuli. Es scheint also in der Tat eine enge Beziehung zwischen Ruhe und Selbst zu bestehen. Dies konnte auch in einer Metaanalyse eines jungen chinesischen Forschers in meiner Gruppe, Pengmin Qin, bestätigt werden. Er verglich alle Ergebnisse zum Selbst mit allen Ergebnissen zum Ruhezustand. Dabei zeigte sich eine starke Überlappung beider vor allem in den vorderen Mittellinienregionen, im anterioren Cingulum und ventromedialen präfrontalen Kortex. Ruhe und Selbstreflektiertheit weisen gleiche Aktivität auf. Ruht das Selbst also?

Diese Befunde sagen uns viel über das Selbst beziehungsweise Ich aus, beispielsweise dass es in den Mittellinienregionen verortet werden könnte und eine hohe Aktivität zeigt. Sie sagen uns aber auch etwas über die Ruhe des Gehirns aus: Das Gehirn vermindert den Grad seines Ruhezustandes nur bei nicht selbstbezogenen Stimuli. Dagegen hält es seine Ruheaktivität bei selbstbezogenen offenbar hoch. Wenn das so ist, muss der

Ruhezustand des Gehirns, insbesondere in den Mittellinienregionen, ein spezielles Sensorium für Selbstbezogenheit aufweisen. Nur wenn die Mittellinienregionen erkennen können, dass der Stimulus selbstbezogen ist, können sie ihre hohe Aktivität aufrechterhalten. Und nur wenn sie erfahren, dass ein Stimulus nicht selbstbezogen ist, können sie ihre Aktivität herunterfahren.

In einer Studie von Felix Schneider aus unserer Gruppe wurde das Sensorium des Ruhezustands für das Selbst untersucht. Dabei wurden die Ruhezustandsphasen nach selbstbezogenen Stimuli mit denen verglichen, die nach nicht selbstbezogenen Stimuli erfolgten. Dabei konnte festgestellt werden, dass selbstbezogene Stimuli eine höhere Aktivität in den nachfolgenden Ruhephasen nach sich zogen als nicht selbstbezogene Stimuli. Die selbstbezogenen Stimuli ragten also gewissermaßen in den Ruhezustand hinein und erhöhten seine Aktivität noch zusätzlich. Im Unterschied dazu hinterließen die nicht selbstbezogenen Stimuli keine (so starken) Spuren im Ruhezustand des Gehirns. All das passierte ganz speziell in den Mittellinienregionen im inneren und vor allem mittleren Ring.

Was genau geht hier vor sich? Das Selbst beziehungsweise Ich kapert die Ruhe des Gehirns, die sich scheinbar bereitwillig vereinnahmen lässt. Das Selbst hat offenbar einen speziellen Schlüssel zum Ruhezustand des Gehirns. Es scheint den Code des Ruhezustands, seine spezielle Kombination, zu kennen. Es kann den Code knacken und so die Türen der Ruhe des Gehirns öffnen.

Weiter oben hatten wir das Selbst als Verbindungsleistung zwischen Körper und Umwelt, zwischen innerem und äußerem Ring, charakterisiert. Nun scheint sich das Selbst auch mit dem Gehirn, seinem Ruhezustand, zu verbinden. Verbindung, Verbindung und nochmals Verbindung. Zum Körper, zur Umwelt und zum Gehirn. Das Selbst scheint aus nichts als Verbindun-

gen zu bestehen. Networking heißt das auf Neudeutsch. Ist unser Ich also ein Netzwerker?
Networking ist harte Arbeit. Und eine solche setzt Aktivität voraus. Wie aber passt das damit zusammen, dass das Selbst offenbar schon in der Ruhe des Gehirns zu finden ist? Wenn das Selbst ein bloßer Ruhezustand des Gehirns ist, kann es keine Arbeit verrichten. Und schon gar nicht networken. Doch halt. Der Ruhezustand des Gehirns ist ja gar nicht so ruhig, wie sein Name vermuten lässt. Statt Ruhe und Stille herrschen hier Aktivität und Geräusch vor. Die Aktivität einer sich ständig ändernden funktionellen Konnektivität. Und die Geräusche der niedrigfrequenten Fluktuationen. Wenn das Selbst schon im Ruhezustand des Gehirns zu finden ist, dann muss es durch eben jene Dynamik, funktionelle Konnektivität und niedrigfrequente Fluktuationen, gekennzeichnet sein. Das ist eine interessante Hypothese, die der Untersuchung bedarf.
Aber, hakt an dieser Stelle Kant ein, unentwegt auf der Suche nach Material für seine »Kritik der Gehirnkunst«: Das Selbst ist doch noch viel mehr als Dynamik und ständige Veränderung. Das sind nur die Gedanken, die vom Ich als das »Ich denke« gedacht werden und dynamisch wechseln. Das Ich selbst, unabhängig von seinen Gedanken, muss aber immer schon da sein. Wie ein Fels in der Brandung der ständig wechselnden Gedankenströme. Ein solcher Fels ist kontinuierlich da. Konstant in Raum und Zeit. Eine solche Kontinuität in Raum und Zeit kann aber nicht vom Ruhezustand des Gehirns selbst kommen, dazu ist er zu dynamisch und wechselhaft. Sie ist nur möglich für Verstand und Vernunft. Das Ich kann daher seinen Ursprung und Sitz nur im Verstand, nicht aber im Gehirn haben.
Unser mittlerweile ich-unsicherer Student ruft hier ganz und gar nicht unsicher ein »Halt!« dazwischen. »Der Ruhezustand erzeugt doch eine gewisse räumlich-zeitliche Kontinuität. Zu-

nächst im Gehirn, dann später zwischen Gehirn und Umwelt. Die Umwelt-Gehirn-Einheit. Sie erinnern sich, Herr Kant? An die Vorträge in Berlin? Die räumlich-zeitliche Kontinuität zwischen Gehirn und Umwelt im Ruhezustand könnte als Fels in der Brandung der Gedankenströme des Ich fungieren. Und somit als Ich selbst. Dann ist das Ich, auch das von Ihnen, Herr Kant, nicht mehr in Verstand und Vernunft zu finden. Sondern in der räumlich-zeitlichen Kontinuität zwischen Gehirn und Umwelt. Als Fels in der Brandung der neuronalen Ströme des Gehirns. Und somit als Fels in der Brandung des Gedankenströme des Selbst.«

Gehirn- oder Gedankenchimäre

Stellt Kant das zufrieden? Nun, er freut sich sicherlich, einen so eifrigen Gesprächspartner zu haben, der ihn in seinen Gedanken und Schlüssen vorantreibt. Aber seine Argumentation? Kant entdeckt gleich einen logischer Fehler: Das Ich denkt. Das resultiert in das, was er als »Ich denke« beschreibt. Dabei muss das Ich von seinen Gedanken unterschieden werden. Das Ich selbst kann kein bloßer Gedanke sein, denn dann würde ein Gedanke sich selbst denken, und das geht nicht. Das Haus, das der Bauherr baut, kann sich nicht selbst bauen. Haus und Bauherr müssen unterschieden werden. Und so auch Ich und Gedanken. Das Ich ist der Bauherr im Haus der Gedanken.

Das aber, so könnte Kant einwerfen, sei alles in unschöner Unordnung, wenn es um Ich und Gehirn geht. Und Unordnung, das wissen wir bestens, liebt Kant nun gar nicht. Wenn das Ich im Gehirn und seinen Neuronen verankert wird, kann es nicht mehr durch Denken charakterisiert werden. Dann wird es durch Neuronenströme, nicht aber durch Gedankenströme charakterisiert. Kurz gesagt, das Ich hört dann auf zu denken. Es neuronalisiert stattdessen. Das »Ich denke« wird durch ein

»Ich neuronalisiere« ersetzt. Wer aber ist dann dieses Ich? Es kann nicht mit dem Gehirn gleichgesetzt werden. Denn das ist ja bereits das Haus, in dem das Ich heiter neuronalisiert. Wer aber ist dann der Bauherr?

Wenn das Gehirn selbst der Bauherr ist, wäre es Haus und Bauherr zugleich. Das können wir ausschließen. Genauso kann das Gehirn, das das Ich neuronalisiert, nicht zugleich das Ich selbst sein, welches neuronalisiert wird. Das ist aus rein logischen Gründen unmöglich. Denn es ist logisch, dass das Haus, das der Bauherr baut, nicht der Bauherr selbst sein kann. Und daher kann das Gehirn selbst nicht das Ich sein. Das würde Kant wohl sagen.

»Kein Problem«, entgegnet der Student mit der Unterstützung der Neurowissenschaftler. »Wir können kein Ich im Gehirn entdecken. Nur neuronale Aktivität in den Mittellinienregionen und dem Rest des Gehirns. Also gibt es kein Ich.« So sehen es Neurowissenschaftler wie Gerhard Roth und Neurophilosophen wie Thomas Metzinger. Das Ich ist für sie nichts als eine Illusion des Gehirns. Eine Illusion der Neuronenströme des Gehirns. Eine bloße Neuronenchimäre, die uns als Gedankenchimäre erscheint.

Kant aber wäre nie damit zufrieden: »Das Ich, das ›Ich denke‹, eine Chimäre der Gedanken des Gehirns? Nein, das Ich ist keine Gedankenchimäre, sondern notwendig dafür, dass überhaupt gedacht werden kann. Zu denken, dass das Ich eine Illusion ist, setzte ein Ich voraus. Ohne Ich geht gar nichts.«

»Eher gilt«, weiß der Student, »dass ohne das Gehirn gar nichts geht. Denn ohne Gehirn könnten Sie keinen Gedanken denken. Nicht einmal Sie, Herr Kant. Ihr Ich als denkendes Ich ist nichts als ein neuronalisierendes Gehirn. Sie sehen doch selbst: Schon im Ruhezustand Ihres Gehirns ist Ihr Ich zu finden. Ihre Logik ist da gar nicht so wichtig. Ob Bauherr gleich Haus oder nicht. Hier geht es nicht um Logik, sondern um empirische Fakten. Und die Ruhe des Gehirns und somit um Ihr Ich!«

»Aber Bewusstsein und das Bewusstsein eines Ich, das lässt sich doch nicht negieren«, so Kant. »Wenn Ihre Theorie stimmt, dürften Sie und Ihre Herren Neurowissenschaftler ja weder über Bewusstsein noch über ein Selbst verfügen. Nur die graue Masse der Neuronen des Gehirns wäre vorhanden. So aber kommen Sie mir ehrlicherweise nicht gerade vor. Ihr Bewusstsein ist ausgeprägt und Ihr Selbst ausgesprochen stur – und nicht zuletzt unlogisch argumentierend. Wollen Sie also ganz bewusst auf dem Boden Ihres Ich Ihr Bewusstsein und Ihr Ich negieren? Das hieße, dass Sie sich vom Gehirn regieren lassen wollen.«

Der Student bleibt dabei: »Das Gehirn ist der König. Der Geist hingegen, mitsamt Verstand und Vernunft, ist tot. Unwiderruflich. Tot. Mausetot. Es lebe das Gehirn. So singen es die modernen Neurowissenschaftler im Chor. Das müssen Sie akzeptieren.«

»Wenn schon Gehirn, dann bitte vernünftig«, schnaubt Kant.

Was aber hieße das? Für Kant hieße das wohl, dass beide, Gehirn und Bewusstsein, als Realitäten anerkannt werden. Man kann nicht das eine gegen das andere austauschen. Zu Kants Zeit werden Gegenstände und Objekte, wie auch das Gehirn, gern dem Verstand und seinem Bewusstsein und ultimativ dem Geist, untergeordnet. Das tun beispielsweise Kants Vorgänger wie Leibniz und Berkeley wie im ersten Kapitel besprochen. Dann aber kommt David Hume und dreht den Spieß um. Er ordnet das Bewusstsein den Gegenständen der Umwelt unter. Kant aber wendet sich gegen beide in ihrem Anspruch auf alleinige Herrschaft. Beide, Bewusstsein und Gegenstände, Verstand und Umwelt, müssen berücksichtigt werden.

In unserer heutigen Zeit heißt das, dass wir beide, Gehirn und Bewusstsein, ernst nehmen müssen. Wir sollten keine Diktatur des Gehirns einführen. Noch sollten wir uns einer Diktatur des Bewusstseins unterwerfen wie zu Kants Zeiten, sondern eine Verbindung zwischen Gehirn und Bewusstsein herstellen. Wie aber könnte eine solche Verbindung zwischen Gehirn und Bewusstsein aussehen? Was würde einen Immanuel Kant in heutiger Zeit zufriedenstellen? Und was uns selbst? Wir können natürlich spekulieren und extrapolieren. Und, wie jeder Spekulant an der Börse weiß, manchmal kann man dabei das große Los ziehen. Also dann mal los.

Wenn Gehirn, Bewusstsein und Ich wirklich so eng zusammenhängen, wie es heute behauptet wird, dann müssen wir die Übergänge zwischen ihnen offenlegen. Spezieller, wir müssen zeigen, wie sich ein neuronaler Zustand des Gehirns, so wie wir es beobachten, in einen phänomenalen Zustand des Bewusstseins, wie wir ihn erleben, umwandeln kann. Wir müssen uns also auf das fokussieren, was ich hier neuronal-phänomenale Transformation nenne. Es muss eine Eigenschaft im neuronalen Zustand selbst vorhanden sein, spezieller im Ruhezustand des Gehirns, die es dem Gehirn ermöglicht, so auf den Stimulus zu reagieren, dass er bewusst erlebt werden kann. Diese Eigenschaft des neuronalen Ruhezustands haben wir in früheren Kapiteln als neuronale Prädisposition (*neural predisposition of consciousness*, NPC) beschrieben. Was genau diese neuronale Prädisposition im Ruhezustand des Gehirns ist, worin sie besteht, wissen wir gegenwärtig allerdings nicht.

Das war der Stand der Dinge bis zu diesem Kapitel. Jetzt haben wir gehört, dass die hohe Aktivität im Ruhezustand offenbar auch bei stark selbstbezogenen Stimuli aufrechterhalten wird. Das Selbst oder Ich scheint also irgendwie, in einer für uns noch unbekannten Form, in die hohe Ruhezustandsaktivität speziell in den Mittellinienstrukturen einkodiert zu sein. Ich und Ruhe: Das könnte eine Brücke zum Bewusstsein schlagen, die Kant durch die Begleitung des Ich, des »Ich denke«, charakterisiert. Wir haben durch die Befunde der

Überlappung zwischen Ruhe und Selbst das Gehirn und speziell seinen Ruhezustand in den Mittellinienstrukturen wieder ein Stückchen näher an das Bewusstsein gerückt.

Machen wir es uns etwas einfacher. Das Gehirn und sein neuronaler Ruhezustand tragen den Keim zur Entstehung des Bewusstseins schon in sich. So wie im Frühling die Samen der Früchte des letzten Herbstes in der Erde liegen, so ist im Gehirn der Samen des Bewusstseins vorhanden. Das ist es, was Kant die notwendige Bedingung der Möglichkeit von Bewusstsein nennt. Der Keim oder Samen im Falle des Bewusstseins kann möglicherweise als die Verknüpfung von Selbst und Ruhe im Gehirn angesehen werden. Also ein ich-bezogener Samen. Wie allerdings ein solcher ich-bezogener Samen des Bewusstseins in die Erde beziehungsweise Ruhe des Gehirns kommt, ist völlig unklar. Genauso ist unklar, wie der ich-bezogene Samen zum Austreiben gelangt, wie also aus der neuronalen Prädisposition zum Bewusstsein schließlich ein phänomenaler Zustand und somit Bewusstsein wird und schließlich ein Selbst entsteht. Wir wissen es nicht.

Der Student könnte jetzt rufen: »Na, das ist doch klar. Der Samen braucht Wasser und Sonne.«

Kant könnte dem kritisch entgegnen: »Was aber sind Wasser und Sonne im Kontext des Gehirns? Die richtige Umwelt. Das ist klar. Aber was eine richtige und was eine falsche Umwelt hierbei ist, das wissen wir nicht. Nur wenn wir das herausfinden, werden wir wissen, ob unser gegenwärtiger Fokus auf das Gehirn gesund oder doch eher krankhaft ist. In letzterem Fall sprechen wir von nichts als einer bloßen Gehirnchimäre und es muss uns eine Neurochondrie diagnostiziert werden.«

Nun aber kontert der Student: »Oder sind Bewusstsein und Selbst in der Tat nichts als Gehirn? Dann wäre Ihre Betonung von Verstand und Vernunft nichts als eine bloße Gedankenchimäre. Was dann, Herr Kant?«

Verrückt

Geisteskrankheit

Nun wird es völlig verrückt. Das Ich. Eben noch haben wir eine Neurochondrie unseres heutigen Ich diskutiert und eine Ratiochondrie des Kant'schen. Jetzt aber, vielleicht kommen wir so zu mehr Klarheit, prüfen wir, was passiert, wenn das Ich schizophren wird. Geisteskrank, wie es zu Kants Zeiten heißt. Kant ist zwar, wie jedem klar sein dürfte, keinesfalls geisteskrank. Aber er ist der Geisteskrankheit in seinem Leben mehrmals begegnet. 1782 beispielsweise wird ein junger jüdischer Student, der begeistert an Kants Vorlesungen teilnimmt, verrückt beziehungsweise wahnsinnig. Er läuft schließlich aus Königsberg weg, geht nach England, und als er wieder zurückkehrt, ist er nicht mehr an den metaphysischen Fragen von Kant interessiert, sondern mehr an der Entsalzung von Meerwasser.

Vielleicht sind die metaphysischen Sorgen von Kant zu viel für das Gemüt dieses Studenten. So empfinden es zumindest Kollegen, die Kant eine Mitschuld daran geben, dass dieser junge Mann kein philosophisches Morgen mehr hat. Kant wird vorgeworfen, den »unordentlichen Fleiß oder vielmehr die Eitelkeit dieses unglücklichen jungen Menschen zuviel genährt zu haben«[30]. Zu viel Metaphysik mit einem Zuviel an Kritik kann einen also auch verrückt machen. Die Kant'sche Betonung des Geistes kann nicht nur zur abnormen Aufmerksamkeit, der Ratiochondrie, führen, sondern vielleicht auch tatsächlich zur Verrücktheit, der Schizophrenie?

Es bleibt nicht die einzige Begegnung Kants mit der Verrücktheit des menschlichen Geistes. Er übernimmt 1786 ein erstes Mal das Amt des Rektors der Universität. Bei der feierlichen Zeremonie hält er eine Rede. Ein ehemaliger Student, der bekanntermaßen geisteskrank ist, hält sich auch im Publikum auf, das ansonsten handverlesen ist. Kaum beginnt Kant zu sprechen, da steigt der Student neben ihn auf das Podium und fängt an, sein eigenes Pamphlet zu verlesen. Kollegen kommen Kant zu Hilfe und entfernen den Studenten »durch die überlegenere Zahl von Händen«[31].

Zu Kants Zeiten heißen Störungen dieser Art schlichtweg Geisteskrankheit. Ursache unbekannt. Anders als heute ist das Gehirn damals so gut wie nicht erforscht. Man fängt gerade an, das Herz zu verstehen. Aber das Gehirn? Weitgehend unentdecktes Gelände. Gegen Ende des 19. Jahrhunderts wirken dann Psychiater wie Emil Kräpelin und Eugen Bleuler. Kräpelin sieht die Geisteskrankheit als ein frühzeitiges Nachlassen des Geistes an und gibt ihr daher den schönen Namen *Dementia präcox*. Eugen Bleuler ist anderer Ansicht. Er sieht die Spaltung als zentral an und spricht daher von Schizophrenie, einem »Spaltungsirresein«. Dieser Begriff setzt sich im Weiteren durch, sodass wir heute immer noch von Schizophrenie reden. Warum aber sprechen wir hier in unserem Zusammenhang davon? Das wird sich gleich klären.

Zerbrochenes Ich

Der schizophrene Patient erlebt Halluzinationen, vor allem akustische. Er hört seltsame Stimmen, die zu ihm sprechen, aber real beziehungsweise in der äußeren Welt keinen Absender haben. Nicht selten sprechen diese Stimmen auch über den Patienten. Stellen Sie sich vor, Sie hören eine Stimme, die Sie ständig beschimpft und alles negativ kommentiert, was Sie machen. Die Stimme lacht Sie aus. Wie fühlen Sie sich? Schrecklich. So geht es einem schizophrenen Patienten. Er entwickelt einen Wahn und nicht selten komische Ideen, dass er zum Beispiel verfolgt wird oder vergiftet werden soll. Das macht natürlich Angst, und es ist klar, dass die Emotionen mit ihm Achterbahn fahren.

Zu viele Stimmen, zu viel Wahn. Zu viel von dem, was die Psychiater heutzutage Positivsymptome nennen. Irgendwann hat der Klient genug von all dem Theater in seinem Kopf. Dann lehnt er alles völlig ab. Er schaltet auf stur. Er nimmt nichts mehr auf, zieht sich völlig zurück und will nur noch allein sein. Eine Form von Autismus. Autismus gilt zumindest Bleuler als Hauptsymptom der Schizophrenie. Der Betroffene stumpft zunehmend ab. Keine Gedanken mehr im Kopf, nur noch Leere und Desinteresse. Keine Emotionen mehr. Gar nichts. Alles ist stumpf und dumpf geworden. Das nennen wir heute Negativsymptome, die den Positivsymptomen zeitlich meist folgen.

Was aber hat all das mit dem Ich zu tun? Sehr viel. So sagen schon die alten Psychiater: Wenn das Ich gestört ist, ist auch alles andere gestört. Emil Kräpelin kennzeichnet die Geisteskrankheit, die er *Dementia präcox* nennt: Er nimmt eine Destruktion der Persönlichkeit an, ihrer inneren Zusammenhänge beziehungsweise der Kohärenz. Sie gehe mit einem Verlust der Einheit des Bewusstseins einher und sei daher wie ein Orchester ohne Dirigent. Was trägt ein Dirigent zur Musik bei? Zumindest keinen Klang, da er kein Instrument spielt. Aber auch wenn sein Tun selbst ohne Klang bleibt, ist er dennoch für den Gleichklang und das harmonische Zusammenspiel verantwortlich. Ohne ihn zerfällt das Orchester, die linke Seite, die der Geigen, weiß dann nicht, was die rechte Seite, die der Celli, spielt. Und die Streicher vorn wissen nicht, was hinten bei den Bläsern passiert. Heiteres Durcheinander und Chaos ohne Dirigent. Genauso scheint es bei der Geisteskrankheit, der Schizophrenie, zu sein, wenn das Ich nicht mehr funktioniert. Bleuler hebt vor allem die Spaltung und Dissoziation des Ich hervor. Das Ich ist gespalten, nicht mehr intakt. Ein ande-

rer Psychiater dieser Zeit, Josef Berze (1866–1958), spricht von einer Störung des Selbst und des Selbst-Bewusstseins.
In jüngster Zeit hat das Interesse am schizophrenen Selbst stark zugenommen, nicht zuletzt durch den dänischen Psychiater Josef Parnas und den Amerikaner Louis Sass. Sie kennzeichnen die Schizophrenie durch einen Verlust des Subjektiven, der Subjektivität: Die Wahrnehmung ist nicht mehr subjektiv beziehungsweise durch das eigene Selbst geprägt. Was sie »subjektives Selbst« nennen, ist gestört, es ist zerbrochen. Im gesunden Menschen ist es immer da. Alle unsere Wahrnehmungen, unsere Gedanken und Emotionen weisen einen Bezug zu unserer eigenen Person auf. Das ist genau das, was ich im letzten Kapitel als Selbstbezogenheit beschrieben habe. Diese Selbstbezogenheit aber ist bei schizophrenen Patienten gestört. Anders als wir können sie nicht mehr ausmachen, welche Bedeutung ein Stimulus für sie und ihr Selbst hat. Alles ist gleich bedeutsam. Und gleichzeitig bedeutungslos. Um auf Nummer sicher zu gehen, ordnen sie jedem und allem eine hohe Bedeutung zu. Das aber macht sie wahnsinnig, im wahrsten Sinne des Wortes. Denn das »Zuviel an Bedeutung« überschwemmt sie. Sie versuchen, dieses Zuviel in den Griff zu bekommen, irgendwie zu interpretieren. Das aber führt dazu, dass sie schließlich Stimmen hören und einen Wahn entwickeln.
Und das alles nur, weil ihre Selbstbezogenheit, ihr subjektives Selbst, nicht mehr funktioniert. Schizophrenie ist also eine Störung der Selbstbezogenheit beziehungsweise des subjektiven Selbst. Selbstbezogen werden dadurch aber nicht nur die Stimuli der äußeren Welt, sondern auch die vom eigenen Körper. Auch der eigene Körper wird im Bewusstsein als subjektiv erlebt. Es ist mein Körper, nicht Ihr Körper oder der meines Nachbarn. Und ich erlebe mich vielleicht subjektiv als dick, selbst wenn mein Körper es objektiv gar nicht ist. Der italieni-

sche Psychiater Giovanni Stanghellini und der schweizerische Psychiater Christian Scharfetter sehen die Störung des subjektiven Körpererlebens als zentral in der Schizophrenie an: Wenn wir unseren eigenen Körper nicht mehr als selbstbezogen und somit als subjektiv erleben, können wir auch kein kohärentes Ich, kein subjektives Selbst, mehr entwickeln.

Aber es geht noch weiter. Nicht nur Umwelt und Körper versorgen das Gehirn mit Input, intero- und exterozeptiven Stimuli. Sondern, wie in früheren Kapiteln gesehen, auch das Gehirn scheint eine eigene intrinsische Aktivität aufzuweisen, neuronale Stimuli. Auch diese müssen auf Gehirn und Person bezogen werden. Was aber, wenn die dafür nötige Selbstbezogenheit ausfällt? Die Stimuli vom Gehirn selbst beherrschen die Ruhe des Gehirns und die Gedanken der Person. Wenn die Selbstbezogenheit wegfällt, können sie nicht mehr auf das ruhende Gehirn und die denkende Person bezogen werden. Dann sind da Aktivitäten im Gehirn und Gedanken im Kopf, die zu keinem Selbst gehören. Gedanken und Aktivitäten von niemandem. Das kann aber doch nicht sein. Denn Gedanken gehören immer zu einem Selbst, einem denkendem Selbst. Und neuronale Aktivitäten zu einem Gehirn, einem ruhenden Gehirn.

Was also tun? Ganz einfach, sagt der schizophrene Patient, ich ordne die Aktivitäten und Gedanken einem Selbst meiner Wahl zu. Ich wollte doch schon immer mal Königin Nofretete sein. Oder Jesus. All meine Aktivitäten und Gedanken sind daher die Aktivitäten und Gedanken von Nofretete oder eben Jesus. Also bin ich Jesus. Ich bin Jesus. Ich bin Nofretete. Ist doch klar. Für mich jedenfalls. Für den Psychiater allerdings auch. Er nennt es Ich-Störung. Sie ist Ausdruck einer Schizophrenie. Das wiederum nimmt dem Patienten die Freiheit, er kommt in die Psychiatrie. Seine gedankliche Freiheit, die Freiheit seines neuen Ich, die aber kann ihm niemand nehmen. Auch nicht in der Psychiatrie. Er wehrt sich aus Leibeskräften, mit den Kräften, die Jesus oder eben Nofretete in ihren Körpern haben… bis ihn Medikamente beruhigen und zum Schlafen bringen.

Unterbrochene Mittellinien

Der deutsche Psychiater Wilhelm Griesinger (1817–1868) ist seiner Zeit weit voraus. Er sieht die Erkrankungen des Geistes als Erkrankungen des Gehirns an und plädiert daher für eine Integration der Psychiatrie in die Medizin. Im Zuge des Aufschwungs der Hirnforschung im Wechsel vom 19. zum 20. Jahrhundert wird nicht nur das normale Gehirn erforscht, sondern auch das verrückte. Man untersucht die Gehirne von verstorbenen Patienten und kann dort aber keine groben Läsionen finden. Und die technischen Mittel erlauben keinen direkten Einblick in das Gehirn, während es funktioniert. Das ist erst seit ungefähr zwanzig oder dreißig Jahren möglich, und zwar mittels der funktionellen Bildgebung des Gehirns wie fMRT. Diese Technik führte zu einem neuen Zugriff und einem weit tieferen Verständnis der Geisteskrankheiten und somit auch der Schizophrenie.

Eine fMRT-Studie von einer amerikanischen Gruppe um Holt[32] untersuchte schizophrene Patienten während der Stimulation mit Worten, genauer: Adjektiven. Diese waren entweder auf das Selbst der entsprechenden Person bezogen oder nicht. Im Unterschied zu gesunden Probanden zeigten die schizophrenen Patienten bei den selbstbezogenen Wörtern eine stark verminderte Aktivität in den vorderen mittleren Regionen, dem anterioren Cingulum und dem ventromedialen präfrontalen Kortex. Im Unterschied dazu wiesen sie in den hinteren Mittellinienregionen wie dem posterioren Cingulum eine erhöhte Aktivität auf. Schließlich waren auch die Verbindungen, die funktionelle Konnektivität, zwischen vorderen und hinteren Mittellinienstrukturen abnorm hoch bei den schizophrenen Patienten. Es scheint so, als ob die Verbindungen und somit die Kommunikation zwischen vorderen und hinteren Mittellinienregionen abnorm stark und somit gestört ist. Das zerbrochene Selbst scheint daher in den unterbrochenen Mittellinienregionen des Gehirns zu liegen.

Woher aber kommt die Unterbrechung zwischen den vorderen und hinteren Mittellinienregionen? Sie erinnern sich: Im vorigen Kapitel zeigte sich eine starke Überlappung des gesunden Selbst mit der Ruhe des Gehirns. Der Ruhezustand des Gehirns scheint über ein spezifisches Sensorium für die Selbstbezogenheit der Stimuli von Umwelt, Körper und Gehirn zu verfügen. Wenn diese Selbstbezogenheit nun aber zerbrochen ist, würde man erwarten, den Ruhezustand unterbrochen zu finden. Schauen wir uns daher den Ruhezustand des Gehirns in der Schizophrenie an.

Entsprechende bildgebende Studien zeigen, dass die Mittellinienregionen, vor allem die vorderen, eine sehr viel geringere Aktivität während einer Stimulation zeigen. Schizophrene Patienten können die Ruheaktivität ihrer Mittellinien nicht mehr erniedrigen. Dies ist darin sichtbar, dass sie einen deutlich geringeren Grad an Deaktivierung in diesen Regionen in der Mitte ihres Gehirns aufweisen, was auf erhöhte Ruhezustandsaktivität hinweist. Eine solche abnorme Erhöhung der Ruhezustandsaktivität erlaubt es dem Stimulus dann nicht mehr, die entsprechende Aktivität, stimulus-induziert, auszulösen. Der Ruhezustand reagiert dann einfach nicht mehr richtig. Genauso wie Sie, wenn Sie in einem erregten Zustand sind, nicht mehr unbedingt auf die äußeren Signale der Umwelt hören, sondern nur noch die inneren Signale der Erregung wahrnehmen.

Die Mittellinienregionen scheinen in der Schizophrenie offenbar rigide und unflexibel zu sein. Dies zeigt sich auch daran,

dass die Verbindungen zwischen vorderen und hinteren Mittellinienregionen abnorm stark sind: Hyperkonnektivität.
Wie Kant schon weiß: Zu wenig ist nicht gut. Aber jedes Zuviel ist auch nicht gut. So scheint es bei der Schizophrenie zu sein. Zu viel Ruheaktivität in den Mittellinien. Zu viel Konnektivität zwischen vorderen und hinteren Mittellinienregionen. Zu wenig Selbstbezogenheit im Gehirn. Zu viel Spaltung und zu viele Scherben in Bewusstsein und Selbst.
Der Ruhezustand des Gehirns besteht nicht nur aus Raum und Konnektivität, sondern auch aus Zeit und niedrigfrequenten Fluktuationen, wie wir bereits gesehen haben. Wie fluktuieren diese nun in der Schizophrenie? Interessanterweise zeigt sich, ähnlich wie bei der Konnektivität, eine Erhöhung der niedrigfrequenten Fluktuationen in den Mittellinienregionen. Die Frequenzbereiche zwischen 0,01 und 0,1 Hertz sind abnorm stark bei der Schizophrenie. Diese Verstärkung der niedrigfrequenten Fluktuationen in den Mittellinien scheint direkt in einem Zusammenhang mit den Positivsymptomen wie Wahn und Ich-Störungen zu stehen, wie eine Gruppe um Rotarska-Jagiela[33] kürzlich herausfand: Je stärker die niedrigfrequenten Fluktuationen, desto stärker die Symptome.
Eine EEG-Untersuchung von Döge[34] beobachtete ebenfalls, dass die niedrigfrequenten Fluktuationen, diesmal im Bereich von 1 bis 4 Hertz (Delta), in der Schizophrenie verändert sind. Positive Symptome wie Halluzinationen, Wahn und Ich-Störungen waren direkt von den Phasen der niedrigfrequenten Fluktuationen abhängig. Sie konnten nicht mehr entsprechend moduliert und neuen Kontexten angepasst werden, *phase resetting* nennt sich das. Die schizophrenen Symptome scheinen also möglicherweise auf veränderte zeitliche Prozesse, die Phasen eben, zurückgeführt werden zu können.
Leider liegen bisher nur wenige Untersuchungen des Ruhezustands bei der Schizophrenie vor. Endgültige Schlussfolgerun-

gen verbieten sich daher. Vieles ist gegenwärtig noch unklar. Klar ist aber, dass die Mittellinien offenbar einen abnormen Ruhezustand hinsichtlich ihrer Aktivität, ihrer Konnektivität und ihrer niedrigfrequenten Fluktuationen zeigen. Was genau das bedeutet, kann man noch nicht sagen. Ersichtlich ist aber, dass die räumlich-zeitliche Kontinuität des Gehirns in Ruhe verändert zu sein scheint.

Wir hatten bereits gesehen, dass die räumlich-zeitliche Kontinuität zentral für Bewusstsein und Selbst ist. Es ist der Boden, auf dem beide stehen. Wenn nun die räumlich-zeitliche Kontinuität verändert ist, wird auch alles andere, das auf ihm steht, verändert. Stellen Sie sich vor, dass der Boden Ihres Wohnzimmers eine abnorm starke Neigung aufweist. Nach einem Erdbeben könnte das zum Beispiel der Fall sein. Sie müssten alles neu arrangieren. Kein Stuhl steht mehr so wie vorher. Kein Tisch, keine Blumenvase. Alles ist anders. Die räumlich-zeitlichen Koordinaten haben sich verändert. Die räumlich-zeitliche Kontinuität, nach der Sie vorher Ihr Wohnzimmer gestaltet hatten, ist zusammengebrochen. Alles muss neu geordnet werden. So ist es auch in Raum und Zeit des schizophrenen Wohnzimmers, des Gehirns beim Erkrankten.

Dementsprechend erleben viele Patienten in ihrem Bewusstsein die Zeit, rein subjektiv, als zer- und unterbrochen. Und den Raum eher als heterogen denn homogen. Sie verlieren das Erleben einer räumlich-zeitlichen Kontinuität in ihrem Bewusstsein: Nur noch einzelne Punkte in Raum und Zeit statt Verbindungen zwischen den verschiedenen Punkten. Stellen Sie sich vor, Sie werden nicht mehr von dem gleichmäßigen Fluss der Kontinuität von Moment zu Moment getragen und sind auch nicht mehr im räumlichen Fluss der Kontinuität zu Hause. Alles ist zerhackt, zerstückelt, unterbrochen. Sie erleben nur noch einzelne Momente, Jetzt-Momente. Ohne einen Zusammenhang zum vergangenen Moment. Und ohne Bezug auf die Zukunft. Genauso den Raum. Sie erleben den Stuhl im Wohnzimmer als unabhängig vom Tisch. Rein räumlich. Beide stehen in unterschiedlichen Raum-Momenten. Sie fragen sich dann, wie beide zusammengehören, da sie seltsamerweise immer zusammen stehen. Sie entwickeln Theorien. Und darüber einen Wahn.

Zerbrochene Einheit

Nun besteht das Gehirn ja bekanntlich nicht nur aus den Mittellinien. Sie erinnern sich an Todd Feinberg? Der New Yorker Neurologe unterscheidet drei Ringe im Gehirn. Der äußere Ring ist dabei für die Prozessierung der Stimuli der Umwelt zuständig. Da die schizophrenen Patienten ein stark gestörtes Verhältnis zu ihrer Umwelt zeigen, würde man erwarten, dass bei ihnen auch der äußere Ring verändert ist. Schauen wir also, was dort in Ruhe und bei Stimuli passiert.

Die oben genannten Untersuchungen der Ruhe des Gehirns zeigen deutlich erniedrigte niedrigfrequente Fluktuationen in den Regionen des äußeren Rings, im sensorischen und motorischen Kortex. Zusammen mit der geschilderten Hyperaktivität und Hyperkonnektivität in den Mittellinienregionen ergibt sich daher folgendes Bild für den Ruhezustand des Gehirns in der Schizophrenie: Scheinbar liegt eine Dysbalance zwischen innerem/mittlerem und äußerem Ring vor. Der Schwerpunkt scheint sich von außen in die Mitte verlagert zu haben. Mehr los in der Mitte. Nichts los außen. Der Ruhezustand scheint eine verstärkte Aktivität im inneren und mittleren Ring auszulösen. Und es kommt zu verminderter Aktivität im äußeren Ring bei Stimuli von der Umwelt.

Inwieweit manifestiert sich die abnorme Ruhe-Prädisposition des äußeren Rings im Stimulus? Wie also reagieren die Regionen des äußeren Rings mitsamt ihrer offenbar verminderten

Ruhezustandsaktivität auf die Stimuli der Umwelt? Hierzu möchte ich Ihre Aufmerksamkeit auf die elektrische Aktivität des akustischen Kortex lenken. Dort kann eine bestimmte elektrische Welle, ein sogenanntes Potenzial, gemessen werden. Es wird im Test immer derselbe akustische Stimulus präsentiert, der Standardstimulus. Nur manchmal, relativ selten, kommt zwischendurch mal ein anderer Stimulus, der Devianzstimulus. Wenn man nun die elektrischen Veränderungen beider Stimuli miteinander vergleicht, erhält man ein Potenzial, die sogenannte *mis-match negativity* (MMN). Die MMN ist eine negative Wellenform, die ungefähr 100 bis 125 Millisekunden nach dem Beginn des Devianzstimulus auftritt. Sie zeigt sich am stärksten über dem akustischen Kortex, ist aber auch stark ausgeprägt über dem frontalen Kortex, den vorderen Hirnarealen.

Die MMN ist ein elektrisches Maß für die Prozessierung von Veränderungen in der Umwelt. Stellen Sie sich vor, dass Sie jeden Morgen auf dem Weg zur Arbeit die Geräusche der Müllabfuhr hören – der Standardstimulus. Je öfter Sie das erleben, desto weniger werden Sie die Geräusche wahrnehmen. Nun ist aber eines Morgens keine Müllabfuhr unterwegs – Devianzstimulus. Sie werden aufmerksam. Etwas fehlt hier, etwas ist anders, es ist so merkwürdig still, denken Sie. Bis es mit einem Mal in Ihrem Bewusstsein aufblitzt: Die Müllabfuhr fehlt, daher ist es so ruhig. Genau diese Veränderung in Ihrer Umwelt registriert die *mis-match negativity*. Nicht die Routine, sondern die Veränderung in unserer Umwelt löst Veränderungen in unserem Gehirn aus.

Was passiert nun in der Schizophrenie? Viele Untersuchungen beobachteten, dass die MMN bei schizophrenen Patienten stark reduziert ist. Die Amplitude der MMN ist deutlich niedriger. Dabei ist es egal, ob der Devianzstimulus sich vom Standardstimulus hinsichtlich Frequenz oder Dauer unterscheidet.

Das Gehirn des schizophrenen Patienten ist scheinbar nicht in der Lage, die Veränderung, die Abweichung von der Routine in der Umwelt zu erfassen. Die Welt bricht zusammen, aber der schizophrene Patient könnte es möglicherweise in seinem Bewusstsein gar nicht registrieren, inmitten seiner täglichen Routine. Statt der äußeren Welt bricht dafür aber die innere Welt, das Selbst und sein Bewusstsein, umso mehr zusammen. Der innere Zusammenbruch als ein Zuviel an Selbst geht daher mit einem äußeren Zusammenbruch, einem Zuwenig an Umwelt, einher. Jedes Zuviel ist genauso ungut wie jedes Zuwenig. Das wissen wir nicht zuletzt von Kant. Die Schizophrenie führt uns exemplarisch vor, dass ein Zuwenig an Umwelt ein Zuviel an Selbst nach sich ziehen kann.

Die MMN zeigt an, dass die frühe Prozessierung von Stimuli der Umwelt im sensorischen Kortex verändert ist. Die MMN tritt wie gesagt 100 bis 125 Millisekunden nach Stimulusbeginn auf. Es gibt sogar noch frühere elektrische Veränderungen, 50 und 100 Millisekunden nach Beginn des Stimulus. Nach 50 Millisekunden zeigt sich eine positive Welle im akustischen Kortex, sie wird P50 genannt. Während nach 100 Millisekunden eine negative Welle auftritt, die daher als N100 bezeichnet wird und von der etwas späteren MMN um 125 Millisekunden getrennt werden muss. Der amerikanische Psychiater Dan Jarvitt hat diese frühen Veränderungen im sensorischen Kortex besonders intensiv untersucht. Er kommt zu dem Ergebnis, dass schizophrene Patienten an einer sogenannten Filterstörung leiden, sie können nicht mehr filtern oder, auf Neudeutsch, *gaten*. Wichtige Stimuli können nicht mehr von unwichtigen und deviante nicht von normal häufigen Stimuli getrennt werden. Der sensorische Kortex, und hier vor allem der akustische, machen keine Unterschiede mehr in der Umwelt. Das Gehirn der schizophrenen Patienten reagiert nicht mehr auf Unterschiede. Alles ist gleich. Genauso, Sie erinnern sich, wie die Mittellini-

enregionen nicht mehr auf den Unterschied zwischen selbstbezogenen und nicht selbstbezogenen Stimuli reagieren.
Was aber tut jemand, wenn alles gleich ist? Wenn kein Unterschied mehr gemacht werden kann und alles gleich große Bedeutung hat? Dann wird alles zu viel. Was machen Sie? Sie schotten sich ab, ziehen sich zurück vom Außen in das Innere Ihres Selbst. Das scheint offenbar auch das Gehirn des schizophrenen Patienten zu denken: Wenn mein äußerer Ring nicht mehr richtig funktioniert, versuche ich es doch einmal über den inneren und mittleren Ring. Also alle Energie und Aktivität von außen nach innen. Daher die verminderte Aktivität, Konnektivität und Fluktuation im äußeren Ring. Und die abnorm erhöhte Aktivität, Konnektivität und Fluktuation im inneren beziehungsweise mittleren Ring. Eine Dysbalance zwischen außen und innen, eine Dysbalance zwischen Umwelt und Selbst. Im Fußball würde man eine Schwäche der Außenstürmer attestieren. Einhergehend mit einem übermäßigen Gedrängel im Mittelfeld.
In früheren Kapiteln haben wir von einer Einheit des Gehirns gesprochen. Diese Einheit besteht bereits in Ruhe in einer Balance zwischen innerem, mittlerem und äußerem Ring. Und sie setzt sich fort, wenn auch in modulierter Form, wenn ein Stimulus im Gehirn prozessiert wird. Auch in der Schizophrenie setzt sich etwas fort: Die abnorme Balance zwischen innerem/mittlerem und äußerem Ring im Ruhezustand prädisponiert eine abnorme beziehungsweise reduzierte Prozessierung externer Stimuli der Umwelt. Die funktionelle Konnektivität innerhalb und zwischen den Ringen scheint abnorm zu sein – dies weist auf eine veränderte Prozessierung des Raumes hin. Wo Raum, da auch Zeit. Die niedrigfrequenten Fluktuationen weisen ebenfalls eine abnorme Verteilung auf, innerhalb und zwischen den Ringen. Die räumlich-zeitliche Kontinuität des Gehirns in Ruhe scheint also massiv verändert zu sein. Das

Gehirn ist keine Einheit mehr. Die Einheit der Ruhe des Gehirns ist in der Schizophrenie zerbrochen. Statt eines Wasserkrugs sehen wir nur noch einzelne Scherben, große und kleine. Die Einheit des Wasserkrugs ist in eine Vielheit der Scherben, verteilt in Raum und Zeit, zerschlagen. So muss man sich das Gehirn bei der Schizophrenie vorstellen.
Was machen Sie mit den Scherben des Kruges? Sie nehmen einen Besen und fegen sie zusammen. Da sie im ganzen Wohnzimmer herumgeflogen sind, machen Sie drei Haufen an verschiedenen Stellen. Genauso wie das gesunde Gehirn: Wenn Stimuli der Umwelt kommen, trennt es die verschiedenen Stimuli fein säuberlich, genauso wie Sie Ihre drei Haufen an verschiedenen Stellen platzieren, um möglichst ökonomisch die Scherben aufzusammeln. Was aber passiert nun im Falle der Schizophrenie? Genauso wie Sie möchte auch das Gehirn des schizophrenen Patienten die Stimuli von Körper und Umwelt möglichst ökonomisch verarbeiten. Mit möglichst wenig Aufwand und Stress. Das aber gelingt nicht, wenn das Werkzeug, der Besen, zerbrochen ist. Zum Glück unterscheidet sich Ihr Besen vom zerbrochenen Wasserkrug. Das aber ist nicht der Fall beim Gehirn. Hier wird der zerbrochene Wasserkrug zum Aufsammeln der Scherben desselben benutzt. Das aber klappt natürlich nicht. Welche andere Chance hat der Ruhezustand im Gehirn, als sich selbst zu verwenden, um seine eigenen Scherben aufzusammeln? Beim Aufsammeln der Scherben des Kruges mithilfe der Scherben selbst würde alles durcheinandergehen. Ein ziemliches Chaos. Und es kann wehtun, wenn es dabei auch noch Schnittwunden gibt. Genau das aber passiert im Falle des Gehirns in der Schizophrenie. So schneidet sich der schizophrene Patient in das eigene Fleisch beziehungsweise ins Bewusstsein seines Ich. Und das tut richtig weh. Immer wieder neue Scherben aufsammeln – immer wieder neu sich schneiden. Mit der Zeit bekommt er Angst, extreme

Angst, überhaupt noch weitere Scherben anzufassen. Gleichzeitig aber kann er nicht umhin, es zu tun. Das steigert die Angst bis ins Extrem. Er hat Angst um seine Existenz. Existenzangst! Das ist der Fall in der Schizophrenie.

Unterbrochene Verbindung

Im Normalfall passen sich unser Gehirn und sein sensorischer Kortex an die Stimuli der Umwelt an. Das haben wir schon in früheren Kapiteln gesehen und jetzt auch wieder mit dem elektrophysiologischen Potenzial, der MMN. Wenn sich in der Umwelt etwas verändert, reagiert unser Gehirn sofort. Wohingegen es gar nicht einsieht, einen großen Aufwand zu betreiben, wenn alles beim Alten bleibt. Dies, so legen die Befunde nahe, ist eine automatische Anpassung, die vor jeglichem Bewusstseinsprozess abläuft. Dies ist auch in den zeitlich sehr frühen Potenzialen, 50, 100 und 100 bis 125 Millisekunden, dokumentiert.

Diese automatische Anpassung nun scheint bei der Schizophrenie nicht mehr zu funktionieren. Warum und woher dieses Defizit? Das ist gegenwärtig unklar. Wir können also nur spekulieren, die Fakten betrachten und Schlussfolgerungen ziehen. Schauen wir uns daher die Fakten nochmals an. Sie erinnern sich: Das Gehirn kann die Phasen der niedrigfrequenten Fluktuationen seiner Aktivität in Ruhe an die Frequenz und das zeitliche Auftreten der Stimuli in der Umwelt anpassen, das beschriebene *phase resetting*. Dieses ist in der Schizophrenie gestört, wie gezeigt wurde. Was aber noch nicht gezeigt wurde, ist, dass durch das reduzierte *phase resetting* auch die Anpassung an die Frequenzen der Stimuli der Umwelt gestört ist.

Wenn das so ist, hat dies gravierende Konsequenzen. Denn das Gehirn des schizophrenen Patienten ist damit nicht in der Lage, seine neuronalen Zustände an die Wahrscheinlichkeit des

Auftretens und somit der statistischen Häufigkeitsverteilung der Umweltstimuli anzupassen. Dann findet die Ihnen bereits bekannte Transformation der neuronalen Einheit des Gehirns in die statistische Einheit von Gehirn und Umwelt nicht mehr statt. Statt einer statistischen Einheit von Umwelt und Gehirn, der Umwelt-Gehirn-Einheit, liegt dann ein Dualismus vor. Ein Dualismus von Umwelt und Gehirn, von Umwelt und Selbst – beide Bereiche sind klar voneinander getrennt und haben keinerlei Verbindung. Großhirn an Kleinhirn: Keine Züge zwischen Umwelt und Gehirn. Schienennetz unterbrochen. Statistik zusammengebrochen.

Der amerikanische Psychiater Ralph Hoffmann, der an der Yale University nahe New York lehrt, beschäftigt sich seit vielen Jahren mit der Schizophrenie. Er spricht in diesem Zusammenhang von einer Hypothese der sozialen Deafferenzierung (SAD): Akustische Halluzinationen treten vor allem dann auf, wenn sich die Patienten vorher sozial isolieren, sich also zurückziehen, aus welchen Gründen auch immer. Der akustische Kortex und der Rest des Gehirns sind dann von der Umwelt entkoppelt und erhalten nicht mehr genügend Input. Da der Input in Bahnen verarbeitet wird, die Afferenzen genannt werden, kam Hoffmann auf den Begriff der »sozialen Deafferenzierung«. Der fehlende Input verändert die neuronale Aktivität der sensorischen Regionen. Wenn sie von außen nichts mehr bekommen, werden sie versuchen, etwas von innen zu erhalten. Das ist nicht nur im Gehirn so. Wenn der Außenstürmer keinen Ball mehr zugespielt bekommt, drängt er nach innen in die Mitte, um sich dort den Ball zu schnappen. Genauso der sensorische Kortex, der von außen nach innen drängt und sich zu verarbeitende Aktivitäten von dort holt, über die Mittellinienregionen.

Es geht aber nicht nur um neuronale Aktivität, sondern auch um Bewusstsein, um Gegenstände, die bewusst erlebt werden

können. Wenn die nicht mehr von außen, über die Stimuli der Umwelt ins Bewusstsein kommen, muss sich das Bewusstsein welche von innen holen. Beziehungsweise selbst welche konstruieren. Und dann tauchen die Positivsymptome auf: Die Betroffenen hören Stimmen. Diese liegen in ihrer Einbildungskraft, aber sie behaupten, sie seien Realität. Akustische Halluzinationen und Wahn, diagnostiziert der Psychiater.
Die Verbindung zwischen Umwelt und Gehirn ist also zerbrochen. Die statistische Umwelt-Gehirn-Einheit liegt darnieder. In Scherben. Nicht die Scherben unseres Wasserkruges. Sondern die Scherben der Wahrscheinlichkeit beziehungsweise statistischen Häufigkeitsverteilung. Der statistischen Häufigkeitsverteilung in der zerbrochenen Einheit von Umwelt und Gehirn, die jetzt offenbar nicht mehr mittels der Phasen der niedrigfrequenten Fluktuationen miteinander verbunden sind, sondern verbindungslos nebeneinanderliegen. Ohne Verbindung, ohne Relation aber wird es nicht nur irrelational, sondern auch irrational. Verstand und Vernunft, so würde Kant wohl sagen, schlagen in der Geisteskrankheit seltsame Wege ein. Rationalität schlägt in Irrationalität um.
Warum? Kant kann es zu seiner Zeit nicht wissen. Heute aber haben wir zumindest eine Idee: Die Irrationalität könnte von der Irrelationalität herrühren. Ohne Umwelt-Gehirn-Einheit können Verstand und Vernunft nicht normal beziehungsweise rational funktionieren. Ohne Relationalität keine Rationalität. Nirgendwo kann man das besser als bei Kant selbst sehen, an seiner Person, diesem Ausbund an Rationalität. Er ist immer auch, das wissen wir aus seiner Biografie, darum bemüht, seine Einheit mit der Umwelt zu erhalten. Kant integriert sich sozial bestens in Königsberg und verlässt es um dieser Einheit wegen nie. Das braucht er zur Stabilisierung seines Ich. Nur so kann es in Ruhe denken und sich zum »Ich denke« aufschwingen. Nur auf dem im Königsberger Boden gesäten Samen der sozi-

alen Relationalität ist Kant in der Lage, sein Denken in der philosophischen Rationalität zur vollen Blüte zu bringen.

Ohne Relationalität keine Rationalität. Was aber, wenn statt Relationalität Irrelationalität vorliegt und das Gehirn nicht mehr auf gesunde Weise mit der Umwelt verbunden ist? Dann zerbricht nicht nur die statistische Umwelt-Gehirn-Einheit, die Relationalität, sondern auch die Rationalität. Die Rationalität des Selbst und somit das Selbst selbst zerbrechen unter dem Druck der Unterbrechung der Verbindungen zwischen Umwelt und Gehirn.

Nach so viel Rationalität in der Irrationalität müssen wir jetzt fragen, woher denn die Irrelationalität ursächlich kommt. Warum ist die statistische Umwelt-Gehirn-Einheit in der Schizophrenie unterbrochen? Die genaueren Hintergründe sind gegenwärtig unklar. Vieles ist über die Jahre diskutiert worden: von frühkindlichen viralen Infekten über Geburtskomplikationen, über Beziehungen zur Mutter, über frühkindliche Trauma, über die Jahreszeiten und Monate bei der Geburt bis hin zu hormonellen Einflüssen und und und. Multifaktoriell nennen es die Forscher und Psychiater. Wir wissen es nicht, könnte man auch sagen. Klar ist aber, dass offenbar Störungen im frühen Kindesalter, wenn nicht sogar bereits im Säuglingsstadium, vorliegen, die dann später, im jungen Erwachsenenalter, zum Ausbruch der Schizophrenie führen können. Aber nicht müssen. Wie Kant sagen würde, sie sind eine notwendige (aber nicht hinreichende) Bedingung der Möglichkeit (einer Schizophrenie).

Verbindung und Disziplin

Kant und der Student, sein junger, engagierter Diskussionspartner, reden sich schon wieder die Köpfe heiß über all diese Themen. Der Student fühlt sich seiner Sache gerade sicher, wenngleich sein T-Shirt noch immer unsicher fragt: »Am I my brain?« Doch er jubelt: »Herr Kant, jetzt sehen Sie es eindeutig. Ohne Gehirn nichts los!«

Kant aber stutzt. »Könnten Sie das bitte etwas ausführlicher erklären. Noch sehe ich das nämlich nicht. Ganz und gar nicht.«

»Nun«, fährt der Student fort, »die Befunde des schizophrenen Gehirns legen eindeutig nahe, dass es eine notwendige Bedingung für die Möglichkeit des Selbst und somit des Ich ist. Wenn es in seiner Einheit unterbrochen wird, wird das Selbst zerbrochen. Und das Bewusstsein ist ebenfalls in Mitleidenschaft gezogen. Nun können Sie nicht mehr sagen, dass Gehirn nichts mit dem Bewusstsein und dem Selbst zu tun hat. Die Befunde zeigen eindeutig, dass das Gehirn eine notwendige Bedingung der Möglichkeit von Bewusstsein und Selbst ist.«

»Konfusion, Konfusion und nochmals Konfusion«, ruft Kant. »Das tut ja weh, wie Sie die Begriffe durcheinanderwerfen. Ganz wie die zerbrochenen Scherben im Fall der Schizophrenie. Ordnen wir die Dinge erst einmal. Das Beispiel der Schizophrenie zeigt nicht auf, dass das Gehirn selbst, ganz allein, eine notwendige Bedingung der Möglichkeit für Bewusstsein ist. Nein, nicht das Gehirn selbst. Sondern die Umwelt-Gehirn-Einheit. Deren Unterbrechung ist eine notwendige Bedingung für die Möglichkeit des Zerbrechens des Ich. Nicht aber das Gehirn selbst.«

»Das ist doch Haarspalterei. Entschuldigung, Gehirnspalterei«, entrüstet sich der Student. »Gehirn ist Gehirn, Gehirn bleibt Gehirn. Ob allein oder im Kontext der Umwelt.«

»Nein«, erwidert Kant, »das zeigen doch die Befunde: Das

Gehirn im Kontext der Umwelt passt die Phasen seiner niedrigfrequenten Fluktuationen an die Frequenz der Stimuli an. Wohingegen das Gehirn ganz allein vor allem auf den Zusammenhang zwischen niedrig- und hochfrequenten Fluktuationen achtet. Das sind doch unterschiedliche Prozesse, oder etwa nicht? Dann aber müssen Sie die beiden Dinge, Gehirn allein und Gehirn im Kontext der Umwelt, auch begrifflich unterscheiden. Einheit des Gehirns und Einheit von Umwelt und Gehirn.«

»Solange es die empirischen Daten notwendig machen, bin ich mit Ihnen, Herr Kant«, lenkt der Student ein. »Ihr Argument der verschiedenen Prozesse beider ›Gehirne‹ überzeugt mich. Aber, das müssen Sie eingestehen, die empirischen Daten dazu, was in der Ruhe des Gehirns selbst passiert und was es im Kontext der Umwelt macht, müssen noch weiterentwickelt werden. Dann werden wir auch besser wissen, ob Ihre Begriffsspaltereien der Realität entsprechen oder nicht. Ob sie empirisch real in der für uns beobachtbaren äußeren Welt sind. Oder nur rein begrifflich und somit lediglich konzeptuell in Ihrer inneren Welt der Gedanken.«

Kant geht gleich einen Schritt weiter. »Noch etwas: Sie haben keine Aussage zum Bewusstsein gemacht. Was Sie Schizophrenie nennen, ist offenbar eine Störung des Selbst. Die, so wird spekuliert, auf einer Störung der statistischen Umwelt-Gehirn-Einheit beruhen könnte. Damit machen Sie eine Aussage zum Selbst. Zum Bewusstsein des Selbst. Nicht aber zum Bewusstsein selbst. Im besten Falle machen Sie also eine Aussage über die Umwelt-Gehirn-Einheit als notwendige Bedingung der Möglichkeit des Selbst.«

»Aber es ist doch das Bewusstsein des Selbst, das durch die Umwelt-Gehirn-Einheit bedingt wird«, erwidert der Student.

»Ja, richtig«, sagt Kant. »Das sagt uns doch aber nichts über das Bewusstsein selbst aus. Dazu müssten Sie Patienten unter-

suchen, die einen Ausfall des Bewusstseins und nicht eine Störung des Selbst wie die Schizophrenen aufweisen.«
Das schockt den Studenten nicht. »Ja, Herr Kant, da haben Sie wohl recht. Solche Patienten müsste man untersuchen. Aber nur wenn man wie Sie Selbst und Bewusstsein als getrennt voraussetzt. Der Fall sieht anders aus, wenn man beide zusammen betrachtet. Denn, Herr Kant, wie Sie bestens wissen und es ja bei Herrn Leibniz so vortrefflich vorexerziert haben, begriffliche Unterscheidungen müssen nicht immer der empirischen Realität entsprechen. Nehmen wir also erst einmal an, dass die Möglichkeit beider, Selbst und Bewusstsein, durch die Umwelt-Gehirn-Einheit notwendig bedingt ist. Schieben wir Ihr Argument beiseite, um zunächst Platz zu gewinnen. Platz für den Zusammenhang zwischen Gehirn, Umwelt, Selbst und Bewusstsein. Dann würden wir annehmen, dass die Umwelt-Gehirn-Einheit und die Einheit des Gehirns im Ruhezustand eine notwendige Bedingung der Möglichkeit von Selbst und Bewusstsein sind.«
Fortfahrend jubiliert der Student: »Sehen Sie, Herr Kant. Es ist die Verbindung zwischen Gehirn und Umwelt, die das darstellt, was Sie die transzendentale Bedingung von Bewusstsein nennen. Es ist nicht mehr ein reines oder pures Bewusstsein, das irgendwie und irgendwo in Verstand und Vernunft lokalisiert ist. Es ist ganz simpel: Was Sie reines, pures oder transzendentales Bewusstsein nennen, ist nichts als die statistische Umwelt-Gehirn-Einheit. Der Verbindungsleistung zwischen Umwelt und Gehirn würde dann genau die transzendentale Rolle zugesprochen, die Sie als Synthese des reinen Bewusstseins bezeichnen.«
»Jetzt aber«, so Kant, »scheint alles durcheinanderzugehen. Empirische Prozesse des Gehirns, die Umwelt, Erleben eines Selbst und Bewusstsein. Das sind doch ganz unterschiedliche Kategorien. Begrifflich und phänomenal die einen (Selbst und

Bewusstsein), empirisch und neuronal beziehungsweise statistisch die anderen (Umwelt, Gehirn). Das geht doch nicht. Das ist irrational. Und führt nur zur Konfusion und Schizophrenie.«

»Nein«, erwidert der Student, der jetzt Feuer und Flamme ist. »Beide, Begriff und Empirie, haben offenbar eine gemeinsame Wurzel: die Umwelt-Gehirn-Einheit. Denn die Schizophrenie zeigt uns, dass sowohl die Rationalität der Begriffe als auch die Empirie der neuronalen Prozesse zerbrochen ist, wenn die Verbindung zwischen Umwelt und Gehirn unterbrochen ist. Irrelationalität führt zur Irrationalität im Bewusstsein, zur Spaltung des Selbst und zur Konfusion im Gehirn. Nur die Relationalität garantiert Bewusstsein und Rationalität. Wenn das so ist, können Sie, Herr Kant, aber nicht einfach die Verbindung von Bewusstsein und Rationalität mit Gehirn und Umwelt unterbrechen. Denn dann unterbrechen Sie genau die Verbindung, auf der Ihr eigenes Bewusstsein steht. Und Ihre ach so geliebte Verbindung zwischen Rationalität und Philosophie. Wenn Sie die unterbrechen, führt das zur Schizophrenie und irrationalen Philosophie, wie es die von Ihnen zertrümmerte Metaphysik darstellt. Sie haben also die Wahl: Verbindung ohne Konfusion. Oder Konfusion ohne Verbindung. Alles andere, wie ohne Verbindungen konfusionslos zu bleiben, ist ausgeschlossen. Es liegt nicht im Bereich der Möglichkeiten, die uns das Gehirn selbst vorgibt. Das zeigt uns das Beispiel der Schizophrenie.«

»Sie, werter Student, würden also eine Philosophie als schizophren diagnostizieren, die behauptet, dass philosophische Rationalität ohne soziale Relationalität möglich ist. Nichts geht ohne die statistische Umwelt-Gehirn-Einheit, die dann in der Tat transzendental wäre. Als notwendige Bedingung der Möglichkeit von Bewusstsein und Selbst. Eine gewagte These. Und ein Schreckensszenario zugleich, da letztendlich die Philosophie und ihre Rationalität nun nicht mehr fein säuberlich von den Neurowissenschaften und ihrer neuronal-statistischen Relationalität getrennt werden könnte. Begriffe der Philosophie würden dann in einen Topf mit den empirischen Beobachtungen der Neurowissenschaften geworfen. Das führt doch zu nichts als Konfusion der Disziplinen. Eben genau zu der Schizophrenie, die Sie verhindern wollen.«

»Wenn es doch aber die Verbindung des Gehirns mit der Umwelt selbst notwendig macht, Herr Kant! Alles andere, also die Zurückweisung der Verknüpfung zwischen Philosophie und Neurowissenschaften, wäre dann konfus und schizophren. Kurz gesagt: Die klare und eindeutige Trennung zwischen Philosophie und Neurowissenschaften wäre schizophren. Nicht dagegen die Verbindung zwischen beiden Disziplinen. Denn die entspricht unserer Natur. Der Verbindungsleistung unseres Gehirns zur Umwelt. Die sich im Kontext der Disziplinen als Verbindung zwischen Philosophie und Neurowissenschaften manifestiert. Dem können Sie nicht widersprechen, Herr Kant.«

Herr Kant holt nun ein letztes Mal aus: »Eine Verbindung zwischen Philosophie und Neurowissenschaften auf dem Boden des Gehirns selbst und seiner Beziehung zur Umwelt? Die müssen Sie mir erst zeigen. Ich weiß nicht, wie die aussehen soll und kann. Und Sie müssen beschreiben, dass es so und nicht anders geht. Ihre Aufgabe besteht also darin, die Notwendigkeit der Verbindung zwischen Neurowissenschaften und Philosophie auf dem Boden unseres Gehirns zu beweisen. Viel Spaß! Hoffentlich werden Sie nicht schizophren dabei!«

Kanten und Hirnen

Alter

Kant verfasst zwischen 1781 und 1790 seine drei größten Werke, 1781 die *Kritik der reinen Vernunft*, 1788 die *Kritik der praktischen Vernunft*, in der es um Ethik und die Begründung der Moral geht, und 1790 die *Kritik der Urteilskraft*, ein Werk zu Ästhetik und Geschmack. Zwischendurch schreibt er 1785 ein anderes Werk zu Ethik und Moral, die *Grundlegung zur Metaphysik der Sitten*, sowie 1786 die *Metaphysischen Anfangsgründe der Naturwissenschaft*. Nebenher hat er noch die Zeit, eine allgemein verständliche Einführung zu seiner ersten Kritik, die *Prolegomena zu einer jeden künftigen Metaphysik die als Wissenschaft wird auftreten können* (1783) und eine revidierte zweite Fassung der *Kritik der reinen Vernunft* (1787) zu verfassen. Und all das neben dem damals üblichen Vorlesungsprogramm und der mehrfachen Übernahme der Ämter von Dekan und Rektor an der Königsberger Universität. Kant ist enorm produktiv in dieser Zeit, in der er bereits im Alter zwischen 57 und 66 ist.

Nicht nur intellektuell und philosophisch, sondern auch privat und biografisch passiert so einiges in dieser Lebensphase. Nachdem er zuvor immer in Mietwohnungen gewohnt hat, kauft sich Kant nun erstmals ein eigenes Haus. Das ist 1783. Von seinem jetzt stattlichen Gehalt und den Ersparnissen, die er gut angelegt hatte, ist das kein Problem. Börsengewinne ermöglichen es ihm, würde man heute sagen, denn er hat Geld in die Firma seines britischen Freundes Green investiert.

Einer der Gründe dafür, dass Kant sich ein eigenes Haus kauft, ist, dass er dem Lärm entfliehen will, der ihn bei der Arbeit, beim Nachdenken und Philosophieren, stört. In einer seiner vorherigen Wohnungen beklagt er sich über das Krähen eines Hahnes und will es – so ist überliefert – verbieten lassen. Aber da, wie wir alle bestens wissen, ist selbst der beste Richter machtlos. Denn wie dem Hahn das Lärmen verbieten? Das geht schon beim Menschen kaum. Kant bietet dem Nachbarn angeblich sogar eine hübsche Geldsumme, damit er den Hahn mundtot beziehungsweise mausetot macht. Das aber lehnt der Nachbar ab.

Nun also das neue Haus. Das eigene Haus. Ruhe vor Vermietern und lärmenden Nachbarn. Nun ja. Kants Haus steht nahe dem Gefängnis. Und Häftlinge singen, vor allem Kirchenlieder zur damaligen Zeit. Kant fühlt seine gedankliche Freiheit als Philosoph durch die klangliche Freiheit der Gefangenen stark eingeschränkt. Er fühlt sich belästigt, würde man heute sagen. Kant tut das, was Sie wohl auch tun würden. Er schreibt einen Brief an die Gefängnisleitung. Alles, was er erreicht, ist, dass die Fenster des Gefängnisses geschlossen werden. Das mindert den Klang aber nur leicht. So sehen sich Kants Gedanken zur Betonung der Freiheit des menschlichen Verstandes immer wieder mit der Freiheit des Singens der unfreien Gefangenen konfrontiert. Freiheit gegen Freiheit.

Kant aber klagt nicht nur über die gesangliche Freiheit der Gefangenen. Auch über die Freiheit von einigen Jungen, die eine Straße weiter wohnen und ihm immer wieder Steine über den Zaun auf sein Grundstück werfen. Er ärgert sich über die Lausbuben und wendet sich an die Polizei. Mehrmals sogar. Das alles hilft jedoch nichts, da ja niemand verletzt wurde. Erst dann könne man etwas unternehmen. Woraufhin Kant den Garten nicht mehr benutzt und antwortet: »Dann ist erst Recht zu strafen da, wenn ich krank oder tot bin.«[35]

Trotz aller Geräusche und Ärgernisse aber genießt Kant offenbar sein Haus. Es ist einfach und schlicht eingerichtet, bescheiden. Denn Kant ist kein Mann des Prunks oder des Luxus. Das Haus dient ihm als Rückzugsort. Als solches wird es umso wichtiger für ihn, als 1786 sein Freund Green verstirbt. Bei diesem britischen Kaufmann hat er jahrelang jeden Tag bis um 19 Uhr und samstags bis um 21 Uhr parliert und diniert. Sein Tod ist ein massiver Einschnitt. Kant zieht sich zurück, geht am Abend kaum noch aus. Der junge elegante Magister ist ein älterer zurückgezogen lebender Herr geworden.

Dem Beispiel seines Freundes Green folgend baut er allerdings jetzt seine eigenen Tischgesellschaften auf. Jeden Tag werden drei oder vier Leute zum Mittagessen eingeladen. Kant wartet dann sehnsüchtig auf seine Gäste, ist ganz besonders unterhaltsam und, so sein Biograf Manfred Kühn, bekämpft hierdurch seine Einsamkeit. Dabei geht es in den Gesprächen kaum um Philosophisches, eher um Politisches, Stadtneuigkeiten und Dinge des normalen Lebens. Tratsch und Klatsch, würden wir heute sagen. Auch der große Philosoph Immanuel Kant, der zeitlebens viel und tief nachdenkt, braucht das. Er ist letztendlich auch nur ein Mensch. Ganz so wie wir.

1790 ist Kant 66 Jahre alt. Für heutige Zeiten kein Alter. Schlagersänger wie Udo Jürgens meinen sogar, dass mit 66 Jahren das Leben erst anfängt. Zu Kants Zeiten allerdings ist es ein enorm hohes Alter. Viele seiner Kollegen und Freunde damals sind vorab schon gestorben. Das Leben geht dann erst so richtig los? Es können auch ganz andere Dinge sein, die dann losgehen. Der Verlust des Gedächtnisses beispielsweise. Häufig schleicht er sich leise ein, um sich dann immer lauter bemerkbar zu machen. Auch Kant, als großer Denker, ist dagegen nicht gefeit. Bei ihm wird erstmals von Konzentrations- und Gedächtnisstörungen berichtet, als er 66 ist. Sie kommen leise und nehmen stetig zu.

Kant philosophiert dennoch weiter und schreibt weitere beachtliche Werke. Wie 1795 die Schrift *Zum ewigen Frieden*, in der er eine friedliche Weltordnung skizziert. Seine Demenz allerdings schreitet fort, der Zerfall der geistigen Fähigkeiten.

Und das bei jemandem wie Kant, der Verstand und Vernunft so hochgehalten hat wie kaum ein anderer. Seine Gedächtnis- und Konzentrationsstörungen werden 1796 so stark, dass er keine Vorlesungen mehr hält. 1799 ist dann endgültig klar, dass er nie wieder an den philosophischen Katheder zurückkehren kann. In dieses Jahr fällt auch eine letzte philosophische Veröffentlichung, deren Zustandekommen wir uns jetzt näher widmen wollen.

Kanten und Fichten

Ab 1780 gilt Kant als berühmter Philosoph, als philosophische Autorität. Junge Philosophen orientieren sich an ihm. So auch der junge Johann Gottlieb Fichte (1762–1814). Der begabte Jungphilosoph studiert seinerzeit in Jena, Leipzig und Wittenberg die Philosophie Kants. Und natürlich ist es ihm wichtig, auch einmal zum Meister persönlich zu fahren. Fichte besucht im Jahr 1791 für etwa drei, vier Monate Kants Vorlesungen in Königsberg, zeigt sich aber nicht besonders beeindruckt. Vielleicht, weil die Konzentrations- und Gedächtnisstörungen den Altmeister offenbar schon sehr beeinträchtigen. Fichte findet Kants Vortrag eher schläfrig, seine Schriften seien viel wacher und besser.

Wie stellt man nun einen engeren persönlichen Kontakt zu einem bekannten und berühmten Meister der Philosophie her? Einfach klingeln? Am besten, man drückt die philosophische Klingel. Das hat sich Fichte wohl gedacht und den *Versuch einer Kritik aller Offenbarung* geschrieben. Darin kritisiert er religiöse und göttliche Erfahrungen als Übermaß ungerechtfertigter Schlussfolgerungen. Ganz im Sinne von Kant und seiner *Kritik der reinen Vernunft*. Göttliche Offenbarungen und religiöse Ideen müssen, ganz wie die Metaphysik, als Ausdruck von falschen Schlussfolgerungen bezüglich bestimmter Beobachtungen betrachtet werden. Fichte übergibt das Werk Kant, der es sehr schätzt und unterstützt.

Durch einen Zufall auf verlegerischer Seite wird das Werk 1792 anonym, also ohne Namen des Autors, publiziert. Da das Werk ganz im Stile der *Kritik der reinen Vernunft* geschrieben ist, vermutet man Kant als Autor. Kant aber stellt schnell klar, dass es Fichte sei: Er halte es »für Pflicht die Ehre (der Arbeit) dem, welchem sie gebührt, … ungeschmälert zu lassen.«[36] Dadurch wird Fichte mit einem Schlag berühmt und erhält eine Professur an der Universität in Jena. So schnell kann das schon damals gehen.

Fichte entwickelt schließlich auf dem Boden der Kant'schen Philosophie seine eigenen Ideen, die weit über Kant hinausgehen. Zum Beispiel in seiner 1794 erschienen Schrift *Grundlage der gesamten Wissenschaftslehre*. Dort weist er die Kant'sche Unterscheidung zwischen phänomenaler Welt des Bewusstseins und der noumenalen Welt außerhalb des Bewusstseins zurück. Fichte bestreitet Kants Zwei-Welten-Theorie und sagt, es gebe nur eine Welt, die des Bewusstseins. Bewusstsein sei nicht außerhalb der realen Welt, sondern es ist die reale Welt. Bewusstsein ist die Welt und die Welt ist im Bewusstsein.

Kant setzt eine Wechselwirkung und Interaktion zwischen reinem Bewusstsein des Verstandes und den Gegenständen der Welt voraus. Sie erinnern sich vielleicht an die doppelte Bestimmung unseres Bewusstseins, empirisch und transzendental, wie sie in den ersten Kapiteln dieses Buches geschildert wurde. Die Gegenstände in unserem Bewusstsein werden immer durch einen Input oder eine Zutat des Verstandes, des reinen Bewusstseins, konstituiert. Dadurch können wir niemals komplett sicher sein, ob das, was in unserem Bewusstsein als Welt erscheint, wirklich die reale und wahre Welt ist, so wie sie unabhängig von unserem Bewusstsein selbst ist. Wir können uns also niemals ganz sicher sein, was real und was phänomenal, was Welt und was Bewusstsein ist. Daher die Kant'sche Unterscheidung zwischen phänomenaler und noumenaler Welt. Es ist ein bisschen wie beim Fasching, wo wir uns manchmal nicht sicher sein können, was Kostüm und was Person ist.

Fichte nun hebt diese Dualität von phänomenaler und noumenaler beziehungsweise realer Welt auf, indem er Letztere einfach in Erstere verschiebt. Die phänomenale Welt des Bewusstseins ist die reale beziehungsweise noumenale Welt selbst. Bewusstsein selbst ist real und somit noumenal. Indem das Ich Bewusstsein produziert, produziert es Realität und somit die Welt. Der Schwerpunkt verlagert sich hier also von der Beziehung zwischen Verstand und Welt auf die Beziehung zwischen Ich und Bewusstsein. Das ist der Schritt von Kant zu Fichte. Und der Schritt zur weiteren philosophischen Entwicklung der Betonung des Ich als Urheber von Welt und Bewusstsein. Als Idealismus wird diese Ansicht damals in Deutschland extrem populär. Fichte ist ihr Wegbereiter, dem andere Philosophen wie Schelling und später Hegel folgen.

All das bahnt sich am Ende des 18. Jahrhunderts seinen Weg. Kants Philosophie gilt, schleichend zwar, zunehmend als veraltet. Er hat sich überlebt, sagen manche. Was sagt Kant selbst? Er warnt. Warnt davor, nicht über die *Kritik* hinauszugehen. Nicht die Beziehung zwischen Verstand und Welt durch die zwischen Ich und Bewusstsein zu ersetzen. Und nicht die Dualität von Bewusstsein und Welt, phänomenaler und noumenaler, durch die Realität des Bewusstseins zu ersetzen. Bis hierher und nicht weiter. Gefährlich! Zonengrenze! Solche Schilder kennen die Deutschen bestens aus der Zeit vor 1989, als Deutschland noch in Ost und West geteilt war.

Man könnte sich vorstellen, dass Kant am liebsten ebenfalls solche Schilder aufstellen würde. Welche Grenze ist nach ihm besser nicht zu übertreten, weil es gefährlich ist? Die Grenze zwischen Verstand und Welt. Zwischen transzendental und empirisch. Zwischen dem Input von Verstand und Vernunft und dem Input der Welt. Zwischen der phänomenalen Welt des Bewusstseins und der realen noumenalen Welt unabhängig von und außerhalb des Bewusstseins. Bei Kant handelt es sich also nicht um eine »Zonengrenze«, sondern um eine »Bewusstseinsgrenze«. Die Grenze zwischen Bewusstsein und Welt.

Genau diese Grenze, die Bewusstseinsgrenze, aber überschreitet Fichte, wenn er die eine Seite, die noumenale Welt, einfach in die andere, die phänomenale Welt des Bewusstseins, verschiebt und verlagert. Bei Fichte wird die phänomenale Welt des Bewusstseins mit einem Mal die noumenale Welt selbst.

Kant bringt seine letzte philosophische Veröffentlichung 1799 heraus. Sie beschäftigt sich mit der Kritik an Fichte und seiner Schrift der Wissenschaftslehre von 1794. Kant weist hier den Ansatz von Fichte barsch zurück. Er appelliert daran, nicht über seine *Kritik* und die dort postulierten Grenzen hinauszugehen. Alles andere würde in genau der Metaphysik enden, die er als unzulänglich aufgezeigt habe. Eine »Metaphysik nach Fichtes Prinzipien« sei daher gefährlich und ein »gänzlich unhaltbares System«.[37]

Die Fortentwicklung der Philosophie in eine Richtung, die er nicht gutheißen kann, muss ihn offenbar enorm beschäftigen. Da Kant so streng mit sich selbst ist, gilt er häufig als ein Ausbund an Ausgeglichenheit und Rationalität. Das ist aber offenbar nur die Oberfläche. Darunter muss ein sehr leidenschaftlicher Mensch leben, der sehr impulsiv und zornig werden kann. Einmal beispielsweise gerät er in einer Diskussion außer Kontrolle, wird hitzig und fast grob und verlässt die Gesellschaft frühzeitig voller Unmut, wie Kühn zu berichten weiß.[38]

Sein offenbar vorhandenes Temperament schillert auch in seiner Reaktion auf Fichte durch. Wenn Besucher seines Hauses in den 1790ern den Namen Fichte erwähnen, wird Kant sehr zornig. Schlechte Beweise gelten bei ihm als »Beweise von Fichten«. Das philosophische System Fichtes mit der Ausrichtung auf Bewusstsein und Ich sei insbesondere solch ein schlechter Beweis. Er würde einen täuschen und »hinter die Fichten führen«.[39]

Ironischer und komischer kann man es nicht fassen. Die Verachtung von Kant für den philosophischen Ansatz seines Nachfolgers Fichte aber ist nicht nur Ironie und Komik, sondern sehr ernst. Er macht deutlich, dass aus seiner Sicht gewisse Grenzen nicht überschritten werden sollten. Zu wenig Kritik (von Vernunft, Verstand und Bewusstsein) ist gefährlich. Zu wenig Kant tut nicht gut. Also müssen wir mehr Kanten? Und weniger Fichten?

Fichten und Hirnen

Der Student wirkt nachdenklich und sinniert vor sich hin, bevor er neu mit Kant zusammentrifft: »Dieser Herr Fichte war schon sehr schlau. Er hat Kant genommen, die von ihm postulierten Grenzen einfach verschoben und dann ein Gebäude der noumenalen Welt aufgebaut. Sehr clever. Das könnte ein Weg sein für mich. Nur muss ich dann das, was Fichte Bewusstsein genannt hat, durch das Gehirn ersetzen. Ganz einfach. Das Gehirn ist nicht nur phänomenale Realität des Bewusstseins. Sondern die noumenale Realität der Welt selbst. Daran kann doch keiner zweifeln, oder? Denn wir bilden uns das Gehirn ja nicht ein. Es liegt vor. Als graue Masse. Und somit als pure noumenale Realität der Welt selbst. Dann aber muss auch alles, was das Gehirn hervorbringt, dieser noumenalen Realität selbst angehören. Wie zum Beispiel die scheinbar phänomenale Realität des Bewusstseins. Die ist dann in Wirklichkeit noumenal, die noumenale Realität des Gehirns. Na, damit haben wir doch alle Probleme gelöst. Ich wusste es doch schon immer: Gehirn, Gehirn und nochmals Gehirn. Der Fichte war schon schlau … Aber wie kann ich das nun Kant vermitteln? Der würde mich zur Fichte erklären und mich des Fichten verdächtigen. Also belasse ich diese Gedanken zur noumenalen Realität vorerst lieber in der phänomenalen Realität meines Bewusstseins der Gedanken!«

Wie können wir diese Ideen und Gedanken des Studenten kommentieren? Fichte verschiebt die reale beziehungsweise noumenale Welt in die phänomenale Welt des Bewusstseins und hält die Letztere für die Erstere. Kant zufolge täuscht Fichte uns damit eine Realität vor: indem er die phänomenale Realität des Bewusstseins für die wahre und reale beziehungsweise noumenale Realität der Welt selbst hält. Das Bewusstsein selbst ist die Welt und das Selbst, das Ich, produziert diese Welt.

Erinnert Sie das nicht an etwas? An das, was die heutigen Neurowissenschaftler sagen? Die behaupten nämlich, dass die neuronalen Prozesse selbst die Welt sind und dass das Gehirn diese Welt produziert. Was Fichte noch ins phänomenale Bewusstsein und das Ich verschiebt, wird heute in die neuronalen Prozesse und das Gehirn verlagert. Die neuronalen Prozesse werden als die einzige Realität betrachtet. Als die reale beziehungsweise noumenale Welt und Realität. Bewusstsein und Ich? Nein. Das sind Illusionen. Nichts als die noumenalen Realitäten des Gehirns. Das Gehirn ist die reale beziehungsweise noumenale Welt. Außerhalb des Gehirns gibt es nichts. Gehirn ist Welt. Und Welt ist Gehirn. So die Kurzform der heute gängigen Neurowissenschaft und Neurophilosophie.

Was Kant dazu sagt, wissen wir bereits. Der späte Kant, der zornige, er warnt. Kant warnt Fichte, die Grenze des Bewusstseins nicht zu überschreiten. Heutzutage würde er wohl die Neurowissenschaftler und Neurophilosophen warnen, die Grenzen des Gehirns nicht zu überschreiten. Gehirngrenze als

Zonengrenze. Überschreiten gefährlich. Bis hierher und nicht weiter. Alles andere, jede Überschreitung der Gehirngrenze, führt zu nichts als schlechten Beweisen, nicht mehr zu »Beweisen von Fichten«, sondern zu »Beweisen von Hirnen« gewissermaßen. Und zu Täuschungen, die einen »hinter die Hirne führen«.

Wie aber können wir die Gehirngrenzen ausfindig machen, um jegliches falsche »Hirnen« zu vermeiden? Grenzen sind manchmal nicht einfach zu finden. Man muss oft lange suchen. Kompass und Karte haben zu Kants Zeit als Hilfsmittel gedient. Heute verwenden wir GPS, Google und Internet. Und um die Grenze des Gehirns ausfindig zu machen, verwende ich hier Kant und seinen Ansatz, den ich in den Kontext des Gehirns stelle.

Kant startet mit dem, was wir erkennen können. Wir können das Gehirn beobachten, das ist klar. Wir sehen eine graue Masse. Durch die neuen technischen Hilfsmittel der funktionellen Bildgebung wie fMRT sehen wir allerdings noch viel mehr. Wir beobachten verschiedene Regionen, die eine unterschiedliche Aktivität bei verschiedenen Aufgaben und Stimuli zeigen. Und wir können wahrnehmen, dass dem Gehirn offenbar schon in Ruhe Aktivitätsströme den Weg weisen. Das ist das Gehirn, so wie wir es beobachten. Ich nenne es einmal das »beobachtete Gehirn«.

So weit, so gut. Nun aber der fatale Schluss. Die Neurowissenschaftler und Neurophilosophen sagen, dass das, was wir im Gehirn beobachten, das Gehirn selbst widerspiegelt. So wie das Gehirn selbst ist, unabhängig von unserer Beobachtung. Das reale beziehungsweise noumenale Gehirn. Der problematische Schluss: Das phänomenale Gehirn im Bewusstsein unserer Beobachtung wird einfach mit dem noumenalen beziehungsweise realen Gehirn gleichgesetzt. Was wir im Gehirn beobachten, entspricht dann dem Gehirn selbst unabhängig

von unserer Beobachtung. Das phänomenale Gehirn wird einfach mit dem noumenalen Gehirn gleichgesetzt.
Was aber ist denn eigentlich das noumenale Gehirn? Ein metaphysisches Abstraktum eines weltfremden oder besser gehirnfremden Philosophen? Oder einfach ein »Gehirngespenst«? Das noumenale Gehirn ist das Gehirn selbst, so wie es funktioniert, unabhängig von unserer Beobachtung und Untersuchung. Ich spreche daher von einem »funktionierenden Gehirn«. Im Unterschied zum »beobachteten Gehirn«. Der Begriff des funktionierenden Gehirns beschreibt die Regeln und Prinzipien, nach denen das Gehirn funktioniert und, das ist wichtig, die es sich selbst auferlegt hat. Das sind Regeln und Prinzipien, die nicht unbedingt denen entsprechen müssen, die wir als Beobachter dem Gehirn auferlegen und ihm, aus unserer Perspektive, zusprechen. Freiheit vom Beobachter!, könnte man das arme Gehirn rufen hören, wenn es denn sprechen könnte. Unfreiheit unserer Beobachtung!, würde wohl Kant zurückrufen.
Warum »Unfreiheit unserer Beobachtung«? Weil wir nicht nur den Gegenstand selbst beobachten, also das Gehirn. Sondern auch eine Zutat, einen Input von uns selbst. Kant hat diese Zutat Verstand und Vernunft zugeschrieben. Wir müssen sie wohl möglicherweise dem Gehirn selbst zuordnen. Aber dazu später. Zunächst zurück zur Beobachtung. Was wir beobachten, ist also eine Mischung aus dem Gegenstand und unserem eigenen Input. Dem können wir nicht entrinnen. Da es notwendig so ist, wie auch Kant sagt. Das aber macht es uns unmöglich zu erkennen, wie der Gegenstand selbst ist, unabhängig von unserer Beobachtung und unserem Bewusstsein. Wir können also den phänomenalen, nicht aber den noumenalen Gegenstand erkennen. Den Gegenstand, wie er in unserem Bewusstsein ist, nicht aber den Gegenstand selbst, wie er unabhängig und außerhalb unseres Bewusstseins ist. Daher ist unsere Beobach-

tung und Erkenntnis unfrei. Die Grenze unseres Bewusstseins ist somit die Grenze unserer Erkenntnis.

Wir können das Gehirn beobachten, dann nehmen wir das beobachtete Gehirn wahr. Aber wir können nicht über unsere eigene Beobachtung hinausgehen und schauen, wie das Gehirn unabhängig und außerhalb unserer Beobachtung aussieht. Kurz gesagt: Wir haben keinen direkten Zugang zu dem, was ich als funktionierendes Gehirn beschrieben habe. Nur zum beobachteten Gehirn. Was als Gehirngrenze beschrieben wurde, kennzeichnet die Grenze zwischen beobachtetem und funktionierendem Gehirn. Wenn diese Grenze überschritten wird, dann wird das beobachtete Gehirn einfach mit dem funktionierenden Gehirn gleichgesetzt. Genauso wie Fichte die Grenze zwischen Bewusstsein und Welt überschreitet und das phänomenale Bewusstsein für identisch mit der realen beziehungsweise noumenalen Welt erklärt. Wenn das mal kein Fichten beziehungsweise Hirnen ist.

Enthirnen

Der Student sitzt gedankenverloren da: Da geht meine schöne Theorie über die noumenale Realität des Gehirns dahin. Einfach aufgelöst in verschiedene Begriffe des Gehirns. Aber halt, das sind ja nur Begriffe. Die haben mit der noumenalen Realität von Gehirn und Welt nichts zu tun. Also frage ich doch Kant mal in dieser Richtung.

»Nun, Herr Kant«, setzt er neu an, »das ist eine schöne Diagnose. Aber wo bleibt die Therapie? Eine Therapie für die Neurowissenschaftler und Neurophilosophen. Wie können es die Neurowissenschaftler und Neurophilosophen besser machen als Fichte? Was können sie unternehmen, ohne ins Fichten oder Hirnen zu verfallen?«

Fichte macht es falsch. Sein Weg führt zum Fichten, wie Kant es nennt. Die Neurowissenschaftler und Neurophilosophen scheinen den gleichen Fehler zu begehen. Nur dass sie statt mit dem Bewusstsein mit dem Gehirn argumentieren und das beobachtete Gehirn einfach mit dem funktionierenden Gehirn gleichsetzen. Das führt zu schlechten Beweisen, zum »Hirnen«. Wie können wir nun ein solches Hirnen vermeiden? Gehen wir also zu Kant selbst zurück.

Kant diskutiert immer wieder die Verbindung zwischen dem reinen Bewusstsein und den Gegenständen der Umwelt. Diese Verbindungsleistung nennt er Synthese. Synthese beschreibt einen dynamischen Prozess, wie der Philosoph Tobias Schlicht es nennt. Er bringt Objekte und Gegenstände im Bewusstsein hervor, aus den sensorischen Stimuli der Umwelt. Durch die Synthese kommen Ordnung, Struktur und Organisation in das »Gewühle der Erscheinungen«[40]. Kant nennt den Vollzug dieser Synthese »denken«. Für ihn webt es die Verknüpfung zwischen der Mannigfaltigkeit des Sinnlichen und der Einheit des Bewusstseins (des Verstandes).

Was bedeutet dies nun für den Begriff der Verbindung? Kant charakterisiert ihn durch Synthese, Einheit und Mannigfaltiges: »Aber der Begriff der Verbindung führt außer dem Begriffe des Mannigfaltigen, und der Synthesis desselben, noch den der Einheit desselben bei sich. Verbindung ist Vorstellung der synthetischen Einheit des Mannigfaltigen.«[41] Auf gut Deutsch heißt das: Durch die Synthese werden die Stimuli der Umwelt mit dem Bewusstsein des Verstandes verknüpft und verwoben. Sie werden verbunden – genau das nenne ich Verbindungsleistung.

Wie können wir das nun vom Kant'schen Kontext von Vernunft und Verstand auf den heutigen Kontext des Gehirns übertragen? Die Verbindungsleistung müsste in einen Zusammenhang mit dem Gehirn gebracht werden. Dann mal los: Die Verbindungsleistung wird nach Kant durch Mannigfaltigkeit,

Synthese und Einheit charakterisiert. Mannigfaltigkeit im heutigen Kontext des Gehirns steht für die verschiedenen Stimuli, die das Gehirn von außerhalb erhält. Also die interozeptiven Stimuli vom Körper und die exterozeptiven Stimuli der Umwelt. Sie unterbrechen unangemeldet den aktiven Ruhezustand des Gehirns, dringen in ihn ein.

Das war einfach. Nun wird es schwieriger. Was ist die Einheit im Kontext des Gehirns? Die uns bereits bekannte hohe neuronale Aktivität im Ruhezustand des Gehirns bildet eine statistische Einheit mit der Umwelt, der statistischen Frequenz ihrer Stimuli. Das hatten wir statistische Umwelt-Gehirn-Einheit genannt. Die wurde vor allem über die Phasen der niedrigfrequenten Fluktuationen in der neuronalen Aktivität des Gehirns vermittelt. Und zwar indem sich die Phasen der neuronalen Aktivitätsschwingungen im Ruhezustand des Gehirns an die Phasen der statistischen Frequenzschwankungen der Umweltstimuli anpassen. Sie verleiben sie sich gewissermaßen ein.

Wie aber werden nun die verschiedenen Stimuli, die Eindringlinge, die das ruhende Gehirn bombardieren, mit der statistischen Umwelt-Gehirn-Einheit verknüpft? Durch das, was Kant Synthese nennt. Die Stimuli selbst lösen hochfrequente Fluktuationen aus. Das haben wir schon anfangs bei den Gammaschwingungen gesehen. Um Umwelt-Gehirn-Einheit und Stimuli zu integrieren, müssen nun also niedrig- und hochfrequente Fluktuationen in Einklang gebracht werden. Sie müssen synthetisiert werden, würde Kant sagen. Wie macht das Gehirn das? Auch das haben Sie schon kennengelernt. Es koordiniert beziehungsweise synchronisiert hochfrequente Aktivität der Stimuli mit den Phasen der niedrigfrequenten Fluktuationen. So wird dann zum Beispiel die Stärke (*power*) der Gammafluktuationen den auf- oder absteigenden Phasen der niedrigfrequenten Fluktuationen zugeordnet. *Phase-power*

relationship nennt es der moderne Neurowissenschaftler. Als »heiteres Ordnen« könnte man es wohl auch beschreiben, während Kant weiterhin von Synthese sprechen würde.
Was Kant als Verbindung im Rahmen von Verstand und Vernunft beschreibt, taucht also im Kontext von Gehirn und Umwelt wieder auf. Auch hier liegt eine Verbindungsleistung vor. In der Verbindung von Stimuli, Gehirn und Umwelt. Das entspricht (mehr oder weniger) der Kant'schen Verbindung von Mannigfaltigem, Verstand und Einheit des Bewusstseins. Was aber hat nun diese Verbindungsleistung zwischen Stimuli, Gehirn und Umwelt mit den Gehirngrenzen zu tun? Dies dürfte die Frage sein, die unseren Studenten beschäftigt, denn er möchte die Gehirngrenzen ja umgehen. Er möchte nicht nur das beobachtete Gehirn erfassen, sondern auch das funktionierende. Das aber, so würde Kant wohl sagen, können wir nicht erkennen. Kein Zugang. Tür geschlossen. Schlüssel nicht existent.
Aber welcher junge Mann gibt sich schon mit der Realität seiner (philosophischen und wissenschaftlichen) Väter und Großväter zufrieden? Fichte tut es nicht – und ruft Kritik und Zorn von Kant hervor. Der bringt dabei den wunderschön ironisch-komischen Begriff des »Fichtens« hervor. Unser Student folgt Kant duldsam und hört ihm stets aufmerksam zu. So nimmt er auch seine Kritik an den Neurowissenschaften und ihrem »Hirnen« auf. Nun aber ist es Zeit für ihn, erwachsen zu werden und sich loszulösen vom philosophischen Vater. Es wird Zeit, sich von seiner starren und scheinbar unüberwindbaren Dichotomie zwischen phänomenalem Bewusstsein und noumenaler Welt, zwischen beobachtetem und funktionierendem Gehirn zu lösen.
Das versucht zwar schon ein anderer Sohn von Kant: Fichte. Doch der scheitert. Er scheitert deshalb, weil er einfach die eine Seite in die andere verlagert, die noumenale Welt in die

phänomenale des Bewusstseins. Das muss scheitern. Und zum Fichten führen. Also warum es nicht anders herum versuchen?

Entkanten

Das kann ich besser, denkt sich unser Student, und wir uns mit ihm. Schließlich – Sie erinnern sich vielleicht noch an den Anfang unserer gemeinsamen Reise – haben wir ihn als unser Alter Ego, als Beispiel eines modernen Wahrheitssuchers ins Rennen geschickt. Erst ins alte Königsberg, dann ins moderne Berlin, und jetzt ringt er als Gesprächspartner Kants um eine wirklich auch zukünftig stichhaltige Auffassung zum Bewusstsein.

Er will nicht die gleichen Fehler machen wie Fichte. Und auch nicht die der Neurowissenschaftler und Neurophilosophen, die einfach das beobachtete mit dem funktionierenden Gehirn gleichsetzen. »Nein, ich mach das ganz anders. Ich schaue mir genau die Prozesse an, die die Beobachtung des Gehirns ermöglichen. Die Verbindungsleistung. Die Verbindung zwischen Stimuli, Gehirn und Umwelt. Die Synthese des Gegenstands Gehirns in meiner Beobachtung des Gehirns. Sie ergibt sich aus der Interaktion zwischen den Stimuli, die meine Sinne reizen, dem Ruhezustand meines eigenen Gehirns und der statistischen Frequenz der Umweltstimuli während der Beobachtung des Gehirns. Genau diese Verbindungsleistung muss den Unterschied zwischen beobachtetem und funktionierendem Gehirn ausmachen.«

Optimistisch gedacht. Und so geht es auch gleich weiter: »Während meiner Beobachtung des Gehirn transformiert die Verbindungsleistung das funktionierende Gehirn in ein beobachtetes Gehirn. Diese Verbindungsleistung kann ich selbst erfassen, auch wenn sie in der Zukunft noch besser und näher empirisch untersucht werden muss. Prinzipiell aber kann ich sie erfassen. Dann aber kann ich zumindest indirekt auch einen Einblick in das funktionierende Gehirn erhalten. Nur indirekt, aber immerhin. Ich kann die Brücke, die vom beobachteten zum funktionierenden Gehirn führt, selbst untersuchen. Und wenn ich einmal auf der Brücke stehe, kann ich das funktionierende Gehirn sehen. Zumindest von einer gewissen Ferne aus. So wie ich einen großen See vom Steg aus sehe.«

Nun aber schießen Zweifel durch das Gehirn des eben noch so optimistischen Studenten: »Was ich von der Brücke aus sehe, kann ich auch wieder nur beobachten. Nur durch die Brille meiner Beobachtung und meiner eigenen Verbindungsleistung kann ich es wahrnehmen. Und außerdem kann ich nicht wissen, ob der See wirklich so endlos ist, wie er mir erscheint. Also nehme ich mir doch ein Boot. Und fahre am Ufer entlang und schaue, ob ich seine Grenzen erfassen kann. Das wäre leicht. Ein Boot für das funktionierende Gehirn steht mir aber nicht zu Verfügung. Keine Chance also, die Ufer, die Mechanismen, Prinzipien und Regeln des funktionierenden Gehirns zu erfassen?«

Helfen wir unserem Studenten doch und schauen wir, was passiert, wenn die Umwelt-Gehirn-Beziehung zusammenbricht. Das kann uns vielleicht über das funktionierende Gehirn aufklären. Wir hatten das bei der Schizophrenie untersucht. Die Folgen dieser Unterbrechung in der Verbindungsleistung sind dramatisch: Die Irrelationalität führt zur Irrationalität. Also muss die statistische Umwelt-Gehirn-Einheit zumindest ein Merkmal des funktionierenden Gehirns, und nicht nur des beobachteten, sein. Stolz würde der Student zu Kant sagen: »Wir können Ihre starre Grenze zwischen beobachtetem und funktionierendem Gehirn überschreiten. Wir können Grenzposten markieren. Und Grenzposten erlauben einen Ausblick. Einen Ausblick vom phänomenalen Bewusstsein und dem beobachteten Gehirn auf die noumenale Welt des funktionierenden

Gehirns. Sie können nicht umhin, diesen Ausblick zu akzeptieren. Das ist kein Hirnen mehr. Sondern eher ein Enthirnen.«
Und Kant? Wir sprachen vom Jahr 1799, in dem Kant seine Schrift zur Erklärung gegen Fichte veröffentlicht. Danach geht es mit ihm bergab. Gedächtnis und Konzentration lassen immer mehr nach. Er wird zunehmend hilfloser. Sein langjährig treuer Diener Lampe bestiehlt und betrügt ihn und wird streitsüchtig. Freunde, die Kant helfen, kündigen Lampe schließlich 1802. Es wird ein neuer Diener eingestellt, den Kant weiterhin Lampe nennt. Und das, obwohl er in sein Notizbüchlein schreibt: »Der Name Lampe muss nun völlig vergessen werden.«[42]
Sein Gesundheitszustand verschlechtert sich zunehmend. Er verliert seine Zähne. Und auch die Verdauung macht ihm Probleme, eine hartnäckige Verstopfung stellt sich ein. Verlust von Geruchs- und Geschmackssinn tun ihr Übriges. Kurz: Kant ist extrem gebrechlich. Oft fällt er hin oder schläft auf dem Stuhl ein. Er macht alle Stadien einer schweren Demenzerkrankung, möglicherweise eines Alzheimers, durch. Das wissen wir heute. Damals weiß man es nicht. Auch Kant nicht. Er beschreibt es allerdings bereits 1799 sehr passend, ganz rational, kantisch eben: »Meine Herren, ich bin alt und schwach, Sie müssen mich wie ein Kind betrachten.«[43] Kant hat keine Angst vor dem Tod. Er ist, wie wir wissen, nicht gottesfürchtig. Und er ist bereit zu sterben. Kant wäre wohl nur allzu froh, wenn es früher passieren würde.
Einer seiner Besucher in der damaligen Zeit sieht den zunehmenden Zerfall und spricht von einem »langentkanteten Kant«[44]. Wir hatten bereits das Kanten und das Fichten. Dazu das Hirnen. Und bald darauf das Entfichten und Enthirnen. Nun also das »Entkanten«. Fichte versucht Kant zu entkanten. Das aber führt zu nichts anderem als zum Fichten. Wir sollten also vorsichtig sein.

Ein anderer philosophischer Sohn Kants, Arthur Schopenhauer (1788–1860), versucht sich ebenfalls am Entkanten. Schopenhauer ist der biologische Sohn einer reichen Kaufmannsfamilie, die zuerst in Danzig wohnt und dann später nach Hamburg zieht. Er selbst ist länger mit seiner Mutter in Weimar, dann in Berlin und schließlich in Frankfurt. Vereinsamt und verbittert stirbt er dort. Nicht aber für die Nachwelt. Schopenhauer ist einem breiten Publikum durch seine elegant formulierten, aber zum Teil sehr deftigen Ansichten zu Frauen, Moral und allerlei Dingen des täglichen Lebens bekannt. Er setzt sich seinerzeit zudem intensiv mit Kant auseinander, den er selbst als seinen philosophischen Vater betrachtet. Allerdings als einen, dem er zeigen muss, was er, Kant, eigentlich macht.

Wie versucht nun Schopenhauer das Entkanten? Was Kant Verstand und Vernunft zuspricht, ordnet er bereits dem Gehirn zu. Daher spricht er auch von einer »Kritik der Gehirnfunktionen«[45], die dieser, wenn auch nicht unter diesem Namen, entwickelte: All das, was Kant Vernunft und Verstand zuspricht, muss nach Schopenhauer dem Gehirn zugeordnet werden. Die Welt ist somit nichts als ein Gehirnphänomen. Klarer Fall von Hirnen, würde man da sagen wollen.

Nein, das ist es aber nicht. Denn Schopenhauer unterscheidet zwischen verschiedenen Gehirnen: dem Gehirn als Subjekt der Erkenntnis und dem Gehirn als Objekt der Erkenntnis. Das kennen wir doch von irgendwoher. Es entspricht mehr oder weniger unserer Unterscheidung zwischen funktionierendem und beobachtetem Gehirn: Das beobachtete Gehirn entspricht wohl in etwa dem, was Schopenhauer Gehirn als Objekt der Erkenntnis nennt. Ob allerdings das funktionierende Gehirn Schopenhauers Gehirn als Subjekt der Erkenntnis entspricht, muss diskutiert werden. Fachleute sprechen von einem sogenannten Gehirnparadox bei Schopenhauer, da das gleiche Gehirn nicht sowohl Objekt als auch Subjekt der Erkenntnis sein

kann. Schopenhauer verhirnt Kants Konzept von Verstand und Vernunft. Man kann also sagen, dass er Kant dadurch entkantet, dass er Verstand und Vernunft gegen das Gehirn austauscht. Entkanten durch Verhirnen. Das Problem aber ist, dass seine Entkantung dem bereits oben beschriebenen Hirnen gefährlich nahe kommt. Ist also seine Entkantung nicht nur eine Verhirnung von Kant, sondern ein Hirnen im Sinne des Fichtens?
Unser Student nutzt diese Zusammenhänge für einen weiteren Versuch, das Gehirn und seine Disziplinen in den Mittelpunkt zu rücken. Wenn Schopenhauers Begriffe des Gehirns als Subjekt und Objekt in die des beobachteten und funktionierenden Gehirns übersetzt würden, hätte man einen besseren Startpunkt. Er erlaubt es, Empirie und Erkenntnis zu trennen. Die Empirie, die Neurowissenschaft, beschäftigt sich mit dem beobachteten Gehirn. Wohingegen die Erkenntnis, Kant zufolge die Domäne der Philosophie, eher auf das funktionierende Gehirn abzielt. Kant selbst würde, wenn er dies hören würde, bestimmt alle verbleibenden Kräfte mobilisieren. Er würde sagen: »Lieber Herr Student, ich habe es Ihnen doch schon vielfach gesagt. Sie müssen Neurowissenschaften und Philosophie fein säuberlich trennen. Alles andere führt nur zu Chaos und Disziplinlosigkeit. Und letztendlich zu dem, was Sie Schizophrenie nennen.«
»Aber Herr Kant«, wird der Student, jetzt wohl in ganz ruhigem, gelassenem, selbstsicherem Ton, antworten, »Sie sprechen zwar von Synthese, aber Sie haben eines vergessen: die Verbindungsleistung selbst. Die Verbindung zwischen Stimuli, Gehirn und Umwelt. Die Verbindung zwischen Stimuli und Gehirn, die ist ganz empirisch und gehört in die Neurowissenschaften. Jawohl, Herr Kant, da haben Sie recht. Aber die Verbindung von Stimuli und Gehirn mit der Umwelt, die berührt nicht nur die Empirie, sondern auch unsere Erkenntnis. Und somit unser Bewusstsein. Gerade aufgrund der statisti-

schen Umwelt-Gehirn-Einheit bleibt uns die Beobachtung des funktionierenden Gehirns versperrt. Sie gibt uns nur den Blick auf das beobachtete Gehirn frei.«

Der Student kann es jetzt bestens erklären: Die neuronalen Prozesse, die die statistische Umwelt-Gehirn-Einheit generieren, sind nicht nur rein empirisch, sondern auch für unsere Erkenntnis hoch relevant. Für unsere Erkenntnis des Gehirns als beobachtetes Gehirn. Und sie sind ebenso wichtig für unsere Erkenntnis der Umwelt als phänomenal in unserem Bewusstsein. Sowie für unsere Nicht-Erkenntnis des funktionierenden Gehirns. Das aber heißt, dass Kant die Philosophie als die Domäne der Erkenntnis nicht vollständig von den Neurowissenschaften, der Empirie des Gehirns, loslösen kann. Die Verbindungsleistung des Gehirns selbst macht es notwendig, dass Empirie und Erkenntnis verknüpft sind. Und somit müssen auch Neurowissenschaften und Philosophie notwendig miteinander verbunden sein.

Die Neurowissenschaftler und viele Neurophilosophen lösen die Philosophie in die Neurowissenschaft auf. Dies, so haben wir gesehen, führt zum Hirnen. Das Gegenteil ist aber auch nicht viel besser. Denn dann trennt man, wie Kant es wohl tun würde, Philosophie und Neurowissenschaften zu strikt. Man könnte dann vom Kanten oder besser »Verkanten« sprechen. Wie aber können wir diesen Dualismus der Disziplinen auflösen, ohne vom Kanten ins Hirnen zu kommen? Wir müssen gleichzeitig entkanten und enthirnen.

»Disziplin, Disziplin«, könnte man die Gefangenen aus dem Gefängnis nahe Kants Haus singen hören. »Nur die Disziplin Gottes und Gottes Geist werden uns aus dem Gefängnis führen.«

»Nein, es sind Verstand und die Disziplin der Philosophie, die uns auf den rechten Weg bringen«, würde Kant seinen Nachbarn dann entgegenschmettern.

»Alles olle Kamellen«, hört man die Neurowissenschaftler von heute als Gegenpart einstimmen. »Das Gehirn, nur das Gehirn wird uns aus dem Gefängnis der Unkenntnis bringen. Ohne die Disziplin der Neurowissenschaft geht gar nichts. Vergessen Sie die Philosophie. Die befindet sich auf dem Müllplatz der Geschichte.«

»Alles bloßes Fichten und Hirnen«, zürnt Kant.

»Nein«, tönt der Student siegessicher, »weder Kanten noch Fichten oder Hirnen. Es wird enthirnt und entkantet. Die Neurowissenschaft muss sich mit der Philosophie verknüpfen. Und die Philosophie mit der Neurowissenschaft, und zwar ohne sich ihr blind unterzuordnen. Wir brauchen eine Verbindung. Eine Verbindungsleistung, die Sie, Herr Kant, ja schon zu Ihrer Zeit beschreiben, wenn Sie von Synthese sprechen. Und die nun, im Kontext des Gehirns und seiner Umwelt, endlich klar und deutlich wird. Die Verbindung von Empirie und Erkenntnis. Die notwendig ist aufgrund der statistischen Umwelt-Gehirn-Einheit. Eben gerade weil Gehirn und Umwelt so eng in einer statistischen Einheit miteinander verknüpft sind, kommen Sie nicht umhin, auch Philosophie und Neurowissenschaft miteinander zu verbinden. Die von Ihnen so vehement postulierte Trennung beider Disziplinen hat keinen Bestand. Tut mir leid, Herr Kant, da müssen wir, zumindest zum Teil, entkanten.

Sie können das Gehirn nicht einfach in das Reich der Empirie abschieben. In die Neurowissenschaften. Und allein das Bewusstsein im Reich der Erkenntnis und der Philosophie belassen. Herr Kant, das geht nicht. Das Gehirn ist disziplinlos. Wie Ihre Nachbarn, die Gefangenen von nebenan. Die wurden übergriffig und sind deswegen im Gefängnis. Unser Gehirn hat es da besser. Es ist nicht im Gefängnis, obwohl es ständig ein- und übergreift. In unsere Wahrnehmung. In unsere Beobachtung des Gehirns. In unser Bewusstsein von unseren Beobachtungen. In unsere Erkenntnis von Gehirn und Umwelt. Und letztendlich auch in unsere Gedanken, die wir in der Philosophie denken.«

Der Student trifft den Punkt. Das Gehirn kann nicht anders als Verbindungen herzustellen. Verbindungen zwischen der Umwelt und sich selbst. Zwischen Empirie und Erkenntnis. Zwischen Neurowissenschaften und Philosophie.

»Sie, Herr Kant, würden wohl sagen, dass das Gehirn gezwungenermaßen disziplinlos ist. Dann ist aber auch die Verbindung zwischen Philosophie und Neurowissenschaften notwendig. Sie ist unumgänglich. Das, Herr Kant, können Sie jetzt nicht mehr bezweifeln. Was sagen Sie nun? Nicht die Verbindung der Disziplinen ist disziplinlos. Das Gehirn selbst ist disziplinlos.«

Epilog

Am Ende seines Lebens weiß Kant nicht mehr, wer er ist. Seine geistigen Fähigkeiten, die einst großen Eindruck machten, kommen nicht mehr zum Ausdruck. Auch sein körperlicher Zustand lässt rapide nach. Eine Nahrungsaufnahme ist kaum noch möglich. An ausreichend Nachtschlaf ist kaum noch zu denken, oft plagen Kant Alpträume. Seine sechs Jahre jüngere Schwester kümmert sich in den letzten Monaten um ihn. Da Kant keine Veränderungen mag, auch nicht plötzlich seine Schwester im Haus, sitzt sie immer hinter ihm an seinem Bett, und mit der Zeit gewöhnt er sich an sie. Zu einem der Besucher in dieser Zeit sagt Kant: Er, der Besucher, möge doch bitte seiner Schwester erläutern, wer er, Kant, sei. Damit sie es ihm später erklären könne.

In den letzten Monaten seines Lebens erkennt er niemanden mehr. Er weiß nichts mehr über sich selbst und ist unfähig, auch nur seinen Namen zu schreiben. Völliger Zerfall seiner Fähigkeiten. So schläft er schließlich (mehr oder weniger friedlich) am 12. Februar 1804, gut zwei Monate vor seinem 80. Geburtstag, ein. Für damalige Zeiten ein enorm hohes Alter. Einer der letzten Besucher sagt, er habe nur die Hülle von Kant angetroffen, nicht aber Kant selbst. Was aber ist drin in der Hülle? Dort war einmal Substanz, als Kant noch Kant war. Und nicht entkantet wie in seinen letzten Lebensjahren.

Was bleibt von Kant? Seine großen Werke und die in ihnen entwickelten großen Gedanken. Die *Kritik der reinen Vernunft* und die *Kritik der praktischen Vernunft* sind hier an vorderster Stelle zu nennen. Auch ein letztes nie vollendetes Werk, das er in seinen letzten Jahren schreibt, das Opus postumum. Er versucht darin die Metaphysik der Physik zu ergründen. Vieles bleibt darin allerdings unklar und offen.

Was bleibt von Kant neben seinen Werken? Seine philosophischen Kinder. Wir haben zwei seiner geistigen Söhne kennengelernt. Fichte und Schopenhauer. Es schlossen sich viele andere, Söhne, Enkel, Urenkel und so weiter an. Sehr viele Gelehrte und Wissenschaftler, aber auch Laien haben Kant als philosophischen Vater und somit als geistigen Vater betrachtet. Gleichzeitig haben sie aber auch gegen ihn rebelliert und seine großen Gedanken in andere Kontexte gesetzt. Fichte verschiebt Kants Dualität von Verstand und Umwelt in den Kontext des Ich als Alleinherrscher des Bewusstseins. Schopenhauer nimmt eine Verschiebung des Verstandes in Richtung des Gehirns vor. Und viele andere nach ihnen verfahren auf vielfältige Weise ebenso.

Auch ich habe Kant und seine Ideen verschoben. Vom Kontext des Geistes in den des Gehirns. Von reiner Philosophie zu reiner Neurowissenschaft. Geht das so einfach? Das kann man doch nicht machen, schreien vielleicht die heutigen Jünger von Kant. Das ist ein Kategorienfehler, den Kant selbst niemals gutgeheißen hätte. Sie werfen mir vor, ich verwechsle die Kategorie des Geistes und somit die der Philosophie mit der der Neurowissenschaft, die das Gehirn untersucht. Fehlt mir hier die philosophische Disziplin? Bin ich zu disziplinlos?

Kategorien und Kategorienfehler sind immer eine Sache des Kontextes. Heutige Kant-Jünger nehmen den Kant'schen Kontext der Dualität von Verstand und Sinne, von Geist und Welt, wörtlich und halten sklavisch an ihm fest. Deswegen sind es wohl auch »Jünger«. Kants Jünger. Geht man so an die Sache heran, dann begehe ich in der Tat einen Kategorienfehler. Aber, das haben wir bereits an unserem Studenten gesehen, jeder eigenständige Sohn rebelliert gegen seinen Vater. Ob es der biologische oder der philosophische ist. Auch Kant selbst tut das. Er rebelliert gegen Leibniz und gegen Hume, seine philosophischen Väter. Und er verschiebt dabei auch deren Kontexte.

Ich verschiebe Kants große Gedanken vom Kontext der Dualität von Verstand und Sinnen in den Kontext von Gehirn und Umwelt. Das ist der heutige Kontext. Der Kontext der Neurowissenschaften. Dies erlaubt mir zu sehen, dass auch wir, in unserem heutigen Kontext, ungerechtfertigte Schlussfolgerungen ziehen. Über den Zusammenhang von Gehirn und Bewusstsein. Ganz wie zu Kants Zeiten in seinen Kontexten.
Einer der ganz großen Gedanken von Kant ist, dass der Verstand selbst einen Input zum Bewusstsein liefert. Und dass Letzteres als Interaktion zwischen Verstand und Sinnen betrachtet werden muss, wenn beide, Verstand und Sinne, einen Beitrag oder Input zum Gelingen des Bewusstseins beisteuern. Übertragen auf den heutigen Kontext heißt das, dass auch das Gehirn selbst einen Input liefert. Einen Beitrag, der vom Gehirn selbst stammt, der nicht auf die Sinne, die sensorischen Stimuli von Körper und Umwelt, zurückgeführt werden kann. Um diesen Input des Gehirns ging es in diesem Buch. Nach dem habe ich diesmal gefahndet. Und ich habe Kant als Detektiv angesetzt.
Warum solch eine komplizierte Suche? Da bin ich ganz kantisch. Oder besser neuro-kantisch, wenn man so sagen will. Kant sagt, dass wir Bewusstsein nur verstehen können, wenn wir den Input von Verstand und Vernunft und somit Letztere selbst anschauen. Ich sage, dass wir Bewusstsein nur verstehen können, wenn wir das Gehirn selbst betrachten. Ganz unabhängig von den sensorischen Stimuli, die es in seinen sensorischen und kognitiven Funktionen prozessiert. Nur Gehirn. Das reine Gehirn. Wir müssen das betrachten, was es selbst macht. Unabhängig von den Stimuli, mit denen es täglich bombardiert wird. Sie machen das reine Gehirn zum unreinen Gehirn. Wir müssen die intrinsischen Eigenschaften des Gehirns finden. Ganz wie Kant. Nur dass er die intrinsischen Eigenschaften von Verstand und Vernunft betrachtet, isoliert von den Sinnen.

Wo aber führt das hin? Zum Gehirn selbst. Zum reinen Gehirn. Klar, das ist einfach. Und zu den Neurowissenschaften, werden Sie sagen. Auch klar. Aber es ist eben nicht so einfach. Denn unser Detektiv, Immanuel Kant, und sein Assistent, der rastalockige Student, haben Grenzen aufgezeigt. Grenzen der rein empirischen Betrachtung des Gehirns in den Neurowissenschaften. Grenzen, die theoretische, begriffliche, erkenntnistheoretische und auch methodische Aspekte der Untersuchung des Gehirns berühren. Sie haben Türen der Philosophie ausfindig gemacht, an denen die Neurowissenschaften offenbar nicht anders können, als anzuklopfen und um Eintritt zu bitten.

Warum aber können sie offenbar nicht anders, als an die Tür der Philosophie zu klopfen? Und warum müssen die Philosophen an der Tür der Neurowissenschaften klingeln? Weil uns unser Gehirn keine andere Wahl lässt. Unser Gehirn funktioniert so, dass es immer verbinden will. Es kann nicht anders. Verbinden auf Gedeih und Verderb. Sich selbst mit der Umwelt. Neurowissenschaft mit Philosophie. Und Philosophie mit Neurowissenschaft. Da das so ist, haben wir keine andere Wahl, als Neurowissenschaften und Philosophie direkt miteinander zu verbinden. Wir können sie weder trennen noch unilateral ineinander auflösen.

Unser Gehirn selbst, seine Verbindungsleistung, macht es also notwendig, Philosophie und Neurowissenschaften miteinander zu verbinden. Alles andere wäre gegen das Gehirn. Wir mögen Disziplinen. Wir mögen Philosophie und Neurowissenschaften und ihre festen, klaren Grenzen. Unser Gehirn mag das offenbar nicht. Es mag keine Disziplinen. Es ist disziplinlos. Die Disziplinen der Philosophie und der Neurowissenschaften entpuppen sich somit als metaphysische Gespenster der reinen Vernunft. So würde Kant sagen. Oder, so würden wir heute sagen, als ein Hirngespinst. Ein Gespinst ei-

nes unreinen Gehirns. Das uns umso gespannter auf das Licht des reinen Gehirns warten lässt.
Ob wir auf das von Kant erträumte neue Werk, seine »Kritik des unreinen Gehirns« in der Zukunft warten sollten? Das überlasse ich Ihnen. Im Jetzt der Gegenwart sollten wir aber auf jeden Fall Immanuel Kant sehr dankbar sein. Für seine Einsichten in der Vergangenheit, die uns auch heute noch helfen, die Disziplinlosigkeit unserer Gedanken zu zähmen. Und uns dadurch die Tür zur Disziplinlosigkeit des Gehirns selbst öffnen.

Persönliches Schlusswort und Dank

Sind Sie nun Neurowissenschaftler oder Philosoph? Das wird mich womöglich so mancher fragen, der dieses Buch gelesen hat. Keines von beiden, würde ich antworten. Denn das Gehirn selbst macht es unmöglich, allein Neurowissenschaftler oder allein Philosoph zu sein. Also bin ich disziplinlos. Richtig. Ganz so wie das Gehirn. Wenn ich die Grenzen der Disziplinen überwunden habe, habe ich eine Chance, das Gehirn zu verstehen. Und möglicherweise auch, wie es Bewusstsein hervorbringt. Das Gehirn selbst scheint sich nicht um Disziplinen zu scheren. Wenn es denn könnte, würde es wohl grinsen ob all unserer Disziplinen. Also sollten wir uns auch nicht so eng an Disziplinen klammern und lieber etwas disziplinlos sein.

Ich komme nun zur Disziplin des Bedankens, und dies mit Freuden: Ich möchte mich wieder bei Karin Stuhldreier vom Irisiana-Verlag bedanken, für ihre Offenheit und ihr Interesse an der Neurophilosophie. Auch bei Birte Schrader für ihre extrem hilfreichen Hinweise und Anmerkungen bezüglich der Struktur des Buches. Auch allen anderen Mitarbeitern des Verlages gebührt ein großer Dank. Nicht zuletzt für das schöne Cover. Stefan Linde, der Agent, war wie immer hilfreich, unterstützend und bahnend tätig.

Ein großer Dank gebührt auch Diane Zilliges. Als Lektorin hat sie das Buch, wie auch das erste, *Die Fahndung nach dem Ich*, extrem hilfreich unterstützt und mir meine Augen für so manchen blinden Fleck geöffnet. Wie immer war die Zusammenarbeit mit ihr extrem produktiv und auch persönlich sehr angenehm. Ein großer Dank für die Verbesserungen und das Zusammenwirken.

Viele der hier angesprochenen Themen und Ideen sind das Resultat langjähriger Arbeit. Im akademischen Bereich sind sie bereits in einigen Artikeln erschienen. Bald auch in zwei Bänden über Gehirn und Bewusstsein bei der Oxford University Press (2012), zudem in einem Buch über Neuropsychoanalyse, ebenfalls bei Oxford University Press (2011), und in einem Buch über Neurophilosophie, das bald bei Palgrave erscheint. Schließlich kann man die Ideen auch wunderbar auf die Bühne bringen und ein Theaterstück des Gehirns daraus machen: *Grausamer grauer Brei*. Und der marschiert jetzt bereits von Kanada über Österreich und Deutschland nach China.

Alles ist dynamisch und verändert sich ständig. Das sehen wir auch im Falle des Gehirns. Und es ist ebenso im Falle meiner Gedanken. Kochtopf und Küche meiner Ideen ist meine Arbeitsgruppe in Ottawa. Dort sind viele der Ideen schon mal im Rohzustand ausprobiert worden. Was kocht wie? Und was nicht? Ein großer Dank geht daher an meine exzellenten Mitarbeiter Dave Hayes, Chao-Yi, Niall Duncan, Oliver Lyttelton, Pengmin Qin, Christine Wiebking, Takashi Nakao. Es ist eine Freude, mit euch zusammenzuarbeiten. Wirklich spannend und klasse. Dem Institute of Mental Health Research in Ottawa und seinem mich immer unterstützenden Leiter Zul Merali sei ein Dank abgestattet, für die Freiheit, die mir dort gegeben wird. Die verschiedenen Geldgeber in Kanada, Europa und China machen es durch finanzielle Spritzen außerdem möglich. Spritzig ist auch oft die Zusammenarbeit mit Kolleginnen und Kollegen, mit denen ich seit Jahren kooperiere, in Europa und China – Danke an Xuchu Weng, Todd Feinberg, Heinz Böker, Stephan Döring, Shihui Han, Jaak Panksepp, Marina Farinelli und Mark Solms.

Zu guter Letzt gebührt mein persönlicher Dank John Sarkissian, meinem Partner. Mit seiner kritischen Kreativität und seinen Ideen eröffnete er dem disziplinlosen Ich des Autors immer wieder neue Einsichten in die Dramaturgie – wodurch das Ganze dann erst richtig disziplinlos wurde. Aber eben auch spannend. Nicht nur in der Dramaturgie, sondern auch im täglichen Leben.

Glossar

Bildgebende Verfahren: Diese Techniken erlauben es, die Aktivität des Gehirns gewissermaßen online zu untersuchen. Entweder werden die anatomischen Strukturen gemessen, wie in der Computertomografie (CT) oder der Magnetresonanztomografie (MRT), oder die neuronale Aktivität in den verschiedenen Regionen, wie bei der funktionellen Magnetresonanztomografie (fMRT). Eine andere Möglichkeit besteht darin, verschiedene biochemische Substanzen mittels der Magnetresonanzspektroskopie (MRS) oder der Positronenemissionstomografie (PET) zu messen. Auch zeitliche Abläufe der elektrischen Aktivität im Gehirn können untersucht werden, mit der Elektroenzephalografie (EEG) oder der Magnetenzephalografie (MEG). Die Bezeichnung bildgebende Verfahren rührt daher, dass die Regionen des Gehirns während der Untersuchungen auf dem Bildschirm sichtbar werden und einzelne Areale farbig aufleuchten, während der Proband in einer Röhre liegt und über einen Bildschirm oder Lautsprecher Stimuli erhält.

Binding by Synchronization: »Bindung vermittels Synchronisation« beschreibt die zeitliche Koordination der neuronalen Aktivität von verschiedenen Nervenzellen an verschiedenen Orten oder Regionen im Gehirn. Eine solche Bindung wird durch die zeitliche Koordination der Schwankungen der neuronalen Aktivität konstituiert. Dabei schwingt die Aktivität der verschiedenen Neurone in einem gemeinsamen Rhythmus in der Gammafrequenz zwischen 30 und 40 Hertz.

Bottom-up Modulation: Dies beschreibt die Einflussnahme von funktionell niederen Hirnregionen wie zum Beispiel sensorischen Hirnregionen auf funktionell höhere Hirnregionen, die für komplexe kognitive Prozesse verantwortlich sind, wie zum Beispiel der frontale Kortex.

Cingulärer Kortex: Eine Region, die sich direkt in der Mittellinie des Gehirns über den Hirnhöhlen von vorn nach hinten zieht und somit vordere/anteriore und hintere/posteriore Anteile aufweist.

Depression: Ein psychiatrisches Krankheitsbild, das mit verschiedenen Symptomen wie extremer Traurigkeit, Antriebslosigkeit, Appetitlosigkeit, suizidalen Gedanken, Schlaflosigkeit und hoher innerer Unruhe einhergeht. So muss der medizinische Begriff der Depression vom mehr landläufigen Gebrauch (»Ich bin heute depressiv«) abgegrenzt werden, der dann eher mit Traurigkeit und schlechter Stimmung gleichzusetzen ist.

DMN: Das *default-mode network* beschreibt eine Gruppe von Regionen im Gehirn, die eine besonders hohe neuronale Aktivität und einen entsprechend hohen Energieverbrauch bereits im Ruhezustand des Gehirns zeigen. Dies betrifft vor allem die Regionen in der Mittellinie, die sich dadurch von anderen Regionen, die weiter außen liegen, unterscheiden.

Dorsomedialer präfrontaler Kortex: Eine Region in der Mittellinie des Gehirns, die im vorderen Teil direkt über dem vorderen Teil des cingulären Kortex liegt.

Emotionen: Emotionen beschreiben Gefühlszustände, die positiv oder negativ erlebt werden können. Neurowissenschaftlich werden Emotionen als ein komplexes Amalgam aus subjektiven Gefühlszuständen, bestimmten kognitiven Zuständen oder Gedanken, Verhaltensweisen und körperlichen Veränderungen aufgefasst.

Feedbackschlaufen: Als *reentrant circuits* werden Verbindungen im Gehirn bezeichnet, die in verschiedenen Regionen veränderte Informationen zur Ursprungsregion zurückleiten. So gibt es Verbindungen vom Thalamus, der selbst zahlreiche Informationen von subkortikalen Hirnregionen empfängt, die wiederum Input vom Kortex bekommen, wieder zurück zum Kortex.

FFA: Die *fusiform face area* ist eine Region im Gehirn, die eher hinten nahe der visuellen Hirnrinde liegt und speziell bei der Präsentation von Gesichtern eine hohe Aktivität zeigt.

fMRT: Die Abkürzung steht für die funktionelle Magnetresonanztomografie, eines der bildgebenden Verfahren, und bezeichnet eine Methode, die es erlaubt, die durch gezielte externe Stimuli und Aufgaben induzierte neuronale Aktivität des Gehirns zeitgleich auf dem Bildschirm zu verfolgen.

Gammaoszillationen: Gammaoszillationen beschreiben reguläre Schwankungen der neuronalen Aktivität in einem bestimmten Rhythmus und somit in einer Frequenz zwischen 30 und 40 Hertz, die als Gamma bezeichnet wird.

Globaler Arbeitsbereich: *Gobal workspace*, ein Begriff für die Verteilung von Informationen von bestimmten Hirnregionen an alle anderen Areale. Das Gehirn arbeitet somit global und setzt alle seine Regionen an, dies soll vor allem nach Bernard Baars entscheidend zur Entstehung des Bewusstseins beitragen.

Hippokampus: Hirnregion an der rechten und linken Seite im Innern des Gehirns. Sie ist entscheidend für das Gedächtnis, vor allem für dessen autobiografische Funktion.

Konzept: Konzepte sind eine Grundkomponente der Philosophie und beschreiben Begriffe in einer bestimmten Bedeutung als Bezeichnung für einen genau definierten Sachverhalt.

Korrelation: Begriff aus der Statistik, der ein bestimmtes Verfahren zur Überprüfung des Zusammenhangs zwischen zwei unterschiedlichen Variablen beschreibt. Festgestellt wird als Korrelation die lineare Beziehung zwischen den Variablen, womit noch nichts über die Kausalität zwischen beiden ausgesagt ist.

Kortex: Hirnrinde, die äußere Oberfläche des Gehirns, die direkt unter der Schädelkalotte liegt. Vorn, wenn Sie sich an den Kopf fassen, liegt der präfrontale Kortex. Wenn Sie sich dagegen an den Hinterkopf fassen, treffen Sie den visuellen Kortex. Dieser hat verschiedene Sub- beziehungsweise Unterareale, die als V1, V2, V3, V4 und V5 bezeichnet werden.

Metaphysik: Metaphysik bezeichnet eine Disziplin innerhalb der Philosophie, die sich mit der Existenz und Realität beschäftigt. Sie fragt: Was existiert wirklich in der Realität und somit der Welt selbst unabhängig von unserer Wahrnehmung und Erkenntnis derselben? Die Metaphysik geht somit über das hinaus, was wir beobachten können, und stellt sich die Frage, inwieweit dem, was wir beobachten, Existenz und Realität zugrunde liegt.

Mittellinienregionen: Bereich in der Mittellinie des Gehirns. Dazu gehören sowohl diese Areale im Kortex, die sogenannten kortikalen Mittellinienstrukturen, als auch Regionen, die unterhalb des Kortex liegen, die subkortikalen Mittellinienstrukturen.

NCC: *Neural correlates of consciousness*, gängige Bezeichnung für Hirnregionen und neuronale Mechanismen, die das Bewusstsein hervorbringen sollen. Die NCC betreffen somit die hinreichenden neuronalen Bedingungen des Bewusstseins.

Neuronale Synchronisation: Der Begriff beschreibt die zeitliche Koordination der Aktivitäten von verschiedenen Neuronen und Regionen im Gehirn. Die Aktivitätsschwankungen werden zeitlich miteinander koordiniert und dadurch synchronisiert.

Neurone: Begriff für die Zellen im Gehirn.

Neurophilosophie: Diese relativ junge Wissenschaft untersucht den Zusammenhang zwischen ursprünglich philosophischen Konzepten, wie zum Beispiel das Konzept des Ich, und den neuronalen Funktionen im Gehirn. Dabei haben sich unterschiedliche Strategien ergeben. Einige Vertreter halten die philosophischen Konzepte für komplett überflüssig und reduzieren alle Inhalte auf die neuronalen Funktionen des Gehirns.

Das führt letztendlich zur Elimination der philosophischen Konzepte und der Philosophie selbst, so wie es vor allem angloamerikanische Autoren wie Patricia Churchland vorschlagen. Dieses Vorgehen bezeichne ich als »naive Neurophilosophie«.
Eine andere Möglichkeit ist es, sich der grundsätzlichen Unterschiede zwischen philosophischen Funktionen und neuronalen Funktionen bewusst zu sein, was eine Reduktion oder Elimination im Sinne der naiven Neurophilosophie verbietet. Was dies allerdings nicht verbietet, ist der Versuch, eine Beziehung zwischen philosophischen Konzepten und neuronalen Funktionen zu entwickeln, ohne Erste auf Letztere zu reduzieren. Hierzu müssen Regeln für eine systematische Beziehungssetzung entwickelt werden, da ansonsten entweder Vereinnahmung mit Elimination oder Parallelismus ohne Beziehung droht. Die Entwicklung solcher Regeln für einen systematischen Grenzverkehr zwischen Neurowissenschaften und Philosophie ist das, was ich als »kritische Neurophilosophie« befürworte.

Neurowissenschaft: Dieser Forschungszweig beschäftigt sich mit dem Gehirn und untersucht seine Funktionsweise von der genetischen über die biochemische bis zur psychologischen Ebene. Dementsprechend ist die Neurowissenschaft eine Verbindung verschiedener Disziplinen.

Noumenal: Ein von Kant gern und häufig verwendeter Begriff, der die Existenz und Realität der Welt selbst betrifft, so wie sie selbst ist, unabhängig von unserer Beobachtung und Erkenntnis. Es ist daher ein Begriff, der genau an der Grenze zwischen Erkenntnis und Existenz und somit zwischen den Disziplinen der Erkenntnistheorie und der Metaphysik liegt.

NPC: Die *neural predispositions of consciousness* beschreiben die notwendigen, nicht hinreichenden neuronalen Bedingungen für das Bewusstsein. Welche Bedingungen müssen auf der Seite des Gehirns gegeben sein, um Bewusstsein zu ermöglichen? Die NPC müssen somit von den NCC unterschieden werden. Letztere betreffen die hinreichenden, nicht aber die notwendigen Bedingungen des Bewusstseins.

PET: Positronenemissionstomografie, eines der bildgebenden Verfahren, bei dem mittels nuklearmedizinsicher Techniken mit radioaktiven Substanzen bestimmte biochemische Substanzen im Gehirn dargestellt werden können.

Phänomenal: Ein von Kant gern verwendeter Begriff, der die Erkenntnis der Welt in unserem Bewusstsein beschreibt. Wir können uns niemals sicher sein, ob das, was wir in unserem Bewusstsein erkennen, die Welt selbst ist oder auf unser Bewusstsein zurückzuführen ist. Der Begriff ist somit ein Begriff der Erkenntnistheorie.

Philosophie: Der Begriff beschreibt wortwörtlich die »Liebe zur Weisheit«. Als Wissenschaft nahm die europäische Philosophie im antiken Griechenland ihren Ursprung. Seither gilt sie als die Suche nach den letzten Wahrheiten und Weisheiten des Menschen, unseres Verstandes, unseres Geistes und einer möglichen Seele.

Ruhezustandsaktivität: Beschreibt die neuronale Aktivität des Gehirns in der Abwesenheit von spezifischen Stimuli aus der Außenwelt. Die Ruhezustandsaktivität wird daher häufig auch als intrinsische Aktivität des Gehirns bezeichnet und der extrinsischen Aktivität, die durch externe Stimuli ausgelöst wird, gegenübergestellt.

Schizophrenie: Psychiatrische Krankheit, die mit Halluzinationen (zum Beispiel Stimmenhören) und Ich-Spaltung sowie mentaler Konfusion einhergeht.

Thalamus: Hirnregion mit verschiedenen Kernen, die direkt unterhalb der Hirnrinde liegt. In diesem Areal laufen die verschiedensten Informationen aus anderen Hirnregionen zusammen und werden zurück zum Kortex geführt.

Top-down Modulation: Dieser Begriff beschreibt die Einflussnahme von funktionell höheren Hirnregionen, die für komplexe kognitive Prozesse verantwortlich sind, wie zum Beispiel der frontale Kortex, auf funktionell niedere Hirnregionen wie zum Beispiel sensorische Hirnregionen.

Umwelt-Gehirn-Einheit: Ein von mir eingeführter Begriff, der den Zusammenhang zwischen Umwelt und Gehirn bezeichnen soll. Das Gehirn scheint offenbar die statistische Häufigkeit der Stimuli der Umwelt in seine neuronale Aktivität zu übertragen beziehungsweise einzukodieren. Dann spiegelt die neuronale Aktivität die zeitlichen und räumlichen Differenzen zwischen verschiedenen Stimuli in der Umwelt wider. Dadurch entsteht eine statistisch basierte räumlich-zeitliche virtuelle Einheit zwischen Gehirn und Umwelt.

V1, V2, V3 … Verschiedene Subregionen des visuellen Kortex, die für verschiedene Teilaspekte der Prozessierung visueller Stimuli verantwortlich sind.

Ventormedialer präfrontaler Kortex: Vorn liegende Region in der Mittelinie des Gehirns, die mit Emotionen und unserem Selbstgefühl in Verbindung gebracht wird.

Visueller Kortex: Region hinten im Gehirn, die verschiedene Subregionen aufweist. Der visuelle Kortex ist für die Prozessierung visueller Stimuli verantwortlich.

Literatur

Baars, B.J. (2005), Global workspace theory of consciousness: toward a cognitive neuroscience of human experience, Prog Brain Res, 150, 45–53

Barry, R.J., Clarke, A.R., Johnstone, S.J., Magee, C.A., Rushby, J.A.: EEG differences between eyes-closed and eyes-open resting conditions. Clin Neurophysiol. 2007 Dec; 118(12): 2765–73

Bayne, T., The unity of consciousness. 2010, Oxford University Press, Oxford

Bayne, T., Chalmers, D., What is the unity of consciousness? In: Cleeremans, A. (Eds), The unity of consciousness: Binding, integration, and dissociation. Oxford, Oxford University Press, 2003, p.23–58

Berze, J. (1914a), Die primäre Insuffizienz der psychischen Aktivität, Leipzig: Franz Deuticke

Bleuler, E. (1916), Lehrbuch der Psychiatrie, Berlin: Springer

Block, N. (2005), Two neural correlates of consciousness. Trends in cognitive sciences 9, 46–52

Brook, A. (1994), Kant and the Mind. Cambridge and New York: Cambridge University Press

Christoff, K., et al. (2009), Experience sampling during fMRI reveals default network and executive system contributions to mind wandering, Proc Natl Acad Sci USA, 106 (21), 8719–24

Churchland, P.S. (1986), Neurophilosophy: toward a unified science of the mind-brain. Cambridge, Mass.: MIT Press

Churchland, P.S., Sejnowski, T.J. (1992), The computational brain. Cambridge, Mass.: MIT Press

Churchland, P.S. (2002), Self-representation in nervous systems, Science, 296(5566), 308–10

Crick, F. (1994), The astonishing hypothesis. New York, London, Toronto, Singapore, Tokio, Sydney: Simon& Schuster

D'Argembeau, A., Collette, F., Van der Linden, M., Laureys, S., Del Fiore, G., Degueldre, C., et al. (2005), Self-referential reflective activity and its relationship with rest: a PET study. Neuroimage, 25(2), 616–624

Dainton, B., The phenomenal self. Oxford University Press, Oxford, 2008

Deco, G., Jirsa, V., McIntosh, A.R., Sporns, O., Kötter, R., Key role of coupling, delay, and noise in resting brain fluctuations. Proc Natl Acad Sci U S A. 2009 Jun 23;106(25):10302–7

Dehaene, S., Changeux. J.P., Experimental and theoretical approaches to conscious processing. Neuron. 2011 Apr 28;70(2): 200–27. Review

Descartes, R., Meditationes de prima philosophia. Lateinisch-Deutsch. Herausgegeben von Lüder Gäbe. Hamburg: Meiner; 1992

Dennett, D.C., Consciousness explained. 1991. New York, Little Brown and Company

Doege, K., Kumar, M., Bates, A.T, Das D, Boks MP, Liddle PF. Time and frequency domain event-related electrical activity associated with response control in schizophrenia. Clin Neurophysiol. 2010 Oct;121(10):1760-71. Epub 2010 Apr 18.

Edelman, G.M. (2003), Naturalizing consciousness: a theoretical framework, Proc Natl Acad Sci U S A, 100 (9), 5520–4

Edelman, G.M., Tononi, G. (2000), A universe of consciousness: how matter becomes imagination (Basic Book)

Esser, S.K., Hill, S., Tononi, G., Breakdown of effective connectivity during slow wave sleep: investigating the mechanism underlying a cortical gate using large-scale modeling. J Neurophysiol. 2009 Oct;102(4):2096–111

Feinberg, T.E. (2009), From Axons to Identity: Neurological Explorations of the Nature of the Self (Norton Series on Interpersonal Neurobiology); New York, London: W.W. Norton and Company
Fichte, J.G., Versuch einer Kritik aller Offenbarung. 1. Auflage 1792, Königsberg
Fichte, J.G., Grundlage der gesamten Wissenschaftslehre. Jena, 1794
Fingelkurts, A.A., Neves, C. F., Natural world physical, brain operational, and mind phenomenal space-time. Phys Life Rev. 2010 Jun;7(2):195–249
Fox, M.D., Raichle, M. E. (2007), Spontaneous fluctuations in brain activity observed with functional magnetic resonance imaging. Nat Rev Neurosci, 8(9), 700–711
Fox, M.D., et al. (2005), The human brain is intrinsically organized into dynamic, anticorrelated functional networks, Proc Natl Acad Sci USA, 102 (15976020), 9673–78
Fox, M.D., et al. (2006), Coherent spontaneous activity accounts for trial-to-trial variability in human evoked brain responses, Nat Neurosci, 9 (16341210), 23–25
Friston, K.J., Another neural code? Neuroimage. 1997 Apr;5(3):213–20

Geier, M., Kants Welt. Eine Biographie. Rowohlt Taschenbuch Verlag, 2005, Hamburg
Gulyga, A., Immanuel Kant. Eine Biographie. Suhrkamp Taschenbuch, 2004, Frankfurt/M.

He, B.J., Raichle, M.E. (2009), The fMRI signal, slow cortical potential and consciousness. Trends in Cognitive Sciences 13, 302–309
Hesselmann, G., et al. (2008), Spontaneous local variations in ongoing neural activity bias perceptual decisions. The Pro-

ceedings of the National Academy of Sciences Online., 32, 10984–9

Hobson, J. A. (2009), REM sleep and dreaming: towards a theory of protoconsciousness, Nat Rev Neurosci, 10 (11), 803–13

Hoffman, R. E. (2010), Revisiting Arieti's «listening attitude« and hallucinated voices, Schizophr Bull, 36 (3), 440–2

Hoffman, R. E., et al. (2008), Time course of regional brain activation associated with onset of auditory/verbal hallucinations, Br J Psychiatry, 193 (5), 424–5

Hoffman, R. E., Hampson, M., Wu, K., et al. (2007), Probing the pathophysiology of auditory/verbal hallucinations by combining functional magnetic resonance imaging and transcranial magnetic stimulation, Cereb Cortex 17 (11), 2733–43

Holt, D. J., Cassidy, B. S., Andrews-Hanna, J. R., Lee, S. M., Coombs, G., Goff, D. C., Gabrieli, J. D., Moran, J. M., An anterior-to-posterior shift in midline cortical activity in schizophrenia during self-reflection. Biol Psychiatry. 2011 Mar 1;69(5):415–23

Hoptman, M. J., et al. (2010), Amplitude of low-frequency oscillations in schizophrenia: a resting state fMRI study, Schizophr Res, 117 (1), 13–20

Hume, D. A., Treatise of human nature. 1967; Ed by LA Selby-Bigge. Deutsch: Ein Traktat über die menschliche Natur. Hrsg. Von R. Brandt, Meiner, Hamburg, 1973

Javitt, D. C. (2009), When doors of perception close: bottom-up models of disrupted cognition in psychosis, Annual review of clinical psychology, 5, 249–75

Kant, I., Gesammelte Schriften I–XXVIII. Hrsg. von der Preußischen (Deutschen) Akademie der Wissenschaften (abgekürzt AA). Berlin 1910 ff.

Kant, I., Allgemeine Naturgeschichte und Theorie des Himmels. 1755
Kant, I., Träume eines Geistersehers, erläutert durch Träume der Metaphysik. Original 1766, neu: 1975, Hamburg
Kant, I., Kritik der reinen Vernunft. Hrsg. Von R. Schmidt. Nachdruck der ersten Auflage. Riga 1781 (2. Auflage 1787)
Kant, I., Prolegomena. 1976, Hamburg
Kant, I., Kritik der praktischen Vernunft. 1974, Hamburg
Kant, I., Anthropologie in pragmatischer Hinsicht. 1980, Hamburg
Kant, I., Der Streit der Fakultäten. 1975, Hamburg
Kant, I., Über das Organ der Seele. 1796 Nachtrag zu Sömmerring
Kant, I., Zum ewigen Frieden. 1795
Kitcher, P. (1990), Kant's Transcendental Psychology. New York: Oxford University Press
Koch, C. (2004), The quest for consciousness: a neurobiological approach (Engelwod, Colorado: Roberts & Company Publishers)
Kraepelin, E. (1913a), Ein Lehrbuch fur Studierende und Ärzte, Leipzig: Barth.
Kühn, M., Kant. Eine Biographie. Deutscher Taschenbuch Verlag. 2007 München

Lakatos, P., Karmos, G., Mehta, A. D., Ulbert, I., Schroeder, C. E., Entrainment of neuronal oscillations as a mechanism of attentional selection. Science. 2008 Apr 4;320(5872):110–3
Leibniz, G. W., Hauptschriften zur Grundlegung der Philosophie. 1966, 2 Bde. Übersetzt von A. Buchenau. Hrsg. von E. Cassirer, 3. Auflage, Meiner, Hamburg
Libet, B., Mind Time. The temporal factor in consciousness. MIT Press, Cambridge/MA
Llinas, R., Ribary, U. (2001), Consciousness and the brain. The

thalamocortical dialogue in health and disease, Ann N Y Acad Sci, 929, 166–75
Llinas, R. R. (1988), The intrinsic electrophysiological properties of mammalian neurons: insights into central nervous system function, Science, 242 (4886), 1654–64
Llinas, R., et al. (1998), The neuronal basis for consciousness, Philos Trans R Soc Lond B Biol Sci, 353 (1377), 1841–9
Lou, H.C., Gross, J., Biermann-Ruben, K., Kjaer, T.W., Schnitzler, A., Coherence in consciousness: paralimbic gamma synchrony of self-reference links conscious experiences. Hum Brain Mapp. 2010 Feb;31(2):185–92

Maandag, N. J., et al. (2007), Energetics of neuronal signaling and fMRI activity, Proc Natl Acad Sci U S A, 104 (51), 20546–51
Massimini, M., Ferrarelli, F., Murphy, M., Huber, R., Riedner, B., Casarotto, S., Tononi, G., Cortical reactivity and effective connectivity during REM sleep in humans. Cogn Neurosci. 2010 Sep;1(3):176–183
Metzinger, T. (2003), Being No One (Cambridge: MIT Press)
Mason, M. F., Norton, M. I., Van Horn, J. D., Wegner, D. M., Grafton, S. T., Macrae, C.N., Wandering minds: the default network and stimulus-independent thought. Sience. 2007 Jan 19;315(5810):393–5
Melloni, L., Molina, C., Pena, M., Torres, D., Singer, W., Rodriguez, E., Synchronization of neural activity across cortical areas correlates with conscious perception. J Neurosci. 2007 Mar 14;27(11):2858–65
Monto, S., Palva, S., Voipio, J., Palva, J. M., Very slow EEG fluctuations predict the dynamics of stimulus detection and oscillation amplitudes in humans. J Neurosci, 2008 Aug 13;28(33):8268–72

Newton, I., Philosophia naturalis Principia mathematica. 1687
Nir, Y., Fisch, L., Mukamel, R., Gelbard-Sagiv, H., Arieli, A., Fried, I., Malach, R., Coupling between neuronal firing rate, gamma LFP, and BOLD fMRI is related to interneuronal correlations. Curr Biol. 2007 Aug 7;17(15):1275–85
Nir, Y., Tononi, G. (2010), Dreaming and the brain: from phenomenology to neurophysiology, Trends Cogn Sci, 14 (2), 88–100
Northoff, G., Die Fahndung nach dem Ich. Eine neurophilosophische Kriminalgeschichte. Irisiana/Random House, München 2009
Northoff, G., Neuropsychoanalysis in Practice. Brain, object and self. Oxford University Press, 2011
Northoff, G., Unlocking the brain. Volume I: Coding; Volume II: Consciousness. Oxford University Press, 2012
Northoff, G., et al. (2010), Rest-stimulus interaction in the brain: a review. Trends in neurosciences 33, 277–284
Northoff, G. (2004), Philosophy of the brain. The brain problem. Amsterdam
Northoff, G. (2007), Psychopathology and pathophysiology of the self in depression – neuropsychiatric hypothesis, J Affect Disord, 104 (1–3), 1–14
Northoff, G. (2010), Humans, brains, and their environment: marriage between neuroscience and anthropology?, Neuron, 65 (6), 748–51
Northoff, G., Bermpohl, F. (2004), Cortical midline structures and the self, Trends Cogn Sci, 8 (3), 102–7
Northoff, G., Panksepp, J. (2008), The trans-species concept of self and the subcortical-cortical midline system, Trends Cogn Sci, 12 (7), 259–64

Qin, P., Northoff, G. (2011), How is our self related to midline regions and the default-mode network? NeuroImage 57, 1221–1233

Palmer, L., Lynch, G. (2010), Neuroscience. A Kantian view of space. Science (New York, N.Y 328, 1487–1488)
Parnas, J. (2003), Self and Schizophrenia: a phenomenological perspective, Kircher, T and David, A: the self in neuroscience and psychiatry; Cambridge University Press
Parnas, J., Handest, P. (2003), Phenomenology of anomalous self-experience in early schizophrenia, Compr Psychiatry, 44 (2), 121–34
Parnas, J., et al. (1998), Self-experience in the prodromal phases of schizophrenia, Neurology, Psychiatry, and Brain Research, 6, 97–106

Raichle, M. E. (2009), A brief history of human brain mapping, Trends Neurosci, 32 (2), 118–26
Raichle, M. E., Mintun, M. A. (2006), Brain work and brain imaging, Annu Rev Neurosci, 29, 449–76
Raichle, M. E., et al. (2001), A default mode of brain function, Proc Natl Acad Sci U S A, 98 (11209064), 676–82
Raichle, M. E., MacLeod, A. M., Snyder, A. Z., Powers, W. J., Gusnard, D. A., Shulman, G. L. (2001), A default mode of brain function. Proc Natl Acad Sci U S A, 98(2), 676–682
Raichle, M. E. (2009), A brief history of human brain mapping. Trends Neurosci 32, 118–126
Raichle, M. E., et al. (2001), A default mode of brain function. Proceedings of the National Academy of Sciences of the United States of America 98, 676–682
Revensuo, A., Binding and the phenomenal unity of consciousness. Consciousness and Cognition 8, 173–85, 1999
Revensuo, A. (2005), The Self in Dreams, in T. E. Feinberg, Keenan, J. P. (ed.), The Damaged Self: Pathologies of the Brain and Mind (New York: Oxford University Press.), 206–19
Revensuo, A. (2006), Inner Presence, MIT Press, Cambridge/ Mass

Rosenthal, D., Unity of consciousness and the self. Proceedings of the Aristotelian Society, 103, 325–52, 2003
Rotarska-Jagiela, A., et al. (2010), Resting-state functional network correlates of psychotic symptoms in schizophrenia, Schizophr Res, 117 (1), 21–30

Sadaghiani, S., Maier, J. X., and Noppeney, U. (2009), Natural, metaphoric, and linguistic auditory direction signals have distinct influences on visual motion processing, J Neurosci, 29 (20), 6490–9
Sadaghiani, S., Ugurbil, K., Uludag, K. (2009), Neural activity-induced modulation of BOLD poststimulus undershoot independent of the positive signal, Magn Reson Imaging, 27 (8), 1030–8
Sadaghiani, S., et al. (2010), The relation of ongoing brain activity, evoked neural responses, and cognition. Frontiers in systems neuroscience 4, 20
Sass, L. A., Parnas, J. (2001), Phenomenology of self disturbances in schizophrenia: some research findings and directions, Philosophy, Psychiatry, Psychology, 8, 347–56
Sass, L. A.,Parnas, J. (2003), Schizophrenia, consciousness, and the self, Schizophr Bull, 29 (3), 427–44
Searle, J. R. (1998), How to study consciousness scientifically. Philos Trans R Soc Lond B Biol Sci, 353(1377), 1935–1942
Searle, J. R. (2000), Consciousness. Annu Rev Neurosci, 23, 557–578
Singer, W., Neuronal synchrony: a versatile code for the definition of relations? Neuron. 1999 Sep;24(1):49–65, 111–25.
Singer, W., Distributed processing and temporal codes in neuronal networks.
Cogn Neurodyn. 2009 Sep;3(3):189–96. Epub 2009
Schlicht, T., Erkenntnistheoretischer Dualismus. Mentis, 2007, Paderborn

Schneider, F., Bermpohl, F., Heinzel, A., et al. (2008), The resting brain and our self: self-relatedness modulates resting state neural activity in cortical midline structures, Neuroscience, 157 (1), 120–31

Schroeder, C. E., Lakatos, P., Kajikawa, Y., Partan, S., Puce, A., Neuronal oscillations and visual amplification of speech. Trends Cogn Sci. 2008 Mar;12(3):106–13

Shmuel, A., Leopold, D. A., Neuronal correlates of spontaneous fluctuations in fMRI signals in monkey visual cortex: Implications for functional connectivity at rest. Hum Brain Mapp. 2008 Jul;29(7):751–61

Shoemaker, S., Unity of consciousness and consciousness of unity. In: Shoemaker, S. (Ed), The First-Person perspective and other essays. Cambridge University Press, 1996, Cambridge, pp.176–97

Schopenhauer, A. (1966), Die Welt als Wille und Vorstellung (2; Dover, New York)

Shulman, G. L., et al. (1997), Common Blood Flow Changes across Visual Tasks: I. Increases in Subcortical Structures and Cerebellum but Not in Nonvisual Cortex, Journal of Cognititve Neuroscience, 9 (5), 624–47

Shulman, G. L., et al. (1997), Searching for activations that generalize over tasks, Hum Brain Mapp, 5 (4), 317–22

Shulman, G. L., et al. (2009), Interaction of stimulus-driven reorienting and expectation in ventral and dorsal frontoparietal and basal ganglia-cortical networks, J Neurosci, 29 (14), 4392–407

Shulman, R. G., et al. (2004), Energetic basis of brain activity: implications for neuroimaging, Trends Neurosci, 27 (8), 489–95

Shulman, R. G., Hyder, F., Rothman, D. L. (2009b), Baseline brain energy supports the state of consciousness, Proc Natl Acad Sci USA

Smallwood, J., Schooler, J. W., The restless mind. Pychol Bull. 2006 Nov;132(6):946–58. Review
Sömmerring, S. T., Über das Organ der Seele. Königsberg, Mit einem Nachtrag von I. Kant. 1796
Stanghellini, G. (2009), Embodiment and schizophrenia, World Psychiatry, 8 (1), 56–9
Stanghellini, G., Ballerini, M. (2007), Criterion B (social dysfunction) in persons with schizophrenia: the puzzle, Curr Opin Psychiatry, 20 (6), 582–7
Stanghellini, G., Ballerini, M. (2008), Qualitative analysis. Its use in psychopathological research, Acta Psychiatr Scand, 117 (3), 161–3
Stefanics, G., Hangya, B., Hernádi, I., Winkler, I., Lakatos, P., Ulbert, I., Phase entrainment of human delta oscillations can mediate the effects of expectation on reaction speed. J Neurosci. 2010 Oct 13;30(41):13578–85

Tononi, G. (2008), Consciousness as integrated information: a provisional manifesto, Biol Bull, 215 (3), 216–42
Tononi, G., Koch, C. (2008), The neural correlates of consciousness: an update, Ann N Y Acad Sci, 1124, 239–61
Treisman, A., The binding problem. Current Opinion in Neurobiology, 6, 171–178, 1996
Tye, M., Ten problems of consciousness. MIT Press, Cambridge/MA, 1995
Tye, M., Consciousness and persons. Unity and Identity. 2003, MIT Press, Cambridge/MA

Uhlhaas, P. J., Singer, W. (2010), Abnormal neural oscillations and synchrony in schizophrenia, Nat Rev Neurosci, 11 (2), 100–13
Uhlhaas, P. J., et al. (2009), The development of neural synchrony reflects late maturation and restructuring of functio-

nal networks in humans, Proc Natl Acad Sci U S A, 106 (24), 9866–71
Uhlhaas, P. J., et al. (2010), Neural synchrony and the development of cortical networks, Trends Cogn Sci, 14 (2), 72–80
Uhlhaas, P. J., Pipa, G., Lima, B., Melloni, L., Neuenschwander, S., Nikolic, D., Singer, W. (2009), Neural synchrony in cortical networks: history, concept and current status, Front Integr Neurosci, 3

Vanhatalo, S., Palva, J. M., Holmes, M. D., Miller, J. W., Voipio, J., Kaila, K., Infraslow oscillations modulate excitability and interictal epileptic activity in the human cortex during sleep. Proc Natl Acad Sci U S A. 2004 Apr 6;101(14):5053–7

Wehrle, R., et al. (2005), Rapid eye movement-related brain activation in human sleep: a functional magnetic resonance imaging study, Neuroreport, 16 (8), 853–7
Wehrle, R., et al. (2007), Functional microstates within human REM sleep: first evidence from fMRI of a thalamocortical network specific for phasic REM periods, Eur J Neurosci, 25 (3), 863–71
Whitfield-Gabrieli, S., et al. (2009), Hyperactivity and hyperconnectivity of the default network in schizophrenia and in first-degree relatives of persons with schizophrenia, Proc Natl Acad Sci U S A, 106 (4), 1279–84
Whitfield-Gabrieli, S., et al. (2011), Associations and dissociations between default and self-reference networks in the human brain. NeuroImage 55, 225–232

Zeki, S. (2008), The disunity of consciousness. Progress in brain research 168, 11–18

Endnoten

1 Kant, Anthropologie 7, Anmerkung auf Seite 120; siehe auch Kühn, Seite 77/515.

2 Kant, Kritik der reinen Vernunft, A51/B75, Seite 95.

3 Kant, Kritik der reinen Vernunft, A11–12, Seite 55.

4 Kühn, Seite 157.

5 Kant, Kritik der reinen Vernunft, A110, Seite 160–161.

6 Kant, Kritik der reinen Vernunft, A111, Seite 161–162.

7 Kant, Kritik der reinen Vernunft, Seite 140, B131– 2.

8 Kühn, Seite 64.

9 Kühn, Seite 68.

10 Kühn, Seite 69.

11 Kühn, Seite 63.

12 Kant, AA XXXVIII, 281 f.

13 Melloni et al. 2007.

14 Vgl. Kühn, Seite 189.

15 Vgl. Kühn, Seite 68 und 69.

16 Vgl. Kühn, Seite 130.

17 Nach Kühn, Seite 242.

18 Esser et al. 2009, Massimini et al. 2010.

19 Vgl. *Die Fahndung nach dem Ich*, Seite 33 ff.

20 Lakatos et al., 2008.

21 Stefanics et al., 2010.

22 Monto et al., 2008.

23 Hobson 2009, 808.

24 Kant Träume, AA XXVIII Seite 348.

25 Mason 2007.

26 Christoff 2009.

27 Kant, Kritik der praktischen Vernunft, Seite 161.

28 Kühn, Seite 364.

29 Kühn, Seite 181.

30 Kühn, Seite 318.

31 Kühn, Seite 362.

32 Holt et al. 2010.

33 Rotarska-Jagiela et al. 2010.

34 Döge et al. 2010.

35 Kühn, Seite 314.

36 Kühn, Seite 423.

37 Kühn, Seite 15.

38 Kühn, Seite 369.

39 Kühn, Seite 453.

40 Kant, Kritik der reinen Vernunft, A111, Seite 161a.

41 Kant, Kritik der reinen Vernunft, B130–1, Seite 139b.

42 Kühn, Seite 482.

43 Kühn, Seite 478.

44 Kühn, Seite 15.

45 Schopenhauer, Wille und Vorstellung II, Seite 19 (erster Teilband).

Eine neurophilosophische Kriminalgeschichte

288 Seiten, gebunden
mit Schutzumschlag
ISBN 978-3-424-15034-6

Gibt es ein Ich, ein Selbst? Ist das Ich das, was uns erst beseelt? Gibt es einen freien Willen? Georg Northoff, Neuropsychiater und Philosoph, geht diesen und anderen Fragen nach. Eingewoben in einen kriminalistischen Rahmen, schreibt er das Ich zur Fahndung aus. Tatort: das menschliche Gehirn. Kurzweilig und fundiert werden die neuesten Erkenntnisse der Hirnforschung philosophisch hinterfragt.

Leseprobe unter www.irisiana.de IRISIANA

Ist eine nachhaltige und menschengerechte Ökonomie bloße Utopie?

312 Seiten, gebunden
mit Schutzumschlag
ISBN 978-3-424-15078-0

Julian Nida-Rümelin, einer der führenden Philosophen unserer Zeit, übt scharfsinnig und konstruktiv Kritik an unserem krankenden Wirtschaftssystem. Er vermittelt lebensnah und verständlich die philosophische Grundlage einer humanen Wirtschaft. Dabei entlarvt er die Irrationalität einer verantwortungslosen, rein auf Optimierung bedachten Wirtschaftsordnung. Eine besondere Rolle bei der erfolgreichen Verbindung von Ethik und Ökonomie nimmt für ihn die Besinnung auf klassische Tugenden wie Verlässlichkeit, Integrität, Besonnenheit und Urteilskraft ein.

Leseprobe unter www.irisiana.de

IRISIANA